国家级职业培训规划教材
人力资源社会保障部职业能力建设司推荐

国家职业技能等级认定培训教材

供应链管理师

（三级）

指导委员会

主　任　任豪祥
副主任　熊　梦
委　员　何明珂　刘志学　刘伟华　王　佐　童昌华

编写委员会

主　编　郭肇明　史文月
副主编　张静芳　杨向飞
编　者　韩秀梅　钟　荔　王若珊　武文红　何岩松

审定委员会

主　审　郭　欣
副主审　杨志广
审　稿　付娜娜　张晓梅　胡英杰

中国劳动社会保障出版社

图书在版编目(CIP)数据

供应链管理师：三级/人力资源社会保障部教材办公室，中国物流与采购联合会组织编写. -- 北京：中国劳动社会保障出版社，2021

国家职业技能等级认定培训教材

ISBN 978-7-5167-5155-8

Ⅰ.①供… Ⅱ.①人… ②中… Ⅲ.①供应链管理-职业技能-鉴定-教材 Ⅳ.①F252.1

中国版本图书馆 CIP 数据核字（2021）第 212767 号

中国劳动社会保障出版社出版发行

（北京市惠新东街 1 号　邮政编码：100029）

*

北京鑫海金澳胶印有限公司印刷装订　新华书店经销

787 毫米×1092 毫米　16 开本　18 印张　341 千字

2021 年 11 月第 1 版　　2024 年 12 月第 4 次印刷

定价：56.00 元

营销中心电话：400-606-6496

出版社网址：http://www.class.com.cn

前　　言

为加快建立劳动者终身职业技能培训制度，大力实施职业技能提升行动，全面推行职业技能等级制度，推进技能人才评价制度改革，促进国家基本职业培训包制度与职业技能等级认定制度的有效衔接，进一步规范培训管理，提高培训质量，人力资源社会保障部教材办公室和中国物流与采购联合会组织有关专家在《供应链管理师国家职业技能标准（2020年版）》（以下简称《标准》）制定工作基础上，编写了供应链管理师国家职业技能等级认定培训教材（以下简称等级教材）。

供应链管理师等级教材紧贴《标准》要求编写，内容上突出职业能力优先的编写原则，结构上按照职业功能模块分级别编写。该等级教材共包括《供应链管理师（基础知识）》《供应链管理师（三级）》《供应链管理师（二级）》《供应链管理师（一级）》4本。《供应链管理师（基础知识）》是各级别供应链管理师均需掌握的基础知识，其他各级别教材内容分别包括各级别供应链管理师应掌握的理论知识和操作技能。

本书是供应链管理师等级教材中的一本，是职业技能等级认定推荐教材，也是职业技能等级认定题库开发的重要依据，适用于职业技能等级认定培训和中短期职业技能培训。

本书在编写过程中得到了北京市职业能力建设指导中心的大力支持与协助，在此一并表示衷心感谢。

人力资源社会保障部教材办公室

中国物流与采购联合会

目 录 CONTENTS

开篇语 …… 1

职业模块 1 计划管理 …… 3

培训课程 1 供应链需求预测 …… 4

学习单元 1 编制数据整理与可视化分析报表 …… 5

学习单元 2 编制市场调研报告 …… 22

学习单元 3 使用模型进行需求预测分析 …… 33

培训课程 2 客户订单分析 …… 50

学习单元 1 编制订单数据分析可视化报表 …… 50

学习单元 2 客户分级 …… 60

培训课程 3 库存计划处理 …… 68

学习单元 1 采集与处理库存计划数据 …… 68

学习单元 2 编制库存计划可视化报表 …… 78

职业模块 2 采购管理 …… 87

培训课程 1 供应链采购订单分析 …… 88

学习单元 1 采购订单数据分析 …… 88

学习单元 2 供应商绩效分析 …… 98

培训课程 2 供应商管理 …… 109

学习单元 1 供应商信息搜集与处理 …… 109

学习单元 2 供应商选择方法 …… 115

职业模块 3 生产管理 …… 135

培训课程 1 执行生产计划 …… 136

学习单元 1 产能数据采集与处理 …… 136

学习单元 2 生产计划变更与处理 …… 146

培训课程 2 物料控制 …… 152

学习单元 1 物料库存数据采集与处理 …… 152

学习单元 2 物料库存控制及 KPI …… 166

职业模块 4 物流管理 …… 179
培训课程 1 运输、配送与仓储 …… 180
学习单元 1 运输管理 …… 180
学习单元 2 配送及网络 …… 198
学习单元 3 仓储运营 …… 207
培训课程 2 物流外包与逆向物流运营 …… 227
学习单元 1 物流成本分析 …… 227
学习单元 2 物流外包管理 …… 234
学习单元 3 逆向物流运作 …… 242
培训课程 3 物流绩效管理 …… 252
学习单元 1 物流绩效概述 …… 252
学习单元 2 运输、仓储和逆向物流绩效评价 …… 255
学习单元 3 外包物流绩效评价 …… 264

参考文献 …… 278

开篇语

本教材以满足应用为主要特征，在内容编排上按照供应链管理师（三级/高级工）的职能范围，确定三级供应链管理师在实际操作过程中需要掌握的供应链管理操作方法和技能。教材以实用性为原则，将方法和技能的应用糅合于案例中，通过组织框架、流程图表、计算过程、操作步骤等形式展现。学员通过学习培训教材，能够应用所学知识解决实际操作中出现的问题，具备分析和解决供应链计划管理、采购管理、生产管理和物流管理实操过程中基本问题的能力。

供应链管理是以提高企业个体和供应链整体长期绩效为目标，对特定企业内部跨职能部门边界的运作和在供应链成员中跨企业边界的运作进行的战术控制。供应链管理的任务是确定该链中不同节点之间的类型、关系的紧密程度和联系形式。与主体企业的业务密切相关的关键供应商或客户可以确定为合作伙伴关系，以巩固企业间的关键业务联系，提高业务流程的效率，减少流程中断的风险。

供应链管理的目的是持续不断地提高企业在市场上的领先地位；不断对供应链中的资源及各种活动进行集成；根据市场需求的扩大，不断地满足顾客需要；根据市场的不断变化，缩短从产品的生产到送达消费者手中的时间；根据物流在整个供应链中的重要性，企业要消除各种不合理损耗，从而降低整个物流成本和物流费用，使物、货在供应链中的库存下降；提高整个供应链中所有活动的运作效率，降低供应链的总成本，并赋予经营者更大的能力来适应市场变化并及时做出反应。

随着全球经济一体化和信息技术的不断发展，物流、采购、电商、快递等业态融合交叉发展，现代物流向供应链转型升级成为必然趋势，供应链与互联网、物联网深度融合，已经逐渐发展、步入智慧供应链新阶段，提高供应链竞争力已经成为提高企业核心竞争力的重要指标之一，具备专业供应链知识和技能的复合型人才成为企业的首选。供应链高级工技能培训项目主要适用于从事或准备从事供应链管理相关工作的专业人员。供应链高级工需具备管理学、生产运作管理、财务管理、现代物流管理等基础知识，还需要掌握企业采购、生产、库存、销售、物流等基本业务技能，以及供应链管理等理论基础，属于典型的复合型人才。

复合型的供应链管理人才是目前企业最为迫切需求的人才之一。此类人才除具备现代供应链运营理念外，还拥有较强的管理和执行能力，在销售预测、采购计划、生产计划、物料计划、物流输送、进出口运营等领域具备综合的理论知识和管理经验。为了适应当前市场发展需要和企业发展的迫切需求，培养深谙国情，同时兼具国际视野的供应链管理专业人才对增加我国经济运行的效益和增强企业的竞争力具有重大意义。

供应链是一个动态的复杂系统，其从业人员涉及的任务贯穿整个商品及劳务运营的全过程，针对三级供应链管理师，其从事的具体任务主要包括：计划管理、采购管理、生产管理、物流管理、营销管理、财务管理等，其中计划管理、采购管理、生产管理和物流管理是供应链高级工从事业务的核心职能。以某企业在招聘供应链高级工时的招聘条件为例。

1. 熟练掌握市场调研、需求预测、客户订单收集与处理、客户级别划分、库存类型确定、库存合理化设置的基础理论和方法，具备实操各项作业的能力。

2. 熟练掌握采购管理的各项知识，具备采购订单数据分析报告编写、供应商绩效评价、供应商信息采集与处理、供应商信息处理能力。

3. 熟练掌握生产管理的基础知识，具备产能数据处理、生产计划变更处理、库存管理数据收集与处理、库存控制指标设定的能力。

4. 熟练掌握物流管理的基础知识，具备运输与配送作业流程优化报告编制、运输与配送作业绩效报告编制、仓储作业流程优化报告编制、仓储作业绩效考核报告编制、逆向物流作业流程优化报告编制、逆向物流作业绩效评价报告编制、外包数据收集与处理、外包绩效考核报告编制的能力。

5. 在做好本职工作的同时，能够主动学习、提升自己的专业技术水平，逐步获得供应链技师、供应链高级技师资格。

6. 具备扎实的专业实践操作能力，并在实践过程中，对使用的工具和方法具有突破和创新意识。

供应链高级工的主要工作内容如下。

1. 执行计划管理，承担部门需求计划制订工作。

2. 采用合理的市场调研和预测方法编制相关报表。

3. 执行采购管理，制定供应商评估指标体系。

4. 选择、获取、维护供应商信息，形成一套可行的供应商选择流程。

5. 执行生产作业流程，有效应对生产计划变更。

6. 采用合理的方法实行物料控制，确保库存的合理与优化。

7. 编写运输与配送作业、仓储作业、逆向物流、物流外包相关报告。

8. 为上级部门做好数据整理，以便于决策；为下级具体执行人员提供作业流程，以利于作业的顺利完成。

三级供应链管理师作为公司中的基层岗位，一方面在具体执行岗位上为具体操作人员提供合理的方案，确保作业的执行和顺利完成，另一方面，三级供应链管理师为上级部门提供基础数据，为其决策提供依据。在供应链管理理论和实践快速发展的今天，三级供应链无论是在个人能力提升空间还是在薪资晋升方面，前景都十分广阔。

职业模块 1
计划管理

培训课程 1 供应链需求预测

学习单元 1 编制数据整理与可视化分析报表

学习单元 2 编制市场调研报告

学习单元 3 使用模型进行需求预测分析

培训课程 2 客户订单分析

学习单元 1 编制订单数据分析可视化报表

学习单元 2 客户分级

培训课程 3 库存计划处理

学习单元 1 采集与处理库存计划数据

学习单元 2 编制库存计划可视化报表

供应链计划管理是供应链管理的重要组成部分，供应链计划的管理及实施对供应链运营绩效有着直接的影响。一般来说，企业的供应链包括从采购制造所需的原材料到制造产品至最终将产品送到客户手中，包含产品开发所需要的全部功能。为快速响应客户需求，企业需要对上述功能做出合理计划。因此，企业供应链计划的编制及实施包含整个供应链高效运作所需要的所有活动。供应链计划管理需要客户和供应链成员的共同参与，各方统一使用一体化的供应链协同计划方案，通过分享供应链计划来实现供应链参与主体之间计划的协同。

供应链计划管理是供应链管理的重要内容之一，只有编制和实施科学的供应链计划，才能进行准确的供应链采购管理，并在此基础上制定和执行完善的生产管理，进而实现最后的物流管理。

作为一名供应链从业人员，应该掌握的有关供应链计划管理的知识主要包括：供应链需求预测、供应链客户订单分析、供应链库存计划处理三个部分。

培训课程 1 供应链需求预测

需求预测是企业制定战略规划、生产安排和销售计划的重要依据。供应链需求预测是对供应链运营中未来需求数量的估算，是企业供应链管理中最重要的环节，也是供应链管理工作的先导。科学的需求预测需要供应链上下游企业信息共享，协同一致，合理的预测结果有助于降低库存、减少存货、支持生产、降低成本和提高客户服务水平。合理实施供应链管理，需要对各种需求不确定性进行识别，准确把握客户需求特性，科学运用各种预测技术，积极响应市场变化，做出科学的需求预测结果，用于指导合理计划。因此，对于供应链计划管理而言，供应链需求预测处于供应链管理过程中的先行位置。

供应链需求预测的流程包括数据的收集、数据的整理、需求预测模型的选择、需求预测工具的使用、预测结果的可视化呈现及应用等。对于供应链从业人员来说，应该掌握的有关供应链需求预测的知识和技能主要包括：数据整理与可视化分析报表的编制、市场调研报告的编制、使用模型进行需求预测分析三个部分。

学习单元 1　编制数据整理与可视化分析报表

情景描述

A 集团创立于 2013 年，拥有员工近 2 500 人，年产值近 20 亿元。

小张是 A 集团的一位生产计划部门的业务员，马上到了 2020 年第四季度末，为了对 A 集团本年度在某个三线城市线下销售普通型集成灶的销售情况和市场情况进行分析，以便集团制订未来的生产计划。计划部部门经理对小张下达了如下任务。

1. 收集 2020 年度 A 集团在该三线城市线下销售普通型集成灶的相关数据。
2. 对收集到的数据进行分类整理。
3. 以处理后的数据为基础，编制一份销售数据可视化报表。
4. 根据得到的销售数据可视化报表对该三线城市线下销售普通型集成灶的销售情况和市场情况进行分析。

新知学习

一、需求及其影响因素

1. 需求的含义

需求是指在一定时期、一定的价格水平下，消费者愿意并能购买的商品数量。购买欲望和购买能力构成了需求的两个基本要素。

2. 需求的影响因素

一种商品的需求数量由许多因素共同决定，其中主要因素有：该商品的价格、相关商品的价格、消费者的收入水平、消费者的偏好、消费者对商品的价格预期等。这些因素与需求的关系如下。

（1）商品的价格

在其他条件都一定的前提下，一种商品的价格越低，该商品的需求量就会越大。相反，该商品的价格越高，其需求量就会越小。

（2）相关商品的价格

当一种商品本身价格不变，而其他相关商品价格发生变化时，该商品的需求量也会随之发生变化。例如，若两种商品之间存在替代关系，当相关商品的价格变低时，大多数消费者会选择购买该种相关商品来代替该商品，此时该商品的需求量就会变小。相反，当该商品相关商品的价格变高时，该商品的需求量就会变大。

（3）消费者的收入水平

对于除劣等品外的大多数商品来说，当消费者的收入提高时，商品的需求量会随之变大，反之则会减少。

（4）消费者的偏好

当消费者对某种商品的偏好程度增强时，该商品的需求量就会增加，当偏好程度减弱，该商品的需求量就会相应地减少。

（5）消费者对商品的价格预期

当消费者预期某种商品的价格即将上升时，多数消费者会在价格上升以前购买该种商品，这也就导致了该商品的现期需求量变大。反之，就会减少对该商品的现期需求量。

二、数据的基本统计描述

1. 平均数

平均数是表示一组数据集中趋势的量数，通常所说的平均数就是算术平均数，可通过一组数据中所有数据的总和除以这组数据的个数计算出结果。

2. 中位数

中位数也称为中值，将一组数据按顺序排列后取中间位置的数即为中位数，它代表一个样本、种群或概率分布中的一个数值。以中位数为界可以将数值集合划分为数量相等的上下两部分。对于有限的数集，可以把所有数据按从大到小的顺序排列后，找出正中间的一个数作为中位数。若所有的数据为偶数个，则通常取最中间的两个数值的平均数作为这组数据的中位数。

3. 众数

众数是指一组数据中出现次数最多的数值，它可以代表这组数据的一般水平，同时也是在统计分布上具有明显集中趋势点的数值，有时众数在一组数中有好几个。

4. 方差

方差是随机变量或一组数据离散程度的度量。一般而言，方差主要用来度量随机变量和其平均数之间的偏离程度。在许多实际问题中，研究方差即偏离程度对于分析收集到的数据有着非常重要的意义。

5. 标准差

标准差是方差的算术平方根，与方差相似，标准差也能反映一个数据集的离散程度。

三、数据的收集方法

数据收集是指根据系统自身的需求和用户的需要收集相关数据的过程。数据的收集方法主要有以下几种。

1. 调查法

调查法一般分为普查和抽样调查两大类。

（1）普查

普查是指详细调查某项重要的国情或国力而专门组织的一次性大规模的全面调查，一般以一个国家或者一个地区为目标范围。普查的主要目的是调查那些不能或不适宜用定期全面的调查报表来收集的资料。普查的调查目标通常是一定时间点上的社会经济现象的总量，但也可以调查某些时期现象的总量，乃至调查一些并非总量的指标。普查具有涉及面广，指标繁多，工作量大，时间性强以及对集中领导和统一行动的要求高等特点。

（2）抽样调查

抽样调查是从全部调查研究对象中，抽选一部分单位进行调查，并根据调查结果对全部调查研究对象做出估计和推断的一种调查方法。抽样调查是一种非全面的调查，它虽然不是全面调查，但它的目的却在于取得反映总体情况的信息资料，在一定程度上也可以起到全面调查的作用。

2. 观察法

观察法是通过开研讨会、参与经营生产、深入现场和实地进行现场观察等方式而得到数据的一种数据收集方法。观察法主要包括对人的行为的观察和对客观事物的观察两大类。为了提高所收集信息的可靠性，常采用观察法和询问法以及搜集实物量分析法结合使用的方法对数据进行收集。

3. 询问法

询问法是指通过询问研究对象来收集相关数据的方法。询问法的优点是可以为客户准确地诊断存在的症结和问题，科学合理地预测企业未来发展趋势，提出解决问题的有效建议和方案等。

4. 实物量分析法

实物量分析法也称定额实物法，是根据物流工程具体工作内容、工作要求、施工条件以及确定的施工规划，对物流设施主要建筑安装工程项目进行资源配置而编制项目投资预算的一种方法。

5. 试点方法

试点方法是指通过试点过程获取其他手段难以获得的信息或结论的方法。利用对试点条件的主动控制，包括通过适当控制参与者类型、信息的产生条件和信息的产生过程，可以较为容易地获取在现实状况下用普查法、抽样调查法和观察法无法获得的可以客观反映事实的有效信息，还可以在此基础上直接观察研究某些参量之间的相互关系，进而对事物的本质进行深入的研究。

6. 文献检索法

文献检索法就是从众多的文献中检索出所需信息的方法，文献检索法可以分为手工检索法和计算机检索法。在信息高度发达的背景下，计算机检索法已经成为文献检索法的主要检索方式。

7. 网络信息收集法

网络信息收集法是指从计算机网络发布、传递和存储的各种信息中收集到所需数据的方法。网络信息收集法可以分为网络信息搜索、整合、保存和服务四个步骤。网络信息收集法主要包括网络平台数据收集法和 ERP 系统数据收集法等。

随着信息化时代的到来，试点方法、文献检索法和网络信息收集法的应用越来越广泛，尤其是网络信息收集法已成为现代社会主流的数据收集方法。

四、数据分类及原则

数据分类就是把具有某种共同属性或特征的数据归并在一起，通过相同类别的属性或特征来对数据进行区别，也就是把相同内容、相同性质的信息以及要求统一管理的信息进行整合，而把相异的和需要分别管理的信息进行区分，从而确定各个数据集合之间的关系，形成一个科学完善的分类系统。经过分类处理后的数据可以广泛地运用于计划预测、订单管理、采购管理、生产管理等各个方面，以下几个方面是数据分类的基本原则。

1. 稳定性

依据分类的目的，选择分类对象最稳定的本质特性作为分类的基础和依据，以确保由此产生的分类结果的稳定性。因此，在分类过程中，首先应明确界定分类对象最稳定、最本质的特征。

2. 系统性

将选定的分类对象的特征（或特性）按其内在规律系统化进行排列，形成一个逻辑层次清晰、结构合理、类目明确的分类体系。

3. 可扩充性

在类目的设置或层级的划分上，留有适当的余地，以保证分类对象增加时，不会打乱已经建立的分类体系。

4. 综合实用性

从实际需求出发，综合各种因素来确定具体的分类原则，使由此产生的分类结果总体最优、符合需求、综合实用和便于操作。

5. 兼容性

有相关的国家标准则应执行国家标准，若没有相关的国家标准，则执行相关的行业标准。若二者均不存在，则应参照相关的国际标准。这样，才能尽可能保证不同分类体系间的协调一致和转换。

五、数据清洗

由于数据的复杂性和数据收集的不确定性，在数据的收集过程中会不可避免地产生大量重复的、不完整的、不准确的或错误的数据，将其称为“脏数据”。脏数据的存在给数据的管理与应用工作带来了各种各样的困难。为了处理脏数据、删除重复信息、纠正存在的错误，并实现数据一致性而对收集到的数据进行重新审查和校验的过程称为数据清洗。数据清洗的原理如图 1-1 所示。

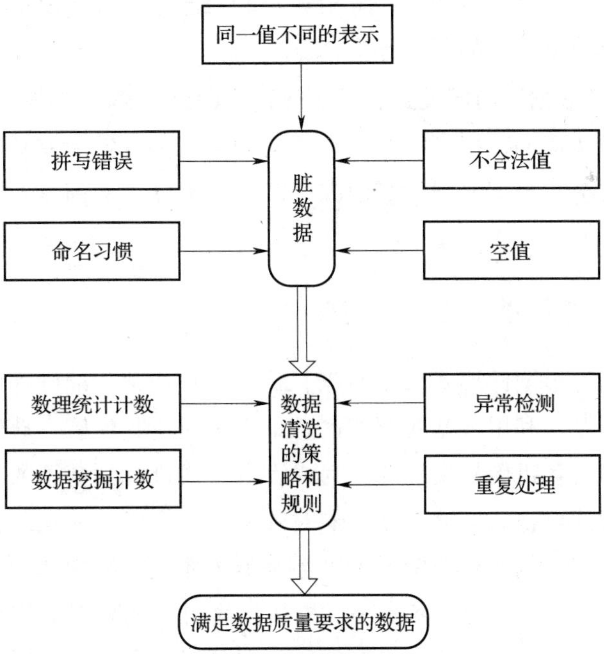

图 1-1 数据清洗的原理

通常情况下，数据清洗是将数据库精简以除去重复记录，并使剩余部分转换成标准可接收格式的过程。数据清洗标准流程是将收集到的数据输入数据清洗处理器中，通过一系列步骤对数据进行“清洗”，最后以统一的格式输出清洗过的数据。数据清洗主要是从数据的准确性、完整性、一致性、唯一性、适时性和有效性等几个方面来处理丢失数据、越界数据、不一致代码、重复数据等问题。

针对不同的问题，数据清洗的方法也不尽相同，所以难以归纳统一的方法和步骤，在此根据数据的不同给出相应的数据清洗方法。

1. 不完整数据（即值缺失）的解决方法

大多数情况下，缺失的值必须手工填入（即手工清洗）。如果某些缺失值可以从本数据源或其他数据源推导出来，可以用平均值、最大值、最小值或更为复杂的概率估计值代替缺失的值，从而达到数据清洗的目的。

2. 错误值的检测及解决方法

用统计分析的方法识别收集到的数据中可能存在的错误值或异常值，如偏差分析、识别不遵守分布或回归方程的值，也可以用简单规则库（常识性规则、业务特定规则等）检查数据值，或使用不同属性间的约束、外部的数据来检测和清洗数据。

3. 重复记录的检测及消除方法

数据库中属性值相同的记录通常会被认为是重复记录，可以通过判断记录间的属性值是否相等来检测记录是否相等，将相等的记录合并为一条记录（即合并—清除）。合并—清除是消除重复记录的基本方法。

4. 不一致性（数据源内部及数据源之间）的检测及解决方法

由多个数据源集成的数据可能会存在语义冲突，可以定义完整性约束用于检测不一致性，也可通过分析数据发现数据源间的联系，剔除人为因素对数据的干扰从而保持数据的一致性。

六、数据可视化的工具与方法

数据可视化指通过图标形式展示数据，帮助用户快速、准确理解信息。由于人类大脑记忆能力的限制，利用视觉获取的信息量多于通过其他感官获取的信息量，在大数据和互联网时代，各机构从传统的流程式管理方式过渡到基于数据的管理方式将会成为必然趋势。数据可视化能够帮助人们对数据有更全面的认识。数据可视化的目的就是直观地展现数据，例如让花费数小时甚至更久才能归纳的数据量，转化成一眼就能读懂的指标，通过加减乘除、各类公式权衡计算得到的两组数据差异，在图中通过颜色敏感差异、图形长短大小以形成对比。数据可视化是一个沟通复杂信息的强大武器。通过可视化信息，能够更好地抓取和保存有效信息，增强人脑对信息的印象。目前已经产生了大量实现数据可视化的不同方式，图 1-2 汇总列举了数据可视化的不同工具。

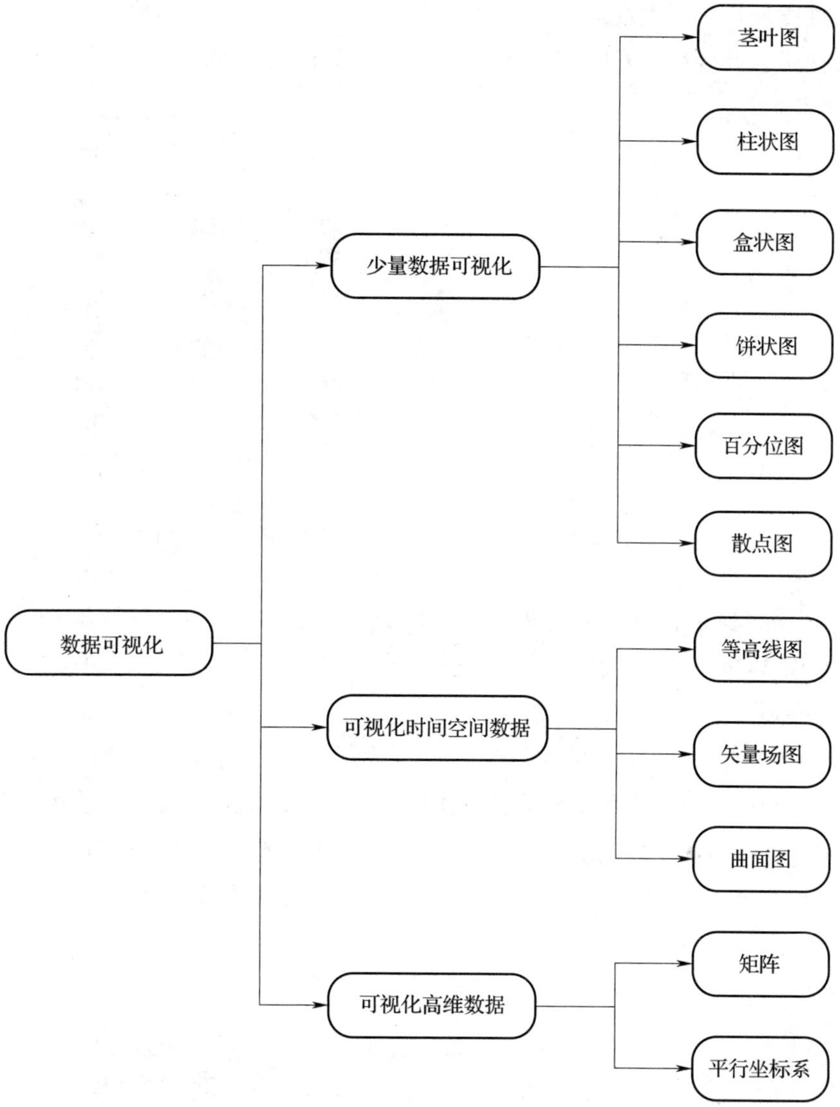

图 1-2　数据可视化工具

1. 常用可视化图表的适用范围

（1）柱状图

柱状图是所有可视化图表中最为常见的图表，也最容易解读。它的适用场合是数据集为二维数据集（每个数据点包括两个值 x 和 y），但其中只有一个维度需要比较的情况。例如，年销售额就是二维数据，“年份”和“销售额”就是它的两个维度，但只需要比较“销售额”这一个维度。

柱状图利用柱子的高度，反映数据的大小。肉眼对高度差异很敏感，所以柱状图的辨识效果较好。但是柱状图只适用中小规模数据集的比较。通常来说，柱状图的 x

轴是时间维度，用户习惯性认为存在时间趋势。若 x 轴不代表时间维度，一般用颜色区分每根柱子，改变用户对时间趋势的关注。柱状图的示例如图 1-3 所示。

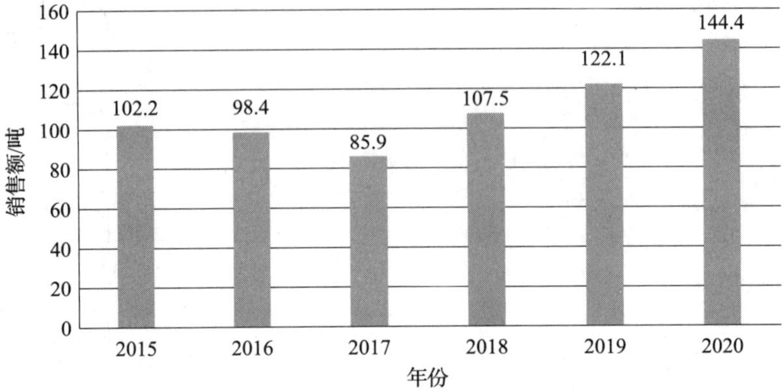

图1-3　2015—2020 年××公司某产品的销售额（柱状图示例）

图 1-3 中，横轴表示年份，纵轴表示销售额，每根柱子的高度表示××公司某产品对应年份的销售额。

（2）折线图

折线图是指排列在工作表的列或行中的数据可以绘制成一条折线的图。折线图可以显示随时间（根据常用比例设置）而变化的连续数据。故而折线图非常适用于显示在相等时间间隔下数据的趋势。折线图适用于二维大数据集的可视化，尤其是那些趋势比单个数据点更重要的场合和多个二维数据集的比较。折线图的示例如图 1-4 所示。

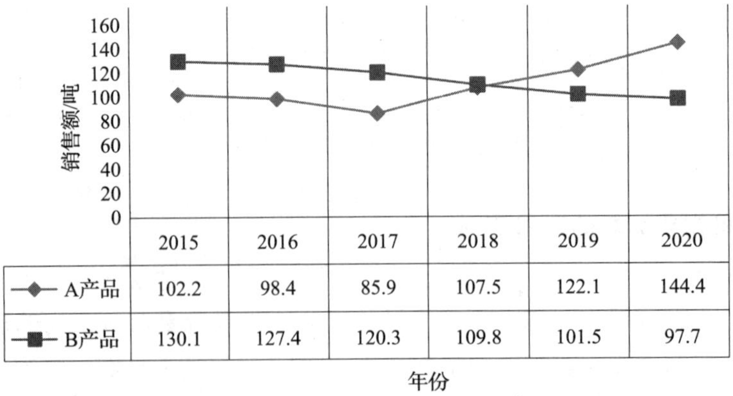

图1-4　2015—2020 年××公司 A、B 两类产品的销售额（折线图示例）

图 1-4 中，横轴表示年份，纵轴表示销售额，带菱形点的折线表示××公司 A 产品对应年份的销售额，带方形点的折线表示××公司 B 产品对应年份的销售额。

（3）饼状图

饼状图显示的是一个数据系列（数据系列：在图表中绘制的相关数据点，这些数据源自数据表的行或列）。图表中的每个数据系列具有唯一的颜色或图案，并且在图表的图例中表示。可以在图表中绘制一个或多个数据系列。饼状图的每个部分代表各项的大小与各项总和的比例。适用于反映某个部分占整体比重的情况。饼状图的示例如图 1–5 所示。

图 1–5 中，不同颜色的扇形所占饼图的面积表示 2020 年××公司该种产品的销售额占 2020 年××公司总销售额的比例。

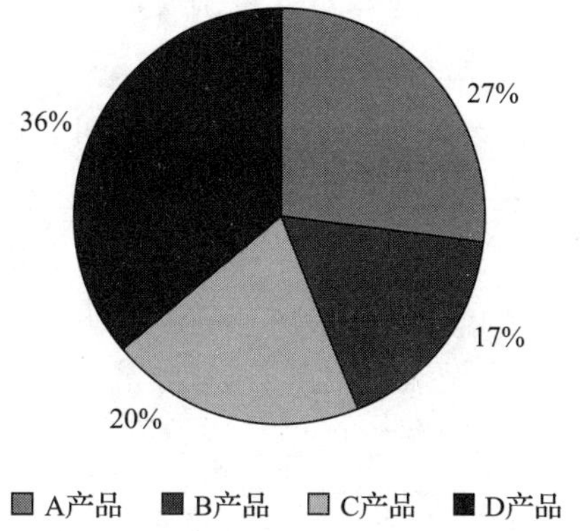

图 1–5　2020 年××公司 4 种产品销售额占总销售额的比例（饼状图示例）

（4）散点图

散点图是指在回归分析中，数据点在直角坐标系平面上的分布图，散点图表示因变量随自变量而变化的大致趋势，据此可以选择合适的函数对数据点进行拟合。用两组数据构成多个坐标点，考察坐标点的分布，判断两变量之间是否存在某种关联或总结坐标点的分布模式。散点图将序列显示为一组点，值由点在图表中的位置表示，类别由图表中的不同标记表示。散点图通常用于三维数据集、但其中只有两个维度需要比较的情况。散点图的示例如图 1–6 所示。

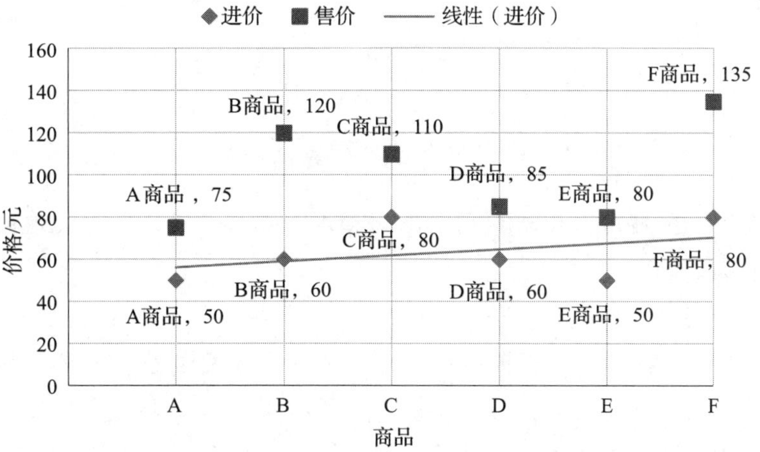

图 1–6　××公司 6 种商品的价格（散点图示例）

图 1–6 中，横轴表示××公司的 6 种商品，纵轴表示价格，方形点表示××公司 6 种商品对应的售价，菱形点表示××公司 6 种商品对应的进价。

相关链接

气泡图和雷达图

（1）气泡图

气泡图是可用于展示3个变量之间关系的图表，排列在工作表的列中的数据（第一列中列出 x 值，在相邻列中列出相应的 y 值和气泡大小的值）可以绘制在气泡图中。气泡图与散点图相似，不同之处在于，气泡图允许在图表中额外加入一个表示大小的变量。实际上，这就像以二维方式绘制包含3个变量的图表一样。气泡由大小不同的标记（指示相对重要程度）表示。气泡图的示例如图1–7所示。

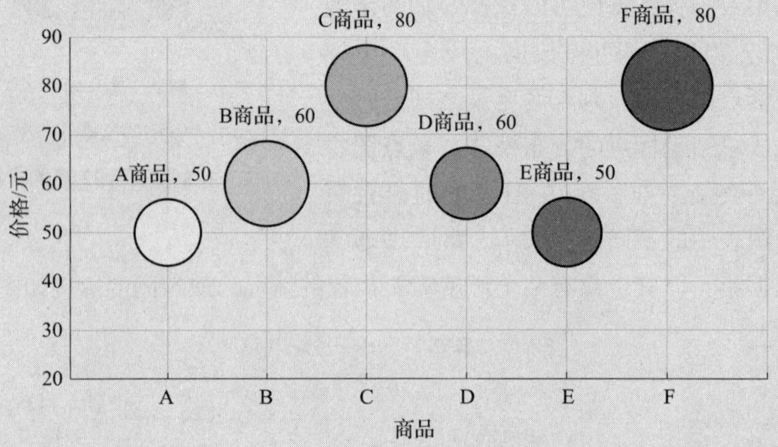

图1–7　××公司6种商品的进价（气泡图示例）

图1–7中，横轴表示××公司的6种商品，纵轴表示进价，气泡的大小表示进价的高低。

（2）雷达图

雷达图是以从同一点开始的轴上表示的3个或更多个定量变量的二维图表的形式，显示多变量数据的图形方法。轴的相对位置和角度通常是无信息的。雷达图也称为网络图、蜘蛛图、星图、蜘蛛网图等。雷达图主要应用于企业经营状况——收益性、生产性、流动性、安全性和成长性的评价。雷达图的示例如图1–8所示。

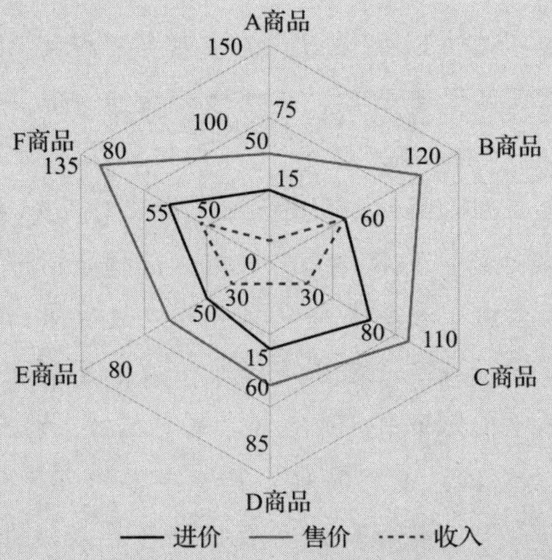

图 1-8 ××公司 6 种产品的价格明细（雷达图示例）

图 1-8 中，坐标轴表示价格，3 种折线分别表示××公司 6 种产品的售价、进价、收入。

2. 常用数据可视化的主要工具

（1）Excel

Excel 的一般用途包括：会计专用、预算、账单和销售、报表、计划跟踪、使用日历等，Excel 是用来帮助用户方便处理数据的办公软件。熟练掌握 Excel 的各个功能是供应链高级工的必备技能之一。

（2）Power BI

Power BI 是一个平台性产品，通过数据视图管理、数据转换管理、OLAP 数据库管理、多维报表设计、即席报表设计等一系列功能，可快速帮助企业人员在现有 ERP/CRM 等信息系统基础之上，构建多维分析模型，制作即席报表、制作分析报告，发布管理驾驶舱等 BI 的应用。

小资料

Fine BI 和 Flourish

（1）Fine BI

Fine BI 是一款国产的 BI（business intelligence，商业智能）工具，具有一

套企业数据化管理和可视化BI的方案，它在具备可视化BI功能的同时，又侧重于帮助企业打造数据化管理平台。其包含的功能如下：为管理员创建业务包（准备数据），业务人员新建仪表板（可视化和探索性分析），业务人员新建螺旋分析（前端再处理数据），领导查看分析（对外分享报告）。

Fine BI还有类似办公协同软件OA（office automation，办公自动化）的数据协同管理功能，主要出于数据安全考虑。可以设置查看权限，dashboard制作完分享给他人时，能够指定特定分享对象，被分享者收到通知后登录门户时，可以看到报表出现在桌面中，并可对其进行修改、批注。

Fine BI属于自助式BI，使用简单，具有丰富的可视化和前端分析操作。能可视化地进行数据钻取、数据切片和数据旋转等多维分析操作。SPA螺旋式聚合分析功能可对前端数据进行再次处理，类似于Tableau的新建数据字段。配合帮助文档和教学视频，管理员能轻松掌握。

（2）Flourish

Flourish是一个在线数据可视化网站，可以快速地把表格数据转化为各种各样好看的图表，它提供非常多的数据可视化模板，只需把数据导入模板，设置相应的速度、颜色、图标等信息，即可生成可视化图表，绘制完成的可视化图表可以发布并且嵌入到网页或者PPT中。

3. 数据可视化的准则

合理的数据可视化可以直观地展现数据，有效地传递信息。但如果数据可视化较弱，反而带来负面效果，错误的表达往往会损害数据的传播，完全曲解和误导观察者，所以，数据可视化过程中，必须遵循一定的规则，具体而言，科学的可视化包括以下准则。

（1）明确数据可视化的目的。

（2）通过对比来反映问题。

（3）提供数据指标的业务背景。

（4）通过从总体到部分的形式，展示数据分析报告。

（5）联系实际的生产和生活，对数据指标的大小进行可视化。

（6）通过明确而全面的标注，尽可能消除误差和歧义。

（7）将可视化的图标与描述进行有机的整合。

（8）通过数据可视化工具，增强信息的可读性和生动性。

（9）允许但并非强制，通过表格的形式呈现数据信息。

（10）目标是让受众思考呈现的数据指标，而非数据的呈现形式。

4. 数据可视化的制作方法

（1）将指标值图形化

一个指标值就是一个数据，将数据的大小以图形的方式表现出来。例如，用柱形图的高度表现数据大小。

（2）将指标图形化

一般用与指标含义相近的图例来表现。

（3）将指标关系图形化

当存在多个指标时，挖掘指标之间的关系，并将其图形化表达，可提升图表的可视化深度。

（4）将时间和空间可视化

通过时间的维度来查看指标值的变化情况，一般采用增加时间轴的形式，也就是常见的趋势图。当图表存在地域信息并且需要突出表现的时候，可用地图将空间可视化，使用地图作为主背景呈现所有信息点。

（5）将数据进行概念转换

对数据进行概念转换，可加深用户对数据的感知，常用的方法有对比法。

应用新知

一、收集数据

经理要求收集三线城市线下销售渠道客户的订单数据，小张通过查阅资料，学习各类数据可视化工具，确定以近五年的数据为基期数据，并将基期数据的整理详细到月，进而得到了该三线城市线下销售渠道客户的订单数据，并对这些数据进行分类和整理，得到了普通型集成灶的基期数据表，见表 1-1。

表 1-1　2016—2020 年普通型集成灶客户实际需求数据表　　单位：台

月份	2016 年	2017 年	2018 年	2019 年	2020 年
1 月	201	187	211	215	210
2 月	205	196	210	225	223
3 月	235	195	214	230	204
4 月	0	246	208	214	244
5 月	250	266	276	276	274
6 月	234	228	269	261	246

续表

月份	2016 年	2017 年	2018 年	2019 年	2020 年
7 月	256	257	265	250	237
8 月	231	0	253	248	267
9 月	229	227	244	229	212
10 月	185	188	202	221	211
11 月	187	195	221	209	188
12 月	189	191	210	214	188
合计			2 783	2 792	2 704

二、数据处理

小张仔细收集了 2016—2020 年普通型集成灶客户的实际需求数据，最终收集到的数据中 2016 年 4 月和 2017 年 8 月的需求数据存在缺失。小张对收集到的数据进行了处理，以补全缺失的数据。

以补全 2016 年 4 月的需求数据为例，小张补全缺失数据的步骤如下：首先收集 2016 年前三年即 2013、2014 和 2015 年 4 月的需求数据；其次计算出 2013 年 4 月—2014 年 4 月的需求增长率和 2014 年 4 月—2015 年 4 月的需求增长率；然后计算出 2013 年 4 月—2014 年 4 月和 2014 年 4 月—2015 年 4 月的需求增长率的年平均值；最后利用 2015 年 4 月的需求量与年平均增长率相乘，估算出 2016 年 4 月普通型集成灶客户的实际需求量，从而对表 1-1 中缺失的数据进行补全，所得结果见表 1-2。

表 1-2　补全 2013 年 4 月缺失数据的过程

日期	实际需求/台	增长率	
2013 年 4 月	228		平均增长率 = 2.18%
2014 年 4 月	231	1.32%	
2015 年 4 月	238	3.03%	
2016 年 4 月	243		

同理可以估算出 2017 年 8 月份的需求数据，补全后的 2016—2020 年普通型集成灶客户实际需求数据见表 1-3。

表 1-3　补全后的 2016—2020 年普通型集成灶客户实际需求数据　单位：台

月份	2016 年	2017 年	2018 年	2019 年	2020 年
1 月	201	187	211	215	210
2 月	205	196	210	225	223

续表

月份	2016 年	2017 年	2018 年	2019 年	2020 年
3 月	235	195	214	230	204
4 月	243	246	208	214	244
5 月	250	266	276	276	274
6 月	234	228	269	261	246
7 月	256	257	265	250	237
8 月	231	233	253	248	267
9 月	229	227	244	229	212
10 月	185	188	202	221	211
11 月	187	195	221	209	188
12 月	189	191	210	214	188
合计	2 645	2 609	2 783	2 792	2 704

三、市场分析

小张对收集到的普通型集成灶客户订购数据进行汇总，应用 Excel 制作可视化报表，做出近五年数据的折线图，如图 1-9 所示。

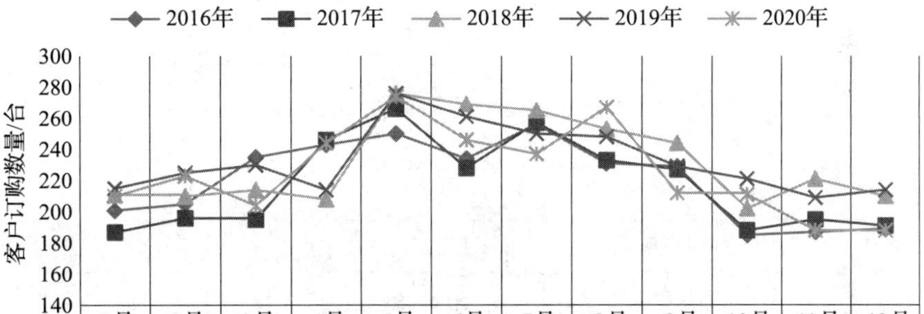

	1月	2月	3月	4月	5月	6月	7月	8月	9月	10月	11月	12月
2016年	201	205	235	243	250	234	256	231	229	185	187	189
2017年	187	196	195	246	266	228	257	233	227	188	195	191
2018年	211	210	214	208	276	269	265	253	244	202	221	210
2019年	215	225	230	214	276	261	250	248	229	221	209	214
2020年	210	223	204	244	274	246	237	267	212	211	188	188

月份

图 1-9　普通型集成灶基期数据变化示意图

由图 1-9 小张发现一些规律：每一年的数据存在周期性波动；每一年的不同月份，数据呈现出规律性变化；分析线下客户需求，特别对 2020 年国内集成灶的生产市场前景进行分析，列举出影响产品市场需求的主要因素如下。

（1）产品价格。

（2）相关产品和替代产品的价格。

（3）消费者的收入水平。

（4）消费者的习惯与喜好。

（5）生产企业的促销手段等。

四、年增长率分析

将表 1-3 中本年度某月份的需求量减去前一年该月份的需求量后除以前一年该月份的需求量，即可得到本年度该月份的增长率。运用 Excel 的计算功能，按照上述方法计算出 2016—2019 年普通型集成灶销售增长率，所得计算结果见表 1-4。

表 1-4　2016—2019 年普通型集成灶销售增长率

月份	2016 年	2017 年	2018 年	2019 年
1 月	-6.97%	12.83%	1.90%	0%
2 月	-4.39%	7.14%	7.14%	-0.89%
3 月	-17.02%	9.74%	7.48%	-11.30%
4 月	1.23%	-15.45%	2.88%	14.02%
5 月	6.40%	3.76%	0%	-0.72%
6 月	-2.56%	17.98%	-2.97%	-5.75%
7 月	0.39%	3.11%	-5.66%	-5.20%
8 月	0.87%	8.58%	-1.98%	7.66%
9 月	-0.87%	7.49%	-6.15%	-7.42%
10 月	1.62%	7.45%	9.41%	-4.52%
11 月	4.28%	13.33%	-5.43%	-10.05%
12 月	1.06%	9.95%	1.90%	-12.15%
均值	-1.33%	7.16%	0.71%	-3.03%

利用表 1-4 得到的数据，进一步对数据进行可视化处理，所得 2016—2019 年普通型集成灶的销售平均增长率如图 1-10 所示。

由图 1-10 小张得出以下结论。

1. 从总体趋势上看，2016—2019 年普通型集成灶的销售平均增长率呈不断下降的趋势。

2. 从各个年份来看，2016 年普通型集成灶的销售增长率为-1.33%；2017 年普通型集成灶的销售出现暴涨，增长率达到近年来的最高值，其值为 7.16%；在 2018—2019 年，普通型集成灶的销售增长率又出现下降，2019 年甚至下降 3.03%，增长率达

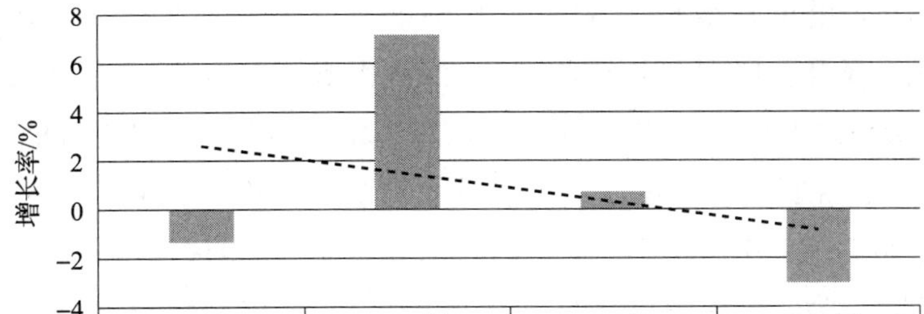

	2016年	2017年	2018年	2019年
■均值	−1.33%	7.16%	0.71%	−3.03%

年份

图 1-10 2016—2019 年普通型集成灶销售年平均增长率变化示意图

到近年来的最低值。

进一步运用 Excel 对数据进行可视化处理，所得 2016—2019 年各月普通型集成灶的销售增长率变化如图 1-11 所示。

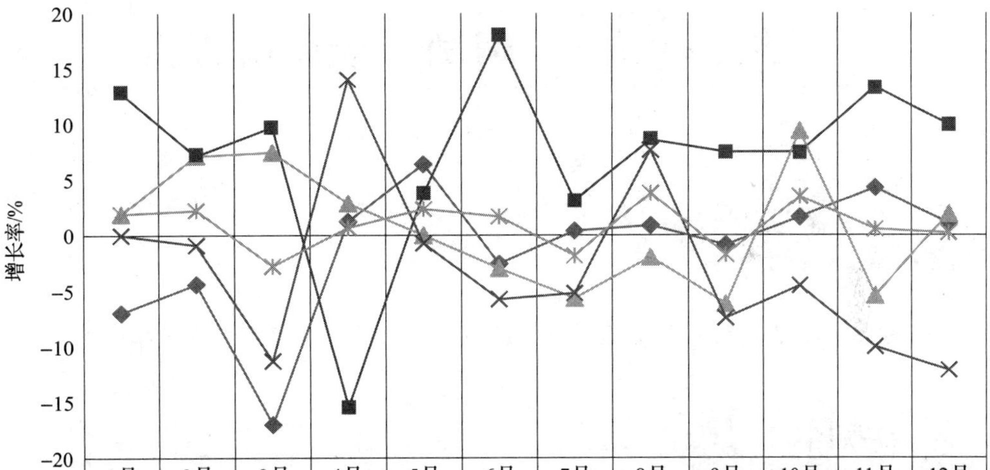

	1月	2月	3月	4月	5月	6月	7月	8月	9月	10月	11月	12月
2016年	−6.97%	−4.39%	−17.02%	1.23%	6.40%	−2.56%	0.39%	0.87%	−0.87%	1.62%	4.28%	1.06%
2017年	12.83%	7.14%	9.74%	−15.45%	3.76%	17.98%	3.11%	8.58%	7.49%	7.45%	13.33%	9.95%
2018年	1.90%	7.14%	7.48%	2.88%	0%	−2.97%	−5.66%	−1.98%	−6.15%	9.41%	−5.43%	1.90%
2019年	0%	−0.89%	−11.30%	14.02%	−0.72%	−5.75%	−5.20%	7.66%	−7.42%	−4.52%	−10.05%	−12.15%
平均值	1.94%	2.25%	−2.78%	0.67%	2.36%	1.67%	−1.84%	3.78%	−1.74%	3.49%	0.53%	0.19%

月份

图 1-11 2016—2019 年按月份统计的普通型集成灶销售增长率变化示意图

由图 1-11 小张得出以下结论。

1. 从每年的单月平均值来看，除 3 月、7 月和 9 月的平均增长率为负，其余月份的平均增长率都是正值。另外，从增长率的高低来看，平均增长率最高的三个月份为 8 月、10 月和 5 月，其中 8 月和 10 月的平均增长率超过 3%。

2. 从不同年份的单月增长率来看，2016 年在总体销售增长率为负的情况下，4 月、5 月、7 月、8 月、10 月、11 月和 12 月的销售增长率为正，这说明 2016 年的上述月份为普通型集成灶的销售旺季；2017 年在总体销售增长率为正的情况下，4 月的销售增长率为负，这说明 2017 年的 4 月为普通型集成灶的销售淡季；2018 年在总体销售增长率为正的情况下，有 6 月、7 月、8 月、9 月和 11 月的销售增长率为负，这说明 2018 年的这些月份为普通型集成灶的销售淡季；2019 年在总体销售增长率为负的情况下，有 4 月和 8 月的销售增长率为正，这说明 2019 年的 4 月和 8 月为普通型集成灶的销售旺季。通过每年不同月份的销售情况分析，可以发现在不同的年份，相同的月份销售情况表现出较大的差异，以不同年份的 4 月为例，2017 年 4 月为全年销售额同比增长率最低的月份，但 2019 年 4 月却是全年销售增长率最高的月份。

下一年度客户每月订购的普通型集成灶数量的预测方法将在学习单元 3 中进行介绍。

学习单元 2　编制市场调研报告

情景描述

采用上一学习单元情景描述中的数据和生成的报表进行市场调研报告的编制。

新知学习

一、调研报告的类型

调研报告是调查人员为达成一定目的，对某种工作、某一问题或某一事件进行全面的调查和合理的研究后，依据事实和结论所编制成的书面报告。调研报告是日常工作中使用频率较高的一种应用文体，常见的调研报告包括：考察报告、调查综述、调查汇报、情况调查、信访调查等。

在实际工作中，调研报告涉及的内容极其广泛，表现的形式多种多样，种类很多。不同的角度对应不同的分类方法。常见的调研报告分类如下。

1. 根据调查课题的目的不同，分为学术性调研报告和应用性调研报告。

2. 根据内容范围的不同，分为综合调研报告和专题调研报告。

3. 根据提供资料的特点，分为定性型调研报告和定量型调研报告。

4. 根据功能不同，分为情况反映型调研报告、典型分析型调研报告、探讨研究型调研报告。

（1）情况反映型调研报告

情况反映型调研报告着重于调查并反映某一调查对象在某一阶段的基本情况，通过对调查基本情况的分析，总结出带有普遍性的情况，提出某些改进建议。它既可以着重于对基本情况的调查，也可以着重于对新情况与新动向的调查，既可以以小见大，也可以在大中见小。这类调研报告大多以反映客观事实为主，叙述较为详尽，很少议论。常用于综合性调研报告。

（2）典型分析型调研报告

典型分析型调研报告侧重于对带有倾向性的典型情况和问题进行专门调查。它不仅有丰富的调查材料，还要有从材料中提炼出的具有规律性的结论，形成作者的认识和主张，但主要用事实说话。这类调研报告根据其调查目的，可以分为总结经验和揭露问题两种类型。

（3）探讨研究型调研报告

探讨研究型调研报告的主要功能是研究、探讨某些理论问题，探讨一些新规律，提出一些新理论。这类调研报告着重于理论和实践上的创新，议论多，学术价值较高，具有科学研究报告和学术论文的特点。

二、市场调研的方法

1. 观察法

观察法是社会调研和市场调研研究最基本的方法。它是由调查人员根据调查研究的对象，利用眼睛、耳朵等感官以直接观察的方式对其进行考察并搜集资料。例如，市场调查人员到被访问者的销售场所去观察商品的品牌及包装情况。

2. 实验法

实验法是由调查人员依据调查的要求，用实验的方式设置一定条件，将对象控制在特定的环境条件下对其进行观察，以获得相应信息的调研方法。控制对象可以是产品的价格、品质、包装等，在可控制的条件下观察市场现象，揭示在自然条件下不易发生的市场规律，这种方法主要用于市场销售实验和消费者使用实验。

3. 访问法

访问法可以分为结构式访问、无结构式访问和集体访问。

结构式访问是实现设计好的、有一定结构的访问问卷的访问。调查人员要按照事先设计好的调查表或访问提纲进行访问，要以相同的提问方式和记录方式进行访问，提问的语气和态度也要尽可能地保持一致。

无结构式访问指没有统一问卷，由调查人员与被调查者自由交谈的访问。根据调查的内容进行广泛的交流，如对商品的价格进行交谈，了解被调查者对价格的看法。

集体访问是通过集体座谈的方式听取被调查者的想法，收集信息资料的访问。集体访问可以分为专家集体访问和消费者集体访问。

4. 问卷法

问卷法是通过设计调查问卷，让被调查者填写调查表的方式获得所调查对象信息的访问。在调查中将调查的资料设计成问卷，让被调查对象将自己的意见或答案填入问卷中。问卷法是目前使用最广泛的市场调研方法。

三、市场调研报告的格式与规范

1. 市场调研报告格式

市场调研报告的格式一般由标题、目录、概述、正文、结论与建议、附件等几部分组成。

（1）标题

一般应将标题和报告日期、委托方、调研方打印在扉页上。

要在标题同一页中，把被调查单位、调查内容明确而具体地表示出来，如《关于哈尔滨市家电市场的调研报告》。有的调研报告还采用正、副标题形式，一般正标题表达调查的主题，副标题则具体表明调查的单位和问题，如《报纸读者阅读习惯的调研报告——以〈海峡都市报〉读者群为例》。

（2）目录

如果调研报告的内容、页数较多，为了方便读者阅读，应当使用目录或索引形式列出报告所分的主要章节和附录，并注明标题、有关章节号码及页码，一般来说，目录的篇幅不宜超过一页。具体示例如下。

目　录

1　调查设计与组织实施

2　调查对象构成情况简介

3　调查的主要统计结果简介

4　综合分析

5　数据资料汇总表

6　附录

（3）概述

概述主要阐述课题的基本情况，它按照市场调查课题的顺序将问题展开，并阐述对调查的原始资料进行选择、评价、得到结论、提出建议的原则等，主要包括以下三方面内容。

1）简要说明调查目的，即简要地说明调查的由来和委托调查的原因。

2）简要介绍调查对象和调查内容，包括调查时间、地点、对象、范围、调查要点及所要解答的问题。

3）简要介绍调查研究的方法。介绍调查研究的方法，有助于使读者确信调查结果的可靠性，因此对所用方法要进行简短叙述，并说明选用此方法的原因。例如，是用访问法还是问卷法。另外，在分析中使用的方法，如指数平滑分析、回归分析、聚类分析等方法都应作简要说明。如果此部分内容很多，应有详细的工作技术报告加以补充说明，附在市场调研报告最后部分的附件中。

（4）正文

正文是市场调研报告的主体部分。这部分必须准确阐明全部有关论据，包括问题的提出到引出的结论，论证的全部过程，分析研究问题的方法，还应当有可供决策者进行独立思考的全部调查结果和必要的市场信息，以及对这些情况和内容的分析评论。

（5）结论与建议

结论与建议是撰写综合分析报告的主要目的。这部分包括对引言和正文部分所提出的主要内容的总结，提出通过调查已经证明的有效结论以及解决某一具体问题可供选择的方案与建议。结论与建议同正文部分的论述要紧密对应，不可以提出无证据的结论，也不可提出没有结论性意见的论证。

（6）附件

附件是指调查报告正文包含不了或没有提及，但与正文内容有关而且必须附加说明的部分。它是对正文报告的补充或更详尽说明，包括数据汇总表、原始资料背景材料和必要的工作技术报告，例如为调查选定样本的有关细节资料及调查期间所使用的文件副本等。

2. 市场调研报告的格式规范

（1）题目：黑体二号字，居中。

（2）“摘要”和“关键词”：黑体三号字，居中，与下文之间空一行。

摘要内容：宋体小四号字，1.25 倍行距，首行缩进 2 个字符。

关键词内容：宋体小四号字，关键词之间用分号分开。

（3）“目录”：黑体三号字，居中，与下文之间空一行。

一级标题：黑体三号字，居中，与正文之间空一行。

二级标题：黑体四号字，左对齐。

三级标题：黑体小四号字，左对齐。

（4）正文：宋体小四号字，1.25 倍行距，首行缩进 2 个字符。

（5）题注：黑体五号字，居中。

（6）图和表：图的大小尽量一致，表格宜用三线表。

应用新知

关于××城市客户每年订购普通型集成灶数量的调研报告

摘要

普通型集成灶是我公司的主要产品，也是我公司历年来盈利最多的产品之一，对××城市客户每年订购普通型集成灶的销售数量进行研究，有利于认清我公司在××城市发展的市场现状，为我公司提高在该市集成灶市场的竞争力和进一步拓展相关市场提供参考。本研究通过收集公司在西北某个三线城市线下销售渠道客户每年订购的普通型集成灶数量，并对收集到的数据进行数据分类、数据清洗和数据可视化处理，最后编制有价值的数据可视化报告。分析了产品价格、相关产品和替代产品的价格、消费者的收入水平、消费者的习惯与嗜好等因素对普通型集成灶销售的影响。

关键词

普通型集成灶；××城市；调研报告

1　调研背景介绍

普通型集成灶是我公司的主营产品，在我公司的收益中占比很大。虽然××城市的经济发展水平不高，但其经济发展潜力不可估量。随着该市市民对于集成灶的需求越来越大，众多集成灶公司入驻该市，导致了市场竞争压力的不断增大。为此，我公司需要对近些年普通型集成灶的销售数量进行收集，并对收集到的数据进行分类、清洗和可视化的处理，在此基础上编制有价值的数据可视化报告，最后为我公司在该市后续的发展提出一些意见与建议。

2　调研目的

（1）通过对××城市普通型集成灶近年的销售数据进行收集，得到初步数据并对数据进行分类、清洗和可视化等一系列处理，揭示近年来××城市普通型集成灶的销售规律。

（2）通过对××城市普通型集成灶近年的销售量进行可视化的数据归纳分析，总结出影响该市普通型集成灶销售的主要因素。

（3）通过对××城市普通型集成灶近年的销售增长率的可视化分析，总结出每一年普通型集成灶销售的淡旺季，并从淡旺季的角度为公司未来的发展提出一些可供参考的建议。

3 调研方法

（1）调研对象：近年来××城市普通型集成灶的销售数量。

（2）数据来源：由公司线下销售渠道提供。

（3）实施过程及问题处理：运用 Excel 对收集到的数据进行分类、清洗等处理。

（4）数据处理方法及工具：使用 Excel 工具对数据进行可视化处理，并编制可视化报表。

4 调研内容

本次调研的主要工作是对××城市普通型集成灶近年的销售数据进行收集和处理，其中收集的销售数据主要包括以下几项。

（1）2016—2020 年每年普通型集成灶的销售总量。

（2）2016—2020 年每年逐月普通型集成灶销售数量。

（3）2016—2020 年每年普通型集成灶销售的平均增长率。

（4）2016—2020 年每年逐月普通型集成灶销售的同比增长率。

其中对销售数据的处理主要包括以下几项。

（1）对收集到的 2016—2020 年每月的普通型集成灶销售数量进行复核，按月份对数据进行分类，将缺失的数据补齐，对重复的数据进行清洗。

（2）运用 Excel 对收集到的所有数据进行可视化处理，并对生成的各个图表进行科学详尽的分析。

5 调研结果与分析

通过对 2016—2020 年每月的普通型集成灶销售数量进行复核，对数据进行分类、清洗等操作，最终得到的数据见表 1。

表 1　2016—2020 年普通型集成灶销售数量表　　单位：台

月份	2016 年	2017 年	2018 年	2019 年	2020 年
1 月	201	187	211	215	210
2 月	205	196	210	225	223

续表

月份	2016 年	2017 年	2018 年	2019 年	2020 年
3 月	235	195	214	230	204
4 月	243	246	208	214	244
5 月	250	266	276	276	274
6 月	234	228	269	261	246
7 月	256	257	265	250	237
8 月	231	233	253	248	267
9 月	229	227	244	229	212
10 月	185	188	202	221	211
11 月	187	195	221	209	188
12 月	189	191	210	214	188
合计	2 645	2 609	2 783	2 792	2 704

对收集到的普通型集成灶客户订购数据进行汇总，应用 Excel 制作可视化报表，得出了 2016—2020 年数据的折线图，如图 1 所示。

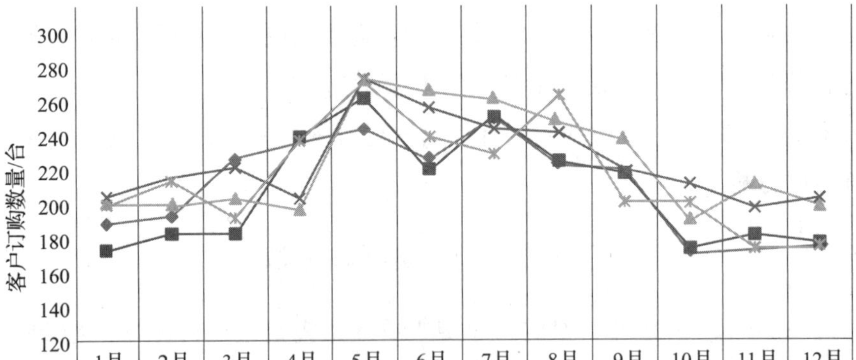

	1月	2月	3月	4月	5月	6月	7月	8月	9月	10月	11月	12月
2016年	201	205	235	243	250	234	256	231	229	185	187	189
2017年	187	196	195	246	266	228	257	233	227	188	195	191
2018年	211	210	214	208	276	269	265	253	244	202	221	210
2019年	215	225	230	214	276	261	250	248	229	221	209	214
2020年	210	223	204	244	274	246	237	267	212	211	188	188

月份

图 1　2016—2020 年普通型集成灶销售数据变化示意图

由图 1 可以得出以下结论。

（1）2016—2020 年，普通型集成灶的销售数量存在周期性波动，每年的不同月份，销售数据呈现出规律性变化，每年 5 月的普通型集成灶销售数量达到最高值，1 月和 12 月的销售数量基本相同，每年的销售平均值趋于稳定。

（2）结合 2020 年国内集成灶的生产市场前景进行分析，对比公司在××城市普通型集成灶的销售情况，总结出了影响普通型集成灶产品市场需求的主要因素有以下几点。

1）产品价格。

2）相关产品和替代产品的价格。

3）消费者的收入水平。

4）消费者的习惯与嗜好。

5）生产企业的促销手段。

运用 Excel 对收集到的数据按照每年各个月份的销售同比增长率进行计算，所得计算结果见表 2。

表 2　2016—2019 年普通型集成灶销售同比增长率

月份	2016 年	2017 年	2018 年	2019 年
1 月	-6.97%	12.83%	1.90%	0%
2 月	-4.39%	7.14%	7.14%	-0.89%
3 月	-17.02%	9.74%	7.48%	-11.30%
4 月	1.23%	-15.45%	2.88%	14.02%
5 月	6.40%	3.76%	0%	-0.72%
6 月	-2.56%	17.98%	-2.97%	-5.75%
7 月	0.39%	3.11%	-5.66%	-5.20%
8 月	0.87%	8.58%	-1.98%	7.66%
9 月	-0.87%	7.49%	-6.15%	-7.42%
10 月	1.62%	7.45%	9.41%	-4.52%
11 月	4.28%	13.33%	-5.43%	-10.05%
12 月	1.06%	9.95%	1.90%	-12.15%
均值	-1.33%	7.16%	0.71%	-3.03%

基于表 2 得到的数据，运用 Excel 对数据进行可视化处理，所得 2016—2019 年普通型集成灶的销售年平均增长率如图 2 所示。

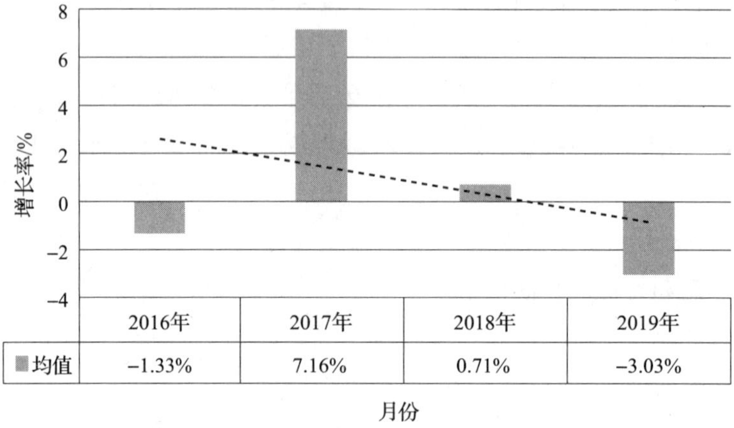

图 2　2016—2019 年普通型集成灶销售年平均增长率变化示意图

由图 2 可以得出以下结论。

（1）从总体趋势上看，2016—2019 年普通型集成灶的销售年平均增长率呈不断下降趋势。

（2）从各个年份来看，2016 年普通型集成灶的销售增长率为-1.33%；而到了 2017 年，普通型集成灶的销售出现暴涨，增长率达到了近年来的最高值，其值为 7.16%；在 2018—2019 年，普通型集成灶的销售增长率又出现下降，到了 2019 年甚至下降到了-3.03%，达到了近年来的最低值。

进一步运用 Excel 对数据进行可视化处理，所得 2016—2019 年各月普通型集成灶的销售增长率变化如图 3 所示。

由图 3 可以得出以下结论。

（1）从每年的单月平均值来看，除 3 月、7 月和 9 月的平均增长率为负，其余月份的平均增长率都是正值。另外，从增长率的高低来看，年平均值最高的三个月份为 8 月、10 月和 5 月，其中 8 月和 10 月的年平均增长率超过 3%。

（2）从不同年份的单月增长率来看，2016 年在总体销售增长率为负的情况下，4 月、5 月、7 月、8 月、10 月、11 月和 12 月的销售增长率为正，这说明 2016 年的上述月份为普通型集成灶的销售旺季；2017 年在总体销售增长率为正的情况下，4 月的销售增长率为负，这说明 2017 年的 4 月为普通型集成灶的销售淡季；2018 年在总体销售增长率为正的情况下，6 月、7 月、8 月、9 月和 11 月的销售增长率为负，这说明 2018 年的这些月份为普通型集成灶的销售淡季；2019 年在总体销售增长率为负的情况下，4 月和 8 月的销售增长率为正，这说明 2019 年的 4 月和 8 月为普通型集成灶的销售旺

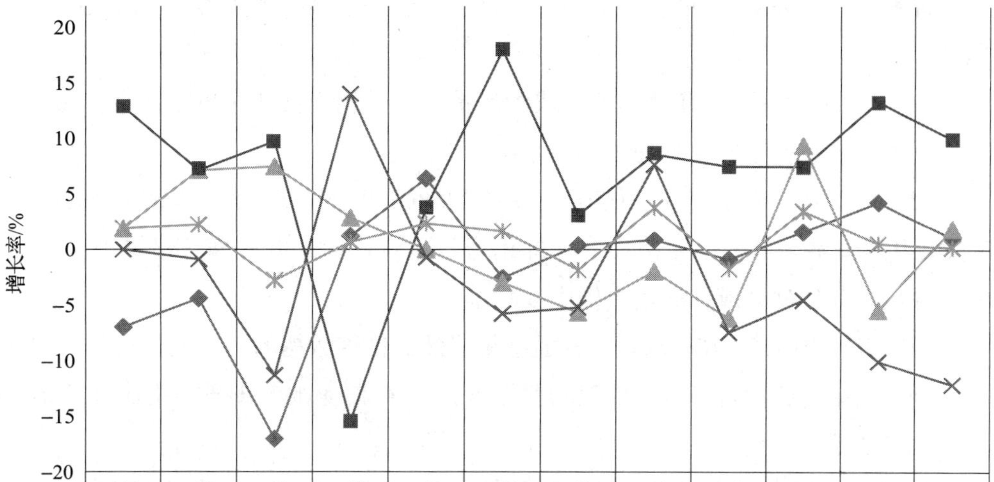

	1月	2月	3月	4月	5月	6月	7月	8月	9月	10月	11月	12月
2016年	−6.97%	−4.39%	−17.02%	1.23%	6.40%	−2.56%	0.39%	0.87%	−0.87%	1.62%	4.28%	1.06%
2017年	12.83%	7.14%	9.74%	−15.45%	3.76%	17.98%	3.11%	8.58%	7.49%	7.45%	13.33%	9.95%
2018年	1.90%	7.14%	7.48%	2.88%	0%	−2.97%	−5.66%	−1.98%	−6.15%	9.41%	−5.43%	1.90%
2019年	0%	−0.89%	−11.30%	14.02%	−0.72%	−5.75%	−5.20%	7.66%	−7.42%	−4.52%	−10.05%	−12.15%
平均值	1.94%	2.25%	−2.78%	0.67%	2.36%	1.67%	−1.84%	3.78%	−1.74%	3.49%	0.53%	0.19%

月份

图 3　2016—2019 年按月份统计的普通型集成灶销售增长率变化示意图

季。通过每年不同月份的销售情况分析，可以发现在不同的年份，相同的月份销售情况表现出较大的差异，以不同年份的 4 月为例，2017 年 4 月为全年销售额同比增长率最低的月份，但 2019 年 4 月是全年销售额同比增长率最高的月份。

6　结论与建议

通过对××城市 2016—2020 年普通型集成灶的销售数据进行分类、清洗和可视化等一系列处理，得出具体结论如下。

（1）××城市 2016—2020 年普通型集成灶的销售数量呈现有规律的周期性波动，每年的销售数量波动情况幅度不大。

（2）在各个年份的不同月份，普通型集成灶的销售数量呈现出近似正态分布的规律，其中普通型集成灶的销售数量在每年的 5 月达到最高值，在 1 月和 12 月达到最低值。

（3）通过与 2020 年国内集成灶的生产市场前景的对比分析得出，产品价格、相关产品和替代产品的价格以及消费者的收入水平是影响普通型集成灶销售的主要因素。

（4）从 2016—2019 年普通型集成灶的销售年平均增长率的角度来讲，2016—2019 年普通型集成灶的销售年平均增长率呈不断下降趋势。

（5）从 2016—2019 年各月普通型集成灶的销售增长率的角度来讲，每年的 3 月、7 月和 9 月基本上都是普通型集成灶的销售淡季。同时，几乎每年的 4 月、8 月和 11 月都会成为普通型集成灶的销售淡季或旺季。

通过对××城市 2016—2020 年普通型集成灶的销售数据的一系列处理和可视化报表的编制，在结合公司自身发展情况的前提下，对未来××城市普通型集成灶的销售提出以下几点建议。

（1）深入探究普通型集成灶销售的淡旺季规律，做到能够提前把握集成灶市场的变化，实现普通型集成灶的分季销售，优化和降低库存压力及资金压力，以便进一步适时制定出相应的销售策略。例如，为了刺激普通型集成灶订购数量的增加可以在销售淡季适当降低价格，以提高销售额。

（2）对普通型集成灶进行质量方面的优化改造以提高本产品的市场竞争力，例如，分析和借鉴其他公司集成灶产品的优点，对本公司普通型集成灶进行质量方面的优化。

（3）对普通型集成灶进行造型方面的优化设计以迎合更多客户的使用习惯和嗜好。例如，通过问卷调查的方式了解客户对集成灶造型的喜好，并根据客户的喜好对普通型的造型进行改进。

（4）在对普通型集成灶质量和造型方面进行改造的同时，开发新的同类产品，力争占据更多的市场份额，以增加公司的竞争力。

（5）多采用具有创新性和代表性的促销方式和手段，并借用多种渠道对产品进行推广，以提高产品的知名度。例如，实施覆盖式的广告宣传，以提高产品在××城市的知名度。另外，在各种产品的销售方式中，网络直播销售已成为有效的销售方式之一，公司也可以尝试以网络直播的方式提高普通型集成灶的知名度和销售量。

学习单元 3　使用模型进行需求预测分析

情景描述 1

上一个学习单元的情景描述中，A 集团计划部门经理在查看小张编制的数据可视化分析报表后，对小张的工作表示了肯定，要求他将工作内容进一步深化，根据得到的数据，对 2021—2022 年普通型集成灶每月的需求量进行预测。

新知学习

一、需求预测的定义和目的

为了得出未来一定时间内，整个产品或特定产品的需求数量而进行的科学预估称为需求预测。

需求预测的目的在于通过充分利用现在和过去的历史数据并考虑未来各种影响因素，结合本企业的实际情况，采用合适的科学分析方法，提出切实可行的需求目标，从而制订需求计划，进而更好地指导原材料或商品订货、库存控制、必要设施的配备等企业供应链管理工作的开展。

二、需求预测的方法

需求预测的方法可以分为定性预测法和定量预测法。

1. 定性预测法

定性预测法是基于知识、直觉和经验判断的方法，是以主观分析为主的预测方法。典型的定性预测法包括德尔菲法、部门主管人员意见法和用户调查法等。

（1）德尔菲法

德尔菲法也称专家调查法，1946 年由美国兰德公司创始实行，其本质上是一种反馈匿名函询法，其大致流程是针对所要预测的问题征得专家意见之后，进行整理、归纳、统计，再匿名反馈给各专家，再次征求意见，再集中，再反馈，直至得到一致的意见。

该方法是由企业组成一个专门的预测机构，其中包括若干专家和企业预测组织者，按照规定的程序，通过征询专家对未来市场的意见或者判断，从而进行预测的方法。

运用德尔菲法进行需求预测的流程如图 1-12 所示。

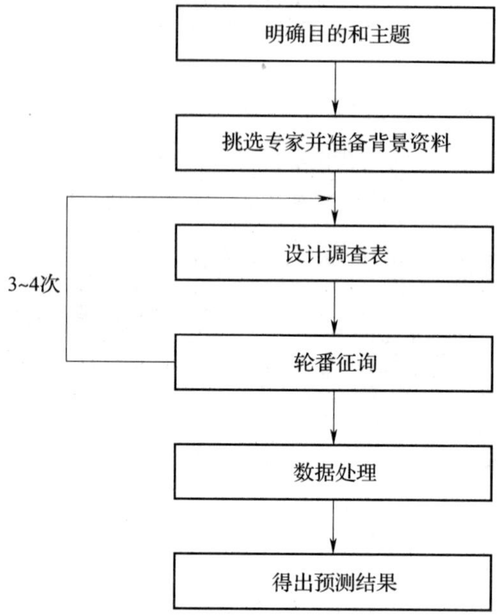

图 1-12　运用德尔菲法进行需求预测的流程

（2）管理人员意见法

管理人员意见法利用群体讨论的方式，首先组成专家小组，然后定期集会共同讨论、共同做预测，希望能从讨论中得到一致的看法。使用管理人员意见法时，公司通常将销售、生产、财务、采购和营销等相关领域的管理人员聚在一起举行会议，共同对预测事项进行讨论。有些公司在开会之前会准备一些相关的背景资料供与会者事前参考，可增进管理人员对预测背景的了解与共识。

管理人员意见法的优点是简单迅速，不需要准备详细的统计资料，而且可以汇集不同人员的经验与知识，并可经由讨论而增进各部门管理人员间的共识。此外，当缺乏适当的历史资料或环境有不连续的变动时，管理人员意见法也是少数能够应用的方法之一。不过，这种方法虽可起到集思广益的效果，但参与者有时容易受别人影响，难以维持独立的判断。

（3）用户调查法

用户调查法是销售人员通过信函、电话或者访问的方式对现实的或潜在的顾客进行调查，了解顾客对本企业产品及其特征的期望，再考虑本企业的可能市场占有率，然后对各种信息进行综合整理，以得到所需的预测结果。

用户调查法的优点：预测来源于顾客期望，可较好地反映市场需求情况；可以了解顾客对产品优缺点的看法，也可以了解一些顾客不购买企业产品的原因，有利于改进和完善产品，开发新产品和有针对性地开展促销活动。

用户调查法的缺点：很难获得顾客的通力合作；顾客期望不等于实际购买，而且其期望容易发生变化；由于对顾客知之不多，调查时会耗费较多的人力和时间。

2. 定量预测法

定量预测法是根据已掌握的比较完善的历史统计数据，运用一定的数学方法进行科学的加工整理，借以揭示有关变量之间的规律性联系，用于推测未来发展变化情况的一类预测方法。可分为时间序列模型法和因果关系模型法两大类。

（1）时间序列模型法

时间序列是指按一定时间间隔，把某变量数值依发生先后顺序排列起来的序列。这些数值可以是销售数量、收入、利润、产量、运量、事故量等。时间序列模型又可细分为时间序列平滑模型和时间序列分解模型。时间序列平滑模型有简单移动平均法、加权移动平均法、一次指数平滑法、二次指数平滑法等，时间分解平滑模型有乘法模型、加法模型等。

1）移动平均法是用一组最近的实际数据值来预测未来一期或几期内公司产品的需求量、公司产能等的一种常用方法。移动平均法适用于近期预测。当产品需求既不快速增长也不快速下降，且不存在季节性因素时，移动平均法能有效地消除预测中的随机波动，能得到较为精确的预测结果。移动平均法根据预测时使用的各元素的权重不同，可以分为简单移动平均和加权移动平均。

移动平均法是一种简单平滑预测技术，它的基本思想是：根据时间序列资料、逐项推移，依次计算包含一定项数的序时平均值，以反映长期趋势。因此，当时间序列的数值由于受周期变动和随机波动的影响，起伏较大，不易显示出事件的发展趋势时，使用移动平均法可以消除这些因素的影响，显示出事件的发展方向与趋势（即趋势线），然后依趋势线分析预测序列的长期趋势。

2）指数平滑法实际上是一种特殊的加权移动平均法。其特点是：第一，指数平滑法进一步加强了观察期近期观察值对预测值的作用，对不同时间的观察值所赋予的权数不等，从而加大了近期观察值的权数，使预测值能够迅速反映市场实际的变化。权数之间按等比级数减少，此级数之首项为平滑常数 a，公比为（$1-a$）。第二，指数平滑法对于观察值所赋予的权数有伸缩性，可以取不同的 a 值以改变权数的变化速率。如 a 取较大值，则权数变化较迅速，观察值的新近变化趋势较能迅速反映于指数移动平均值中。因此，运用指数平滑法，可以选择不同的 a 值来调节时间序列观察值的均匀程度（即趋势变化的平稳程度）。

3）乘法模型和加法模型。在长期趋势分析里，时间数列的构成要素有长期趋势变动（T）、季节变动（S）、循环变动（C）和不规则变动（I）的时候，就可以用加法模型（$Y=S+T+C+I$）与乘法模型（$Y=S\times T\times C\times I$）来进行分析。

4）直线趋势预测法。直线趋势预测法又称趋势分析法，是指自变量为时间，因变量为时间函数的模式。趋势预测法的主要优点是考虑时间序列发展趋势，使预测结果能更好的符合实际，函数结构模型一般为：$y=a+bx$ 的形式。

（2）因果关系模型法

时间序列只将时间作为唯一独立变量，而将需求作为因变量。但在实际过程中，需求是由很多因素决定的，如产品服务的定价、政府规定、金融信息等，常见的因果关系模型法有回归模型预测法、计量经济模型预测法、投入产出模型预测法。

1）回归模型预测法简称“回归预测法”，是在分析市场现象自变量和因变量之间相关关系的基础上，建立变量之间的回归方程，并将回归方程作为预测模型，根据自变量在预测期的数量变化来预测因变量，关系大多表现为相关关系。基本思路是：首先，通过样本信息，分析预测对象与有关因素之间的总体相关关系，设定适当的数学模型（称为总体回归模型）将这种相关关系的类型表达出来；然后再利用样本信息，运用参数估计法，建立反映预测对象与主要相关因素之间总体关系的样本回归模型；进行必要的检验；最后根据已建立并通过检验的样本回归模型，来预测研究对象的未来状况。其中，在预测之前所做的那些工作，包括模型设定、参数估计和模型检验，统称为回归分析。由回归方法建立起来的数学模型，就称为回归模型。它一旦用于预测，又可称为预测回归模型。回归模型可分为线性回归模型和非线性回归模型，也可分为一元回归模型和多元回归模型。回归预测法有比较严密的理论基础和较成熟的计算分析方法，如果模型建立得当，则可得到比较精确的预测结果。

2）计量经济模型预测法。计量经济模型是表示经济现象及其主要因素之间数量关系的方程式。计量经济模型主要有经济变量、参数以及随机误差三大要素。经济变量是反映经济变动情况的量，分为自变量和因变量。计量经济模型的第二大要素是参数，参数是用以求出其他变量的常数。第三个要素是随机误差，是指那些很难预知的随机产生的差错，以及经济资料在统计、整理和综合过程中所出现的差错。随机误差可正可负，或大或小，最终正负误差可以抵消，因而通常忽略不计。

3）投入产出模型预测法。投入产出模型是综合分析经济活动中投入与产出之间数量依存关系（特别是分析和考察国民经济各部门在产品生产与消耗之间的数量依存关系）的一种经济数学模型。它由投入产出表和根据投入产出表平衡关系建立起来的数学方程组两部分构成。

投入产出模型的种类很多，依据计量方法可分为实物模型和价值模型、动态模型和静态模型；依据范围可分为全国模型、地区模型、地区间模型、部门模型和企业模型；依据内容可分为产品模型、固定资产模型、劳动模型等；依据任务可分为计划模型和统计模型等。

三、需求预测的工具——Excel

使用 Excel 可以对一组数据实现初步的预测，Excel 中主要有函数预测法、图表预测法和预测工作表法 3 种方法能够实现需求的预测。

1. 函数预测法

函数预测法是预测时最常用的方法，即将历史数据拟合成一条直线，根据直线的走向预测未来数值。可以根据历史数据对未来销售额、库存需求或消费趋势进行预测。Excel 中线性预测函数有 FORECAST 和 TREND。上述函数均为根据一条线性回归拟合线得出一个预测值，直接在 Excel 中调用这两个函数，即可实现对一组数据的线性预测。此外还有平滑指数预测函数 FORECAST. ETS。

2. 图表预测法

在 Excel 常见的柱形图、折线图和散点图中，都可以添加趋势线，也能帮助进行数据预测，还可以直接显示公式和相关系数，通过得到的回归方程即可确定一组数据的预测值。

3. 预测工作表法

预测工作表法可以看作是函数与图表的功能组合，从历史数据分析出业务发展趋势，并以图表的形式展现出来，直观地展示业务发展方向或趋势。通过对预测工作表进行参数的设定，可以得到相应的预测结果。

相关链接

SPSS 和 R 语言

除 Excel 工具外，还可以使用 SPSS 软件和 R 语言进行需求的预测。

SPSS 软件的全称是 IBM SPSS Statistics，它是“统计产品与服务解决方案”软件，可用于统计分析运算、数据挖掘、预测分析和决策支持任务的软件产品及相关服务。

IBM SPSS Modeler 是一组数据挖掘工具，通过这些工具可以采用商业技术快速建立预测性模型，并将其应用于商业活动，从而改进决策过程。它可以实现一些相对复杂的需求预测，同时它还支持多种格式的数据文件导入，包括自由格式和固定格式的文本文件、SPSS 数据文件、SAS 数据集、Excel 文档以及数据库文件等。

R语言是用于统计分析、绘图的语言和操作环境。R软件是属于GUN系统的一个自由、免费、源代码开放的软件，它是一个用于统计计算和统计制图的优秀工具。R软件是一套完整的数据处理、计算和制图软件系统。其功能包括：数据存储和处理系统；数组运算工具（其向量、矩阵运算方面功能尤其强大）；完整连贯的统计预测分析工具；优秀的统计制图功能；简便而强大的编程语言；可操纵数据的输入和输出，可实现分支、循环，用户可自定义功能。使用R软件进行预测的基本步骤如下：读入数据→转换数据→建立模型→预测及误差分析。

四、影响需求预测的因素

1. 区域范围

市场需求是在一定的地区内，消费者对某种商品或服务愿意而且能够购买的数量。因此，在做需求预测的时候，要清楚预测所涵盖的区域范围。把大区域化小、小区域再细化，通过细化强化预测的可操作性。

2. 产品本身的因素

在产品的投入期，需求增长缓慢；在成长期，需求迅速增长；在成熟期，需求稳定稍有波动；到产品衰退期，需求就会减少。

3. 消费者

消费者收入的增减是影响需求的重要因素，一般来而言，消费者收入增加将引起需求上扬，反之收入减少将带来需求下降。消费者的偏好也能导致需求的变化。性格和爱好等因素支配着消费者在使用价值相同或性能相近的商品之间进行选择，如购买手机，有人爱好华为，也有人更偏好小米。

4. 竞争者

竞争者包括同类产品的直接竞争者和可替代产品的竞争。一般来说，在可相互替代的两种商品之间，某一种商品价格提高，消费者就会把需求转向可以替代的商品上，从而使替代品的需求增加，本商品的需求减少，反之亦然。

5. 公司行为

公司的一些活动也直接影响需求。常见的有促销活动、广告、饥饿营销等。例如，公司为了刺激需求，会降低价格；在产品到生命周期末端时，会加快创新产品的上市速度。

五、需求预测的相关数据说明

1. 自相关分析

自相关也称序列相关，是指变量在不同时间点上取值之间的相关性。自相关系数度量的是同一事件在两个不同时期之间的相关程度，形象地讲就是度量自己过去的行为对自己现在的影响。在使用 Excel 等工具进行自相关分析时，样本数量（自由度）多、显著性水平（0.05 或 0.01）高，即说明研究的数据间具有自相关性，可以对有相关性的数据进行下一步的回归或预测。

2. 置信区间分析

置信区间是一种常用的区间估计方法，所谓置信区间就是分别以统计量的置信上限和置信下限为上下界构成的区间，指由样本统计量所构造的总体参数的估计区间。在统计学中，一个概率样本的置信区间是对这个样本的某个总体参数的区间估计。置信区间展现的是这个参数的真实值有一定概率落在测量或预测结果周围的程度，其给出的是被测参数的测量值或被预测参数的预测值的可信程度。在使用 Excel 等工具进行置信区间分析时，一般取 95％的置信区间进行分析。

六、需求预测数据处理过程

需求预测数据处理过程如图 1-13 所示。

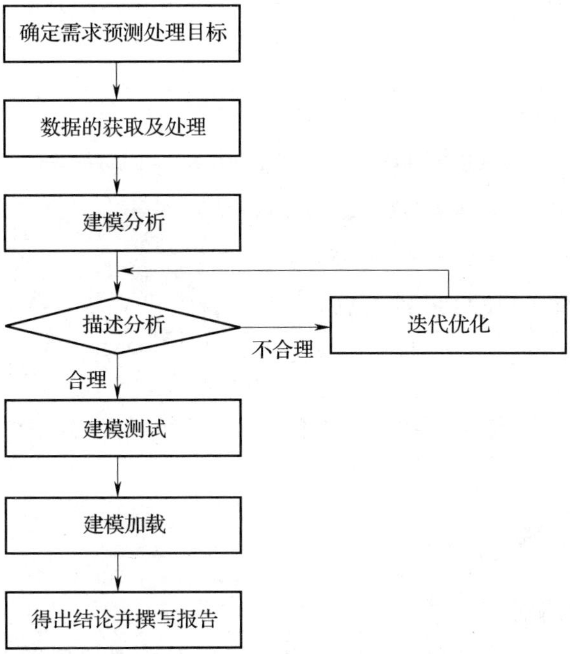

图 1-13　需求预测数据处理过程

应用新知 1

一、模型选择

小张认真学习预测的类型，在定性预测方法中，德尔菲法适用性较强。现在小张重点考虑的是应用定量预测的方法，得出有参考价值的预测数据，为经理的决策提供依据。由于选取的数据与时间相关，故适合应用时间序列预测法。

情景描述共选取 60 个数据，通过案例分析，小张需要得出下一年每月的预测值，小张在分析了公司普通型集成灶 2016—2020 年的数据后，决定选择 Excel 工具来进行需求预测。考虑先用直线趋势预测法得出一年的数值，再根据每月基期需求数据在一年中的占比，预测出未来两年每个月客户对普通型集成灶的需求量。需求预测的流程如图 1－14 所示。

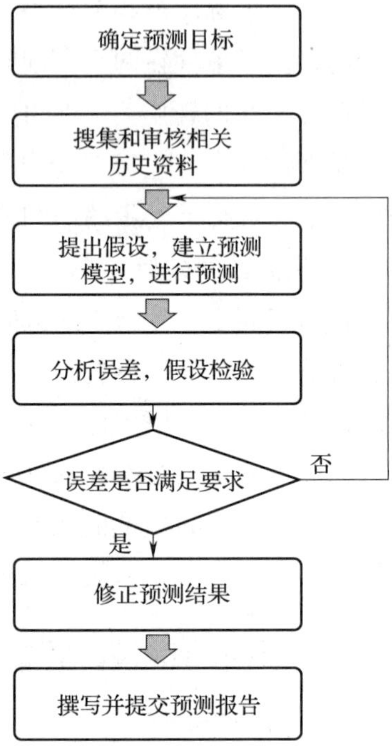

图 1–14　需求预测流程图

2016—2020 年普通型集成灶年销售数量如图 1–15 所示。

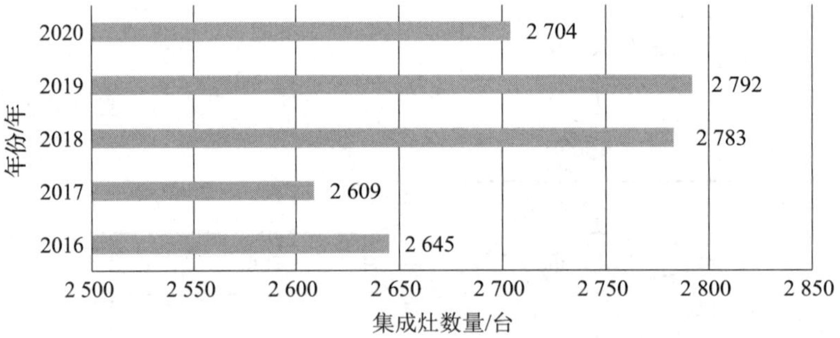

图 1–15　普通型集成灶连续 5 年销售量数据图

二、Excel 预测

1. Excel 函数预测法

将数据在 Excel 中进行简单处理，得出基于年度数据的条形图，小张认为完成预测适合采用趋势预测法，在 Excel 中调用不同的函数对 2021 年和 2022 年总销售量进行预测，其结果见表 1-5。

表 1-5 线性趋势预测数据统计表 单位：台

年份	自变量年份（X）	销售量（Y）	
2016	1	2 645	
2017	2	2 609	
2018	3	2 783	
2019	4	2 792	
2020	5	2 704	
2021（预测）	6	2 796.9	调用的函数为：=FORECAST（B8，C2：C6，B2：B6）
		2 796.9	调用的函数为：=TREND（C2：C6，B2：B6，B9）
2022（预测）	7	2 827	调用的函数为：=FORECAST（B9，C2：C7，B2：B7）
		2 827	调用的函数为：=TREND（C2：C7，B2：B7，B9）

由表 1-5 可以看出，调用线性预测函数 FORECAST 和 TREND 所得的预测结果一致，选用线性预测函数得出的结果进行进一步计算，利用每月销售数据在整年中的占比预测出 2021—2022 年的每月销售量，所得结果见表 1-6。

表 1-6 普通型集成灶需求预测数据表 单位：台

月份	2016 年	2017 年	2018 年	2019 年	2020 年	合计	占比值	2021 年	2022 年
1 月	201	187	211	215	210	1 024	0.076	212	215
2 月	205	196	210	225	223	1 059	0.078	219	221
3 月	235	195	214	230	204	1 078	0.080	223	226
4 月	243	246	208	214	244	1 155	0.085	239	240
5 月	250	266	276	276	274	1 342	0.099	277	280
6 月	234	228	269	261	246	1 238	0.091	256	257
7 月	256	257	265	250	237	1 265	0.093	261	263
8 月	231	233	253	248	267	1 232	0.091	255	257
9 月	229	227	244	229	212	1 141	0.084	236	237
10 月	185	188	202	221	211	1 007	0.074	208	209
11 月	187	195	221	209	188	1 000	0.074	207	209
12 月	189	191	210	214	188	992	0.073	205	206
合计	2 645	2 609	2 783	2 792	2 704	13 533	1	2 797	2 827

根据表 1-6 所得结果，对预测得到的 2021—2022 年每月的普通型集成灶需求量进行可视化处理，得到 2021—2022 年普通型集成灶每月预测销售量的折线图，如

图 1-16 所示。

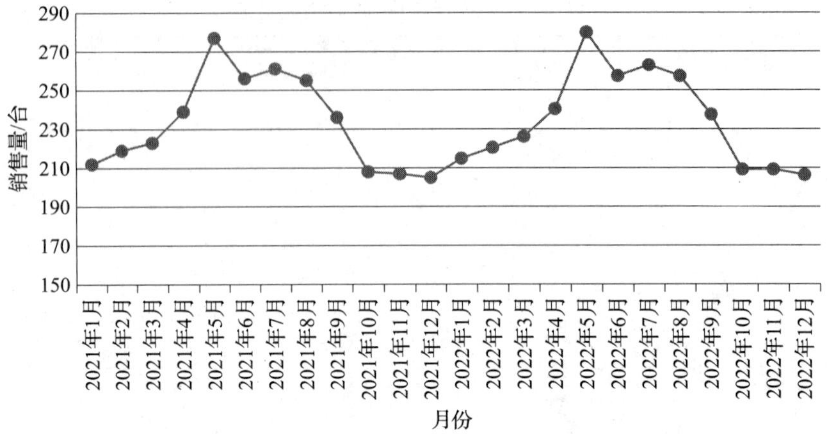

图 1-16　普通型集成灶 2021—2022 年每月预测销售量示意图

2. Excel 图表预测法

根据 2016—2020 年普通型集成灶的年销售量，在 Excel 中绘制散点图，为其添加趋势线，并设置趋势线的相关参数，勾选显示公式和 R^2，得出的散点图趋势线如图 1-17 所示。

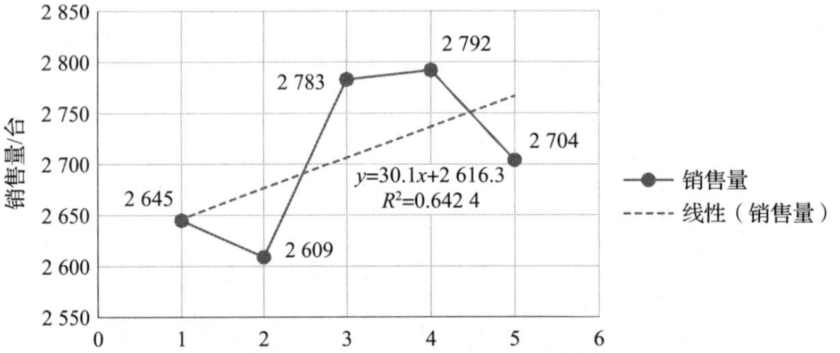

图 1-17　2016—2020 年普通型集成灶销售量散点图

由图 1-17 可知，2016—2020 年普通型集成灶销售量的线性回归方程为：$y=30.1x+2\,616.3$。相关性系数 R^2 为 0.642 4，说明随着年份的增长，普通型集成灶的销售量增长稳定，呈正相关关系。利用回归方程预测出 2021—2022 年普通型集成灶的年销售量为分别 2 796.9 台和 2 827 台，与利用函数预测法得到的预测结果一致。可借鉴函数预测法对 2021 年和 2022 年普通型集成灶每月销售量进行预测。

3. Excel 预测工作表法

利用 Excel 的预测工作表功能，可以实现对未来一段时间的变化趋势的预测。根据 2016—2020 年普通型集成灶每月的销售数据表，预测出 2021 年和 2022 年普通型集成灶每月的销售量，其结果如图 1-18 所示。

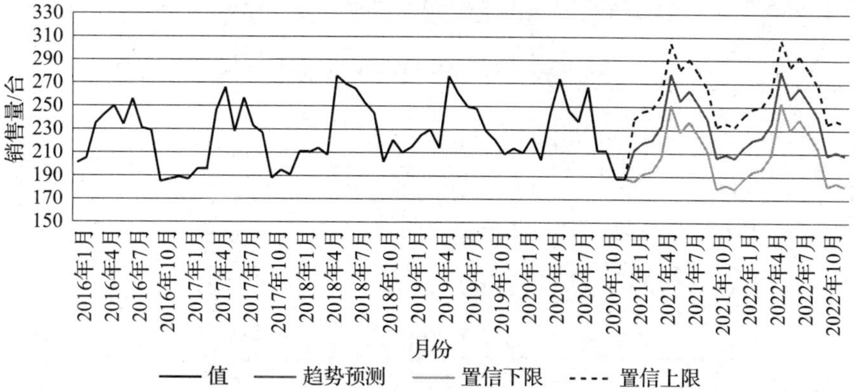

图 1-18 2021—2022 年普通型集成灶每月销售量预测图

如图 1-18 所示，2016—2022 年普通型集成灶的销售量变化具有明显的季节性，2016—2022 年每一年普通型集成灶的销售量最大的月份都是 5 月，说明每年的 5 月是普通型集成灶的销售旺季；2016 年 10 月普通型集成灶的销售量最小，2017 年 1 月普通型集成灶的销售量最小，2018 年 10 月普通型集成灶的销售量最小，2019 年 11 月普通型集成灶的销售量最小，2020 年 11 月和 12 月普通型集成灶的销售量最小，2021 年 12 月普通型集成灶的销售量最小，说明每年的 10 月至次年 1 月是普通型集成灶的销售淡季。

集团应该根据不同销售季节，制定出一套完善的销售方法，例如，在每年 5 月之前提前储备足够数量的普通型集成灶，以防供不应求情况的出现，在每年 10 月至次年 1 月采取各种促销措施，以增加普通型集成灶的销售量，进而增加集团的收益。使用 Excel 预测工作表法的详细预测结果见表 1-7。

表 1-7 利用 Excel 得出的需求量预测值详表 单位：台

日期	实际需求量	预测需求量	置信区间下限	置信区间上限
2020 年 12 月	188	188	188	188
2021 年 1 月	—	212. 488 621	185. 74	239. 24
2021 年 2 月	—	218. 964 620	192. 22	245. 71
2021 年 3 月	—	221. 196 855	194. 45	247. 94
2021 年 4 月	—	233. 360 006	206. 61	260. 11
2021 年 5 月	—	278. 210 968	251. 46	304. 96
2021 年 6 月	—	254. 831 095	228. 08	281. 58
2021 年 7 月	—	264. 020 592	237. 27	290. 77

续表

日期	实际需求量	预测需求量	置信区间下限	置信区间上限
2021 年 8 月	—	251. 902 893	225. 15	278. 65
2021 年 9 月	—	238. 589 303	211. 84	265. 34
2021 年 10 月	—	206. 033 847	179. 28	232. 79
2021 年 11 月	—	209. 026 808	182. 27	235. 78
2021 年 12 月	—	205. 886 904	179. 13	232. 65
2022 年 1 月	—	214. 730 164	187. 71	241. 75
2022 年 2 月	—	221. 206 163	194. 19	248. 22
2022 年 3 月	—	223. 438 399	196. 42	250. 46
2022 年 4 月	—	235. 601 550	208. 58	262. 63
2022 年 5 月	—	280. 452 511	253. 42	307. 48
2022 年 6 月	—	257. 072 638	230. 04	284. 11
2022 年 7 月	—	266. 262 136	239. 22	293. 30
2022 年 8 月	—	254. 144 436	227. 10	281. 19
2022 年 9 月	—	240. 830 846	213. 78	267. 88
2022 年 10 月	—	208. 275 390	181. 22	235. 33
2022 年 11 月	—	211. 268 351	184. 20	238. 34
2022 年 12 月	—	208. 128 448	181. 05	235. 20

三、置信度及置信区间分析

在 Excel 预测结果的默认置信度为 95％的情况下，2021—2022 年普通型集成灶预测需求量的置信区间见表 1-7。以 2021 年 1 月为例，置信区间代表的就是，2021 年 1 月普通型集成灶预测需求量有 95％的可能性落在区间［185. 74，239. 24］内。通过对所得结果分析，用 Excel 预测工作表法预测出的 2021—2022 年各月普通型集成灶预测需求量的置信度默认为 95％，置信区间的最小值为 179. 13 台，置信区间的最大值为 307. 48 台。

情景描述 2

小杨是苏州木已成舟木材销售有限公司市场部门供应链管理师（三级/高级工），为了增加杉木的销售量，市场部门经理要求小杨探究加大杉木的广告宣传投资力度与其销售量增加的关系，为杉木的促销提供理论支撑。

应用新知 2

一、数据收集

小杨根据经理的要求，收集到 2020 年 6—12 月公司杉木的广告投资额及其销售量的数据，见表 1-8。

表 1-8　2020 年 6—12 月公司杉木的广告投资额及其销售量

投资时间	广告投资额/万元	销售量/件
2020 年 6 月	461	1 848
2020 年 7 月	465	1 809
2020 年 8 月	460	1 762
2020 年 9 月	456	1 683
2020 年 10 月	454	1 681
2020 年 11 月	468	1 853
2020 年 12 月	470	1 907

二、回归分析

小杨认真分析收集到的数据，决定用 Excel 中回归分析的功能对公司杉木的广告投资额与其销售量的关系进行分析，具体步骤如下。

1. 数据的导入与变量的确定

将收集到的数据导入 Excel 中，要对公司杉木的广告投资额和销售量的关系进行回归分析，就需要确定二者分别属于何种变量，即哪一组数据属于自变量，哪一组数据属于因变量。就本情景而言，杉木的广告投资额的增加会导致销售量的变化，所以广告投资额属于自变量 x，产品的销售量属于因变量 y。

2. 建立回归模型

利用 Excel 中的回归功能建立相应的回归模型，从而寻求变量之间的相互关系，具体分为 5 个步骤。

（1）将数据导入 Excel 后，在“选项”菜单中选择“加载项”，在“加载项”中找到“分析工具库”并选中，然后点击最下方的“转到”，如图 1-19 所示。

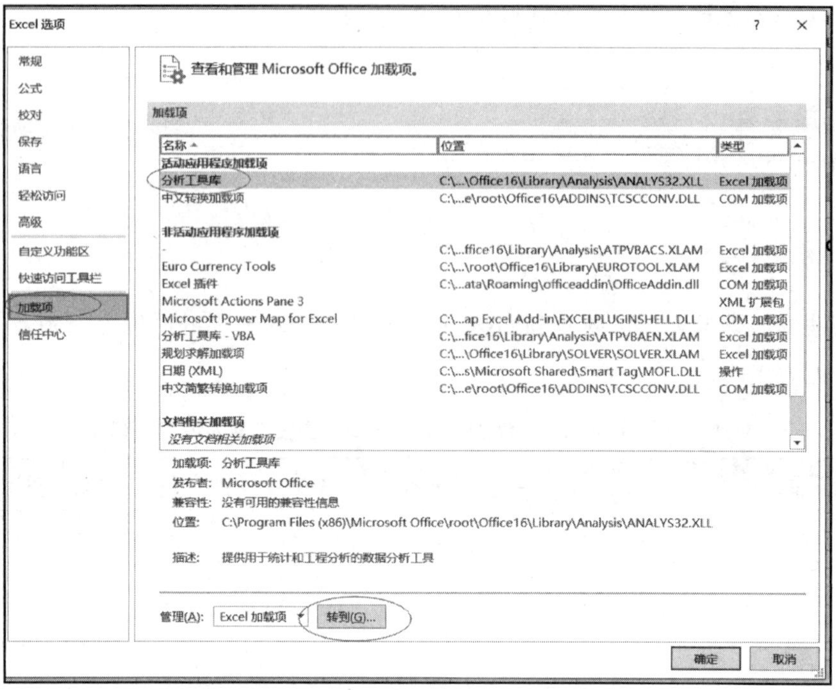

图 1–19　操作步骤 1

（2）转到“加载项”页面后，选中“加载宏”的“分析工具库”，点击“确定”，将数据分析库加载到 Excel 中，如图 1–20 所示。

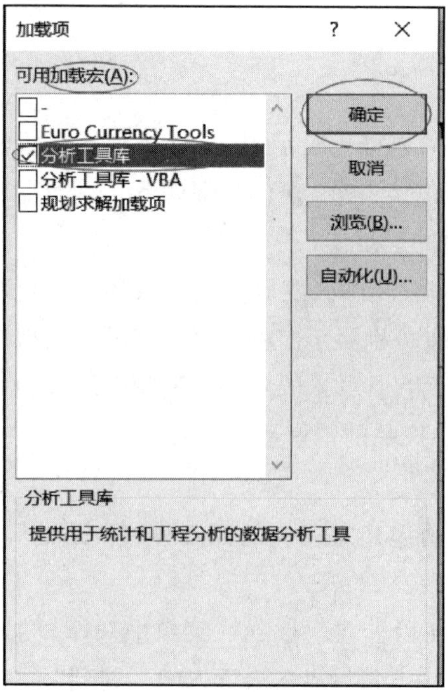

图 1–20　操作步骤 2

（3）点击“数据”菜单栏中的“数据分析”，在跳出的对话框中点击“回归”，如图 1-21 所示。

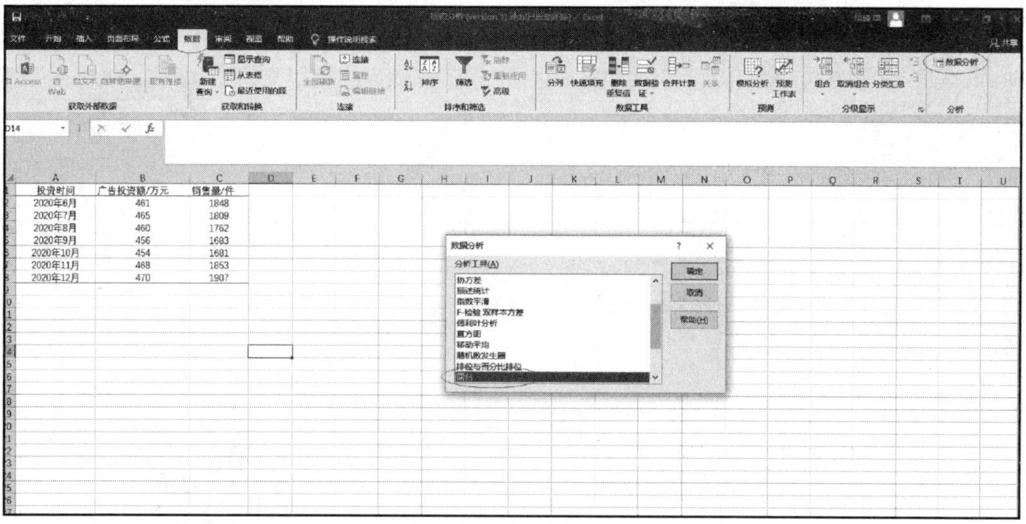

图 1-21　操作步骤 3

（4）在弹出的“回归”窗口中，下拉选取对应的 x、y 区域，选择“正态概率图”，点击“确定”即可得到回归分析的结果，如图 1-22 所示。

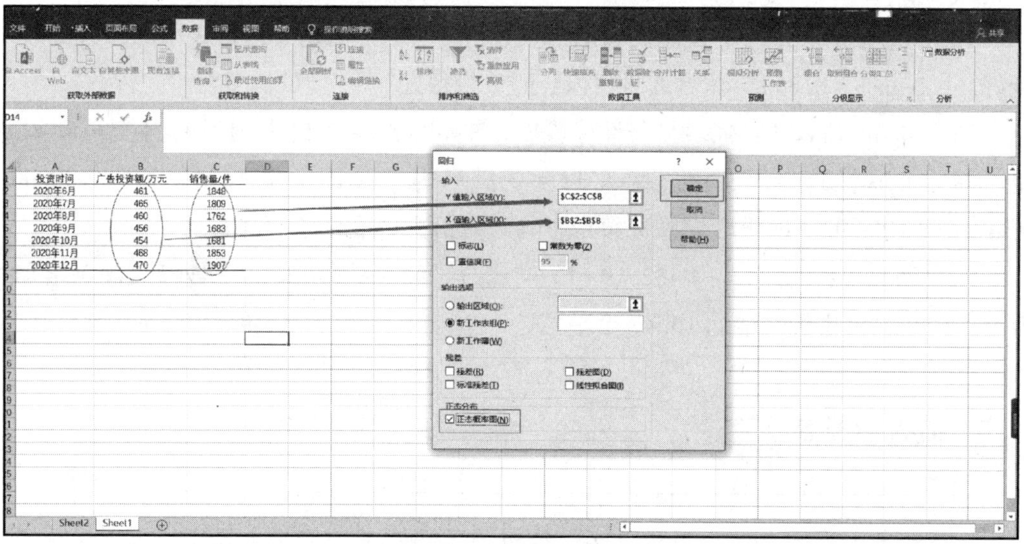

图 1-22　操作步骤 4

（5）得到最终回归分析的结果，如图 1-23 所示。

3. 回归检验

为了检验回归分析的拟合度，需要对图 1-23 中的数据进行分析。

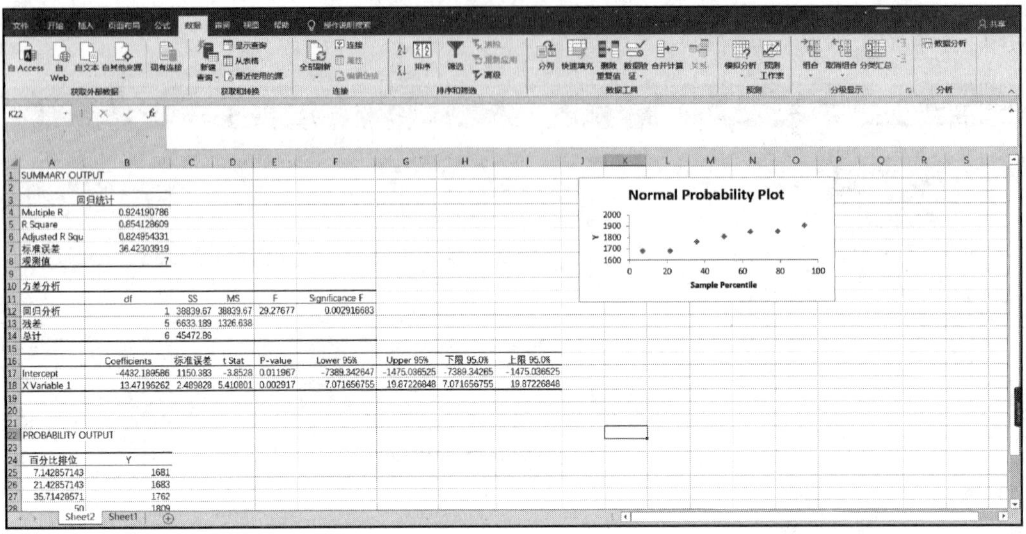

图 1-23　操作步骤 5

（1）Multiple R：代表 R 值，R 值大于 0.8，则代表自变量和因变量之间呈正相关关系。图 1-23 中 Multiple R＝0.924>0.8，说明产品 X 的广告投资额与产品 X 的销售量呈正相关，即产品 X 的销售量随着产品 X 的广告投资额的增大而增大，销售量随着广告投资额的减少而减少。

（2）R Square：R 的平方值代表拟合系数，R 的平方值越大则代表回归拟合的效果越好。R Square＝0.854，说明该回归拟合的效果很好。

（3）Significance F：代表显著性检验度，Significance F 越小则说明自变量和因变量之间的关联性越显著，反之则说明自变量和因变量的关联性越不显著。Significance F＝0.002 92，说明广告投资额是影响产品销售量最显著的因素之一。

（4）回归方程为：$y=-4\,432.19+13.47x$。从回归结果可得，广告投入额每增加 1 万元，产品的销售量会增加 13.47 个单位。

情景描述 3

小麻是某一家用电器公司的员工，公司为了预测某种家用电器下个月的需求量，选定了 15 位专家用德尔菲法对需求量进行预测，对需求量最后一轮征询意见的结果见表 1-9。经理要求小麻根据专家的预测计算分析公司下个月的该种家用电器的需求量。

表 1-9　15 位专家的最后一轮征询意见

专家小组成员	第三次意见反馈		
	最低需求量	最可能需求量	最高需求量
1	45	80	87
2	55	75	84
3	40	50	77
4	41	65	90
5	44	74	80
6	44	72	85
7	50	64	84
8	53	61	75
9	40	66	80
10	35	63	78
11	36	60	68
12	44	52	68
13	42	53	70
14	34	41	67
15	37	64	82

注：最低、最可能、最高需求量的权重分别是 0. 2、0. 7、0. 1。

应用新知 3

根据经理的要求，小麻认真分析了表 1-9 中的数据，决定运用 Excel 对公司下个月的该种家用电器的需求量进行计算。

运用 Excel 分别求出 15 位专家给出的最低、最可能、最高需求量的平均值，其平均值分别为：42. 67 台、62. 67 台、78. 33 台。再根据表中给出的最低、最可能、最高需求量的权重对公司下个月该种家用电器的需求量进行计算，得到公司下个月该种家用电器的需求量＝42. 67 台×0. 2+62. 67 台×0. 7+78. 33 台×0. 1＝60. 24 台。

培训课程 2 客户订单分析

客户订单分析是对企业现有客户所有订单数据的统计与分析，是企业进行产品质量分析、生成订单数据分析报表、客户分级、根据不同等级的客户进行分级管理的基础，也是企业供应链计划管理中基础的核心环节之一。客户订单分析的目标是尽可能将购买某种特定产品的客户进行分类，依照不同类别的客户进行相对应的生产和销售战略的更改，进而提高企业的市场竞争力，增加企业的收益。进行客户订单分析的前提是采集完整准确的客户订单数据。

科学地对客户进行分级，需要合理使用客户分级的方法，准确制定客户分级的标准。因此，学习编制客户订单数据分析报表，掌握客户分级的方法与标准，对于供应链管理师来说非常重要。

学习单元 1　编制订单数据分析可视化报表

情景描述

B 公司成立于 2000 年，是一家专业从事半导体分立器件及集成电路研究、开发、生产、销售的高新技术企业。小杜是 B 公司的一位计划部门的供应链管理师，随着 2021 年的到来，为了对 2020 年公司的某种高级别二极管（简称“F 级别二极管”）的订单数据和市场情况进行分析，以方便公司调整该种二极管的生产计划，进而使该产品的生产销售更加合理化。计划部部门经理对小杜下达了如下任务。

1. 收集公司 2020 年 F 级别二极管的订单数据。

2. 对收集到的订单数据进行分类整理。

3. 对处理后的数据进行可视化处理，并在此基础上编制一份 F 级别二极管的客户订单数据分析报表。

4. 根据得到的客户订单数据分析报表对订购该种 F 级别二极管客户的稳定性与合作关系等进行分析。

新知学习

一、客户订单

客户订单是客户购买核心企业产品的凭证。客户订单一般包括以下条目：客户姓名、订单编号、订货日期、产品名称、产品编号、产品规格、产品单价、订货数量、订单预计总金额、订单交期、未交数量、订单实付金额、备注等。

二、客户稳定性

客户稳定性是衡量核心企业与其合作客户之间建立长期合作关系或出现多次重复合作现象的指标，通常利用核心企业与合作客户伙伴的合作重复率来衡量，合作客户与核心企业的合作重复率越高，则说明该合作客户的客户稳定性越好，客户稳定性越好，企业的生产销售环境也就越稳定。对于核心企业可以通过降低交易成本、赠予客户具有一定价值的礼品等手段，来加强与合作客户的交流，进而促使双方建立长期合作的关系，可以共同对抗市场风险，提升企业的核心竞争力。

三、合作关系

合作关系是指两个或两个以上企业或个体之间形成的一种协调关系，以保证实现某个特定的目标或效益。

通常而言，合作关系的目的在于通过提高信息共享水平，降低成本和提高整个供应链的运作绩效。随着市场需求不确定性的增强，合作各方要尽可能削弱需求不确定性的影响和风险。

此外，合作关系虽然是利益共享关系，但绝不应该仅考虑合作各方之间的交易价格本身，还有很多方面值得各方关注。比如，企业只有着眼于整体竞争优势的提高和长期的市场战略并能坚持一定时间，才能从合作关系中获得更大效益。

四、订单数据分析方法——RFM 模型

RFM（即 recency、freguency、monetary 的缩写）模型是衡量客户价值和客户创利

能力的重要工具和手段。在众多的客户关系管理的分析模式中，RFM 模型是最常用的模型之一。该模型通过一个客户的近期购买行为、购买的总体频率以及消费金额的大小这三项指标来描述该客户的价值状况。

RFM 模型可以较为动态地显示一个客户的全部轮廓，从而为个性化沟通和服务提供依据。同时，如果与该客户合作的时间足够长，也能够借用 RFM 模型较为精确地判断该客户的长期价值甚至是终身价值，进而通过改善三项指标的状况，为企业提出更全面的营销决策提供一定程度的参考。

根据美国数据库营销研究所 Arthur Hughes 的研究，客户数据库中有三个神奇的要素，这三个要素构成了数据分析最好的指标，分别是最近一次消费（recency）、消费频率（frequency）和消费金额（monetary）。

1. 最近一次消费

最近一次消费是指上一次购买的时刻，即顾客上一次是什么时候来店里进行消费。例如，最近一次在店里买衣服是什么时候，最近一次在超市买早餐是什么时候，等等。

一般而言，上一次消费时间比较近的顾客应该是对企业比较重要的顾客，他们最有可能对即时的商品或服务有所反应。营销人员要想提高自己的业绩，只能通过密切地注意消费者的购买行为，来“偷取”竞争对手的市场占有率，而如果要密切地注意消费者的购买行为，那么最近的一次消费就是营销人员第一个要利用的工具。

2. 消费频率

消费频率是指顾客在一段时间内所购买企业产品的次数。最常购买的顾客即是消费频率最高的顾客。从企业和品牌的忠诚度来讲，消费频率最高的顾客，忠诚度也就最高。市场占有率越高，顾客的消费频率就越高。

3. 消费金额

消费金额是指顾客在一段时间内购买企业产品所消费的额度。顾客消费频率越高或所购商品价值越高，其消费金额就越高。相应地，这类顾客对企业和品牌的忠诚度也就越高。

应用新知

一、收集数据

经理的要求是对公司 2020 年销售 F 级别二极管的订单数据进行收集，小杜对公司数据库进行访问，收集了公司 2020 年销售的所有二极管的订单数据。首先，小杜确定使用 RFM 模型对订单数据进行分析，他对数据进行了分类，对多余的数据进行清洗，

得到 F 级别二极管的订单数据，所得数据见表 1-10。(由于数据量较大，表 1-10 只截取部分数据进行展示)

表 1-10 公司 2020 年 F 级别二极管订单数据截取表

客户 ID	下单时间	计划交付时间	实际交付时间	订单额	订单量	交付成本	利润贡献
罗国置	2020-12-31	2021-01-05	2021-01-05	3 800	10	304	3 496
郑离芷	2020-12-24	2020-12-31	2021-12-31	4 940	13	395. 2	4 544. 8
卜花莺	2020-12-11	2020-12-18	2020-12-21	5 700	15	600. 73	5 099. 27
彦芷	2020-12-09	2020-12-18	2020-12-18	6 080	16	508. 43	5 571. 57
顾经迎	2020-12-05	2020-12-15	2020-12-15	6 840	18	547. 2	6 292. 8
韦清语	2020-11-21	2020-11-30	2020-11-29	7 980	21	638. 4	7 341. 6
贺海照	2020-11-11	2020-11-21	2020-11-21	5 700	15	414. 39	5 285. 61
顾念	2020-11-09	2020-11-19	2020-11-18	8 740	23	699. 2	8 040. 8
柏负善	2020-11-02	2020-11-20	2020-11-16	9 880	26	889. 2	8 990. 8
章波迎	2020-11-01	2020-11-11	2020-11-11	10 640	28	744. 8	9 895. 2
郑茵	2020-10-31	2020-11-05	2020-11-05	5 320	14	425. 6	4 894. 4
韦清语	2020-10-28	2020-11-08	2020-11-10	7 220	19	786. 98	6 433. 02
安仰	2020-10-25	2020-11-06	2020-11-06	6 460	17	516. 8	5 943. 2
柏负善	2020-10-20	2020-10-29	2020-10-29	9 880	26	802. 256	9 077. 744
贺海照	2020-10-13	2020-10-23	2020-10-21	9 120	24	820. 8	8 299. 2
安仰	2020-10-11	2020-10-21	2020-10-21	7 980	21	638. 4	7 341. 6
顾经迎	2020-10-08	2020-10-17	2020-10-18	6 840	18	629. 28	6 210. 72
王炎	2020-10-05	2020-10-15	2020-10-14	3 800	10	357. 2	3 442. 8
顾经迎	2020-10-03	2020-10-09	2020-10-09	4 560	12	688. 56	3 871. 44
毕国盛	2020-10-02	2020-10-10	2020-10-10	6 080	16	486. 4	5 593. 6

二、订单数据分析

1. 订单准时交付情况分析

运用 Excel 对订单的准时交付情况进行计算，得出 B 公司 2020 年 F 级别二极管订单的准时交付率为 103÷114＝90. 35％。订单的准时交付率大于 90％，说明 B 公司该类二极管订单准时交付情况良好。

2. 交付成本情况分析

运用 Excel 对订单的交付成本进行计算，得出 B 公司 2020 年 F 级别二极管订单的交付成本与其订单金额的比率为 7. 27％~20. 40％。这是由于二极管产品的特殊性，导致其在物流运输、包装等方面需要花费较高的成本。

3. 订单利润贡献分析

运用 Excel 对订单的利润贡献情况进行计算，得到公司 2020 年出售 F 级别二极管的利润总和为 962 126. 06 元；每一个 F 级别二极管订单所得利润的平均值为 8 439. 7 元；每一个 F 级别二极管订单所得利润的方差为 2 060. 78 元，方差值较大说明不同订单所得利润的差异较大，即不同客户对该级别二极管的需求差异较大。

三、RFM 分析

小杜对公司 2020 年 F 级别二极管销售的订单数据进行汇总，应用 Excel 进行数据分析及可视化处理，形成订单数据分析报告，利用报告对公司 F 级别二极管的销售前景进行分析，并提出相关意见。

其具体步骤如下。

1. 订单额的平均值及标准差分析，运用 Excel 对客户订单中订单额的平均值和标准差进行计算，得到订单额的平均值为 9 266. 67 元，得到订单额的标准差为 2 272. 49。其结果显示，订单额的标准差较大，说明单个订单额与平均值的差异较大，数据不稳定。

2. 表 1-10 中的数据无法直接用于 RFM 模型分析，需要在 Excel 中对数据进行进一步处理，得到含有 R（最近一次消费）、F（消费频率）、M（消费金额）三种参数的数据。

（1）在表 1-10 的基础上插入一个数据透视表，将买家 ID 拖入到行，订单额拖入到值，并将其汇总方式设置为求和。

（2）将买家 ID 再次拖入到值并将其汇总方式设置为计数。

（3）将下单时间拖入到值并使其汇总方式设置为最大值。

通过上述步骤，在透视表中就能很清晰地看出 R、F、M 三个参数的数据，见表 1-11。

表 1-11　公司 2020 年 F 级别二极管订单数据透视表

行标签	最大值项: 下单时间	求和项: 订单额/元	计数项: 客户 ID
昌南因	2020-08-07	12 160	1
雷志强	2020-02-24	7 600	1
罗国置	2020-12-31	82 840	9
吕白彬	2020-06-27	8 360	1
吕茂濒	2020-03-28	10 640	1
施澜斌	2020-08-19	14 820	2

续表

行标签	最大值项: 下单时间	求和项: 订单额/元	计数项: 客户 ID
王炎	2020-10-05	54 720	6
薛剑	2020-09-21	66 500	7
彦芷	2020-12-09	6 080	1
尹付啸	2020-09-14	31 160	3
赵宾	2020-09-27	32 680	3
郑离芷	2020-12-24	44 840	5
郑茵	2020-10-31	48 260	6
邹化尘	2020-07-20	10 260	1
安仰	2020-10-25	75 620	9
柏负善	2020-11-02	106 020	10
毕国盛	2020-10-02	52 060	6
卜花莺	2020-12-11	5 700	1
褚桑置	2020-09-21	13 680	1
顾经迎	2020-12-05	29 640	4
顾念	2020-11-09	8 740	1
贺海照	2020-11-11	81 320	8
黄落京	2020-08-14	10 640	1
蒋风召	2020-08-07	31 160	3
柳絮雁	2020-04-04	9 120	1
穆慎之	2020-10-02	22 040	3
唐瑜言	2020-07-01	9 120	1
陶尽致	2020-09-15	39 520	4
王然悌	2020-05-10	10 640	1
韦清语	2020-11-21	70 680	8
萧隐	2020-03-24	9 880	1
余洛宾	2020-06-10	8 740	1
章波迎	2020-11-01	10 640	1
朱经直	2020-08-23	20 520	2
总计	2020-12-31	1 056 400	114

最近订单付款时间 *R* 代表客户最近的活跃时间，*R* 越大，表示客户越久没有发生交易，*R* 越小，表示客户越近有交易发生。*R* 越大则客户越可能会流失。购买次数 *F*

代表客户过去某段时间内的活跃频率；*F* 越大，则表示客户在店铺的交易越频繁，*F* 越小，则表示客户不够活跃；实际支付金额 *M* 越大表示客户消费金额越多，反之则越小。

3. 在得到透视表后，可以发现下单时间并不是最近一次消费距现在的天数，因此应将其进行转换。假设小杜接受这项任务的时间是 2021 年 1 月 1 日，则在 Excel 表中再添加一列，设置其数据为 2021-01-01，将其与下单时间的数据相减，即可得到 *R* 值，具体结果见表 1-12。

表 1-12　*R* 值的计算表

行标签	下单时间	订单额/元	客户 ID	任务接受时间	*R* 值/天
昌南因	2020-08-07	12 160	1	2021-01-01	147
雷志强	2020-02-24	7 600	1	2021-01-01	312
罗国置	2020-12-31	82 840	9	2021-01-01	1
吕白彬	2020-06-27	8 360	1	2021-01-01	188
吕茂濒	2020-03-28	10 640	1	2021-01-01	279
施澜斌	2020-08-19	14 820	2	2021-01-01	135
王炎	2020-10-05	54 720	6	2021-01-01	88
薛剑	2020-09-21	66 500	7	2021-01-01	102
彦芷	2020-12-09	6 080	1	2021-01-01	23
尹付啸	2020-09-14	31 160	3	2021-01-01	109
赵宾	2020-09-27	32 680	3	2021-01-01	96
郑离芷	2020-12-24	44 840	5	2021-01-01	8
郑茵	2020-10-31	48 260	6	2021-01-01	62
邹化尘	2020-07-20	10 260	1	2021-01-01	165
安仰	2020-10-25	75 620	9	2021-01-01	68
柏负善	2020-11-02	106 020	10	2021-01-01	60
毕国盛	2020-10-02	52 060	6	2021-01-01	91
卜花莺	2020-12-11	5 700	1	2021-01-01	21
褚桑置	2020-09-21	13 680	1	2021-01-01	102
顾经迎	2020-12-05	29 640	4	2021-01-01	27
顾念	2020-11-09	8 740	1	2021-01-01	53
贺海照	2020-11-11	81 320	8	2021-01-01	51
黄落京	2020-08-14	10 640	1	2021-01-01	140
蒋风召	2020-08-07	31 160	3	2021-01-01	147

续表

行标签	下单时间	订单额/元	客户 ID	任务接受时间	R 值/天
柳絮雁	2020-04-04	9 120	1	2021-01-01	272
穆慎之	2020-10-02	22 040	3	2021-01-01	91
唐瑜言	2020-07-01	9 120	1	2021-01-01	184
陶尽致	2020-09-15	39 520	4	2021-01-01	108
王然悌	2020-05-10	10 640	1	2021-01-01	236
韦清语	2020-11-21	70 680	8	2021-01-01	41
萧隐	2020-03-24	9 880	1	2021-01-01	283
余洛宾	2020-06-10	8 740	1	2021-01-01	205
章波迎	2020-11-01	10 640	1	2021-01-01	61
朱经直	2020-08-23	20 520	2	2021-01-01	131
总计	—	1 056 400	114	—	—

4. 在计算出 R、F、M 的值之后，需要按照二极管行业的情况确定各个因素的权重分数。例如，将 R 值分为 5 个档次，若 $R \leqslant 50$ 天，则其权重分为 5 分；若 51 天 $\leqslant R \leqslant 100$ 天，则其权重分为 4 分；若 101 天 $\leqslant R \leqslant 150$ 天，则其权重分为 3 分；若 151 天 $\leqslant R \leqslant 250$ 天，则其权重分为 2 分；若 251 天 $\leqslant R \leqslant 365$ 天，则其权重分为 1 分。同理，根据公司的实际情况确定 F 和 M 的值，权重得分见表 1-13。

表 1-13　F、R、M 值的权重得分表

距离上次消费天数（R）	消费次数（F）	消费金额（M）	权重得分
$R \leqslant 50$ 天	9 次 $\leqslant F \leqslant 10$ 次	$M \geqslant 11\,400$ 元	5
51 天 $\leqslant R \leqslant 100$ 天	7 次 $\leqslant F \leqslant 8$ 次	9 501 元 $\leqslant M \leqslant 11\,400$ 元	4
101 天 $\leqslant R \leqslant 150$ 天	5 次 $\leqslant F \leqslant 6$ 次	7 601 元 $\leqslant M \leqslant 9\,500$ 元	3
151 天 $\leqslant R \leqslant 250$ 天	3 次 $\leqslant F \leqslant 4$ 次	5 701 元 $\leqslant M \leqslant 7\,600$ 元	2
251 天 $\leqslant R \leqslant 365$ 天	1 次 $\leqslant F \leqslant 2$ 次	1 元 $\leqslant M \leqslant 5\,700$ 元	1

5. 在得到 R、F、M 值的权重得分之后，需要利用 Excel 的 IF 函数把每一个客户的 R 得分、F 得分和 M 得分计算出来。计算出的 R 得分、F 得分和 M 得分见表 1-14。

表 1-14　F、R、M 值的得分表

客户 ID	消费金额/元	消费频率/次	R/天	R 得分	F 得分	M 得分
昌南因	12 160	1	147	3	1	5
雷志强	7 600	1	312	1	1	2
罗国置	82 840	9	1	5	5	5

续表

客户 ID	消费金额/元	消费频率/次	R/天	R 得分	F 得分	M 得分
吕白彬	8 360	1	188	2	1	3
吕茂濒	10 640	1	279	1	1	4
施澜斌	14 820	2	135	3	1	5
王炎	54 720	6	88	4	3	5
薛剑	66 500	7	102	3	4	5
彦芷	6 080	1	23	5	1	2
尹付啸	31 160	3	109	3	2	5
赵宾	32 680	3	96	4	2	5
郑离芷	44 840	5	8	5	3	5
郑茵	48 260	6	62	4	3	5
邹化尘	10 260	1	165	2	1	4
安仰	75 620	9	68	4	5	5
柏负善	106 020	10	60	4	5	5
毕国盛	52 060	6	91	4	3	5
卜花莺	5 700	1	21	5	1	1
褚桑置	13 680	1	102	3	1	5
顾经迎	29 640	4	27	5	2	5
顾念	8 740	1	53	4	1	3
贺海照	81 320	8	51	4	4	5
黄落京	10 640	1	140	3	1	4
蒋风召	31 160	3	147	3	2	5
柳絮雁	9 120	1	272	1	1	3
穆慎之	22 040	3	91	4	2	5
唐瑜言	9 120	1	184	2	1	3
陶尽致	39 520	4	108	3	2	5
王然悌	10 640	1	236	2	1	4
韦清语	70 680	8	41	5	4	5
萧隐	9 880	1	283	1	1	4
余洛宾	8 740	1	205	2	1	3
章波迎	10 640	1	61	4	1	4
朱经直	20 520	2	131	3	1	5

6. 得到 R、F、M 值的得分之后，需计算 RFM 值。RFM 值有多种算法：（1）直接三者相加法，即 RFM 分值 $=R+F+M$；（2）不同权重值比例加法，例如，RFM 分值 $=1R+3F+4M$；（3）其他算法，例如，根据极差、最大值、最小值等数据计算。此处，选择最常用的三者相加法，即 RFM $=R+F+M$。得到每个客户的 RFM 值见表 1-15。

表 1-15　每个客户的 RFM 值

客户 ID	RFM 值	客户 ID	RFM 值
昌南因	9	卜花莺	7
雷志强	4	褚桑置	9
罗国置	15	顾经迎	12
吕白彬	6	顾念	8
吕茂濒	6	贺海照	13
施澜斌	9	黄落京	8
王炎	12	蒋风召	10
薛剑	12	柳絮雁	5
彦芷	8	穆慎之	11
尹付啸	10	唐瑜言	6
赵宾	11	陶尽致	10
郑离芷	13	王然悌	7
郑茵	12	韦清语	14
邹化尘	7	萧隐	6
安仰	14	余洛宾	6
柏负善	14	章波迎	9
毕国盛	12	朱经直	9

7. 在此基础上插入透视表，将 RFM 得分拖入到行，将客户 ID 拖入到值，并将其汇总方式设置为计数，通过透视表可以直观地看出每个 RFM 分值的客户数，并对透视表中的数据进行可视化处理，所得每个 RFM 分值客户数的柱状图如图 1-24 所示。

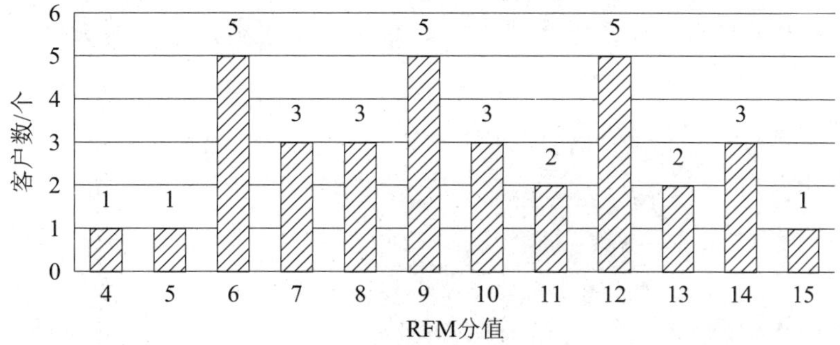

图 1-24　每个 RFM 分值的客户数柱状图

8. 客户稳定性、合作关系分析及相关建议。小杜对 2020 年公司 F 级别二极管销售情况进行分析计算，得出 2020 年购买这种二极管客户的 RFM 分值，根据分值进行客户分组管理，将 RFM 分值在 5 分（含）以内的称为普通客户，RFM 分值在 6~10 分之间的称为普通会员，RFM 分值在 11~14 分之间的称为黄金会员，RFM 分值为 15 分的称为水晶会员，并对其进行可视化处理，得出结论如下。

（1）客户的 RFM 分值越高，客户的稳定性与公司的合作关系越好，客户的 RFM 越低，其稳定性越低，容易中断与公司的合作，转而购买其他公司的产品。

（2）RFM 分值越高的客户，质量越好，该类客户对公司的忠诚度较高，进行二次营销活动时更易获得该类客户响应，该类客户往往已经对公司拥有较高认可度，公司在维护该类客户信用度方面花费成本较少，故公司针对该类客户的营销重点在于让客户了解公司产品更新的时间、优惠力度等。

（3）针对 2020 年本公司 F 级别二极管的销售，RFM 分值处于中等水平的客户较多，其质量和忠诚度都处于中等水平，针对该类客户，公司需要适时地推出相关优惠活动，吸引该类客户更多地了解公司的产品，增加客户的忠诚度。

（4）RFM 分值低的客户，客户质量相对较差，此类客户对公司的信任感和忠诚度较低。针对此类客户，需要在增强公司信用度宣传的同时培养客户的忠诚度。

学习单元 2　客户分级

情景描述

上一个学习单元情景描述中的计划部部门主管在收到了小杜编制的 F 级别二极管的客户订单数据分析报表后，对小杜的工作表示了肯定。为了便于公司对客户实行差异化管理，主管又要求小杜根据得到的 F 级别二极管的客户订单数据对购买该种产品的客户进行分级。

新知学习

一、客户分级

客户分级是根据一定的标准对客户进行等级划分的过程。客户分级是有效进行客户沟通、实现客户需求、提高客户满意度的前提。有效的客户沟通应当根据客户的不同而采取不同的沟通策略。由于不同客户的满意标准不同，需要采取不同的策略提高客户满意度。根据给企业带来价值以及对企业忠诚度等的不同，可以将客户分为以下 4 个等级。

1. 重要客户

重要客户也称战略客户，是客户金字塔最高层的客户，是能够给企业带来最大价值的前 1%的客户。重要客户往往对产品的需求量很大，他们对企业的忠诚度很高，是企业客户资产中最稳定的部分，他们为企业创造绝大部分和长期的利润，而企业却只要支付较低的服务成本；他们对价格不敏感，也乐意试用新产品，并且可以帮助企业介绍潜在客户，为企业节省开发新客户的成本；他们不但有很高的当前价值，而且具有巨大的增值潜力，其业务总量在不断增大，未来在增量销售、交叉销售等方面仍有潜力可挖。

2. 主要客户

主要客户是客户金字塔中次高层的客户，是除重要客户以外给企业带来最大价值的那部分客户，一般占客户总数的 19%。主要客户是企业产品或者服务的大量使用者或中度使用者。由于他们对价格的敏感度比较高，所以该类客户为企业创造的利润和价值没有重要客户那么高；同时他们也没有重要客户那么忠诚，为了降低风险，他们往往会同时与多家同类型的企业保持长期关系；他们也会真诚积极地为本企业介绍新的客户，但在增量销售、交叉销售方面已经没有太多潜力可供企业进一步挖掘。

将重要客户和主要客户统称为企业的关键客户，他们是企业的核心客户，也是企业的重点保护对象，一般占企业客户总数的 20%，但企业 80%的利润靠上述客户群贡献。

3. 普通客户

普通客户是客户金字塔中处在第三层的客户，是除重要客户与主要客户之外的能为企业创造最大价值的那部分客户，一般占客户总数的 30%。普通客户群体数量较大，但他们的购买力、忠诚度和能够为企业带来的价值却远比不上重要客户与主要客户，一般不值得企业特殊对待。

4. 小客户

小客户是客户金字塔中最底层的客户，指除上述三类客户外，剩下的后 50%的客户。小客户既包含利润贡献度低的“小客户”，也包含信用度低的“劣质客户”。这类客户是最没有吸引力的一类客户，购买量不多，忠诚度也很低，偶尔购买，却经常延期支付甚至不付款；该类客户还经常提出苛刻的服务要求，几乎不可能给企业带来任何赢利，但又消耗企业的资源；同时他们还可能成为问题客户，会向他人抱怨，破坏企业的形象。

客户的分级可以用金字塔图来表示，具体如图 1-25 所示。

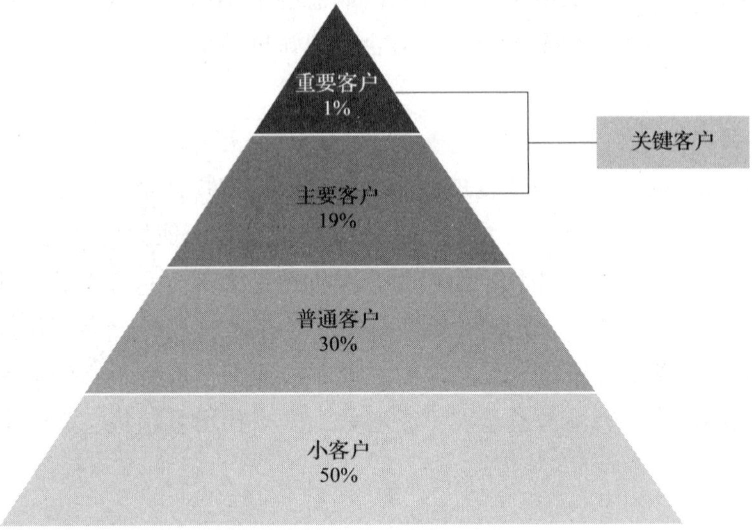

图 1-25　客户分级示意图

二、客户价值的含义及其评估

1. 客户价值的含义

一般而言，客户价值的含义可以从三个方面进行描述。

第一，从客户的角度来感知企业提供的产品和服务的价值，即企业为客户提供的价值。

第二，从企业角度出发，根据客户消费行为及消费特征等变量测度出客户能够为企业创造的价值，即客户为企业提供的价值，它衡量客户对于企业的相对重要性，是企业进行差异化决策的重要标准。

第三，企业和客户互为价值感受主体和价值感受客体的客户价值研究，即客户价值交换研究。

从客户的角度出发，客户价值的含义是客户从某种产品或服务中所能获得的总利益与在购买和拥有时所付出的总代价的比较，也就是客户从企业为其提供的产品和服务中所得到的满足感。

从企业的角度出发，客户价值的含义是客户消费行为和消费特征等变量测度出客户能够为企业创造的价值，也就是客户对企业的利润贡献。

2. 客户价值的评估

客户价值评估是指对客户价值进行分析，促使客户转变为对公司更有价值的客户的过程。对客户价值的评估可以从客户和企业两个角度出发，客户价值是客户和企业相互作用的结果，既包括企业的产品和服务为客户提供的满足感，同时也包括客户对企业的利润提高做出的贡献。客户价值的评估模型主要有客户感知价值模型和客户资产价值模型。

（1）客户感知价值模型

客户感知价值是从客户视角感受到的价值，客户所能感知到的利得与其在获取产品或服务中所付出的成本进行权衡后对产品或服务效用的整体评价。客户感知价值是从客户自身角度出发的，对企业所提供的产品属性、效能和服务价值的感知评价。评价客户感知价值包括两个重要因素：一是客户对所获取的价值的感知，二是客户对所付出成本的感知。如果客户的感知超过预期，客户就会非常满意，表现出高兴和愉悦的情绪，即感知价值比较高；如果客户的感知没有达到预期，客户就会不满意，表现出沮丧的情绪，即感知价值较低；如果预期与感知一致，客户就会满意。因此，想要提高客户满意度，就必须提高客户的感知价值。

（2）客户资产价值模型

客户资产价值是从企业视角感受到的价值，是指客户消费企业提供的产品或服务后给企业带来的收益和企业维系客户购买行为所付出的成本之差。客户资产价值体现的是客户终身价值的总和。

三、客户关系管理

1. 客户关系管理的定义

客户关系管理（CRM，customer relationship management）是指企业为提高核心竞争力，利用相应的信息技术以及互联网技术协调企业与顾客间在销售、营销和服务上的交互，从而提升其管理方式，向客户提供创新式的个性化的客户交互和服务的过程。其最终目标是吸引新客户、保留老客户以及将已有客户转为忠实客户，从而增加市场竞争力。

规范科学的客户关系管理，可以打破各个部门信息不通的关系壁垒，协调各部门的信息和资源，保证各个环节良好、稳定运行。同时，可以通过了解客户的需求并对其进行系统化的分析和追踪研究，在此基础上进行“一对一”的个性化服务，提高客户的满意度和客户价值，为企业带来更多利润，最终提高企业的核心竞争力。通过客户关系管理，企业能够根据客户的行为变化等信息在第一时间把握环节状况和客户变化情况，并及时采取应对措施，进而让企业自身处于应对客户的主动状态，稳定与客户的关系。一旦与准确的客户，尤其是大客户建立好稳定的关系后，企业与客户之间便容易形成互动良好的运行关系，可以有效整合资源、规避市场风险，达到提高企业竞争力的目标。

2. 客户关系管理的意义

（1）客户关系管理可以提高企业员工的业务效率

对销售人员来说，客户关系管理可以帮助每一个销售人员管理自己的日常工作，管理自己的商务往来，管理自己的效率；对于经理人员而言，可以看到每一个销售人员的客户情况，可以知道所有的预期和所有的历史；对于企业主而言，可以通过客户关系管理了解整个企业目前的运营状况，需要什么资源补充和调节，随时随地查看数据，实现远程管理和控制。

（2）客户关系管理使得企业管理更加科学合理

客户关系管理是一个管理工具，是一种管理思想的具体体现，客户关系管理可以促进中小企业的单一的人性化管理向制度化管理和人性化管理相结合的形式转变。

（3）客户关系管理可以规范企业的业务过程

客户关系管理可以很全面地记录企业的关键数据，通过分析和统计，可以让企业的管理者透视整个销售过程、销售进展、销售结果，进而对客户进行分析。

（4）客户关系管理可以提高销售额

利用客户关系管理提供的多渠道的客户信息，准确地了解客户的需求，提高销售成功率，进而提高销售额度。

（5）客户关系管理可以增加利润率

通过对客户熟悉度的增加，业务人员能够有效地抓住客户的兴趣点，有效地进行销售，避免盲目地以价格让利取得交易成功，从而达到提高销售利润的目的。

（6）客户关系管理可以提高客户满意程度

客户关系管理提供给客户多种形式的沟通渠道，同时又确保各类沟通方式中数据的一致性和连贯性，从而使得销售部门可以对客户要求做出迅速而正确的反应，提高客户的满意度。

（7）客户关系管理可以降低市场销售成本

由于对客户进行了具体甄别和群组分类，并对其特性进行分析。可以有效避免盲目地制定与执行市场推广和销售策略，从而达到节省时间和资金的目的。

3. 客户关系管理策略

针对不同种类客户，企业应采取不同措施维持客户关系。对于重要客户，该类客户会给企业带来巨大利润，并且受价格因素影响较少，更关注企业的品牌、知名度、服务等，因此企业要充分运用自身优势实时与客户沟通交流，投入企业优质的人力财力资源用于服务客户，提供一对一专属 VIP 服务，维持客户满意度和忠诚度；对于主要客户，该类客户具有较高购买能力，但较易受新鲜事物影响，容易摇摆不定，企业需要主动联系，了解客户需求，通过提供适当的价格和产品来吸引客户；对于普通客户，该类型客户比较在意成本，对企业持观望态度，但潜在购买可能性较高，企业可以通过价格优势，倾听对方需求来重新吸引他们；对于小客户，企业应及时调整策略，对不能为企业带来盈利的客户、资金出现问题而无法继续履行合同的客户以及带来负面影响的客户，应果断放弃，将更多的时间和精力投入到潜在客户当中。

应用新知

一、确定分级标准

企业对客户进行分析时往往会根据客户的年龄、客户的性别、客户给企业带来的价值、客户对企业的忠诚度及客户对价格的变动是否敏感等因素对客户进行分级。不同的企业对客户的分级标准不同，对于二极管制造公司而言，对客户能给企业带来的价值、客户对企业的忠诚度等因素比较看重，对客户的年龄和性别等因素不太关注。所以在此选择能够直观反映客户给企业带来价值和客户对企业的忠诚度的方法，即 RFM 模型对购买 F 级别二极管的客户进行分析，并在此基础上进行客户分级。由前述的计算分析可知，2020 年购买该公司 F 级别二极管的各个客户的 RFM 值见表 1-16。

表 1-16　2020 年购买该公司 F 级别二极管每个客户的 RFM 值

客户 ID	RFM 值	客户 ID	RFM 值
昌南因	9	卜花莺	7
雷志强	4	褚桑置	9
罗国置	15	顾经迎	12
吕白彬	6	顾念	8
吕茂濒	6	贺海照	13
施澜斌	9	黄落京	8
王炎	12	蒋风召	10
薛剑	12	柳絮雁	5
彦芷	8	穆慎之	11
尹付啸	10	唐瑜言	6
赵宾	11	陶尽致	10
郑离芷	13	王然悌	7
郑茵	12	韦清语	14
邹化尘	7	萧隐	6
安仰	14	余洛宾	6
柏负善	14	章波迎	9
毕国盛	12	朱经直	9

二、对客户进行分级

根据给企业带来的价值以及对企业的忠诚度等的不同，可以将客户分为重要客户、主要客户、普通客户和小客户 4 个等级。根据表 1-16 得到的各个客户的 RFM 值，可以将客户分为 4 个等级，将 RFM 分值在 5 分（含）以内的称为小客户，RFM 分值在 6~10 分之间的称为普通客户，RFM 分值在 11~14 分之间的称为主要客户，RFM 分值为 15 分的称为重要客户。2020 年购买该公司 F 级别二极管的各个客户所属等级见表 1-17。

表 1-17　2020 年购买该公司 F 级别二极管每个客户所属等级

客户 ID	RFM 值	客户等级	客户 ID	RFM 值	客户等级
昌南因	9	普通客户	卜花莺	7	普通客户
雷志强	4	小客户	褚桑置	9	普通客户
罗国置	15	重要客户	顾经迎	12	主要客户
吕白彬	6	普通客户	顾念	8	普通客户
吕茂濒	6	普通客户	贺海照	13	主要客户
施澜斌	9	普通客户	黄落京	8	普通客户
王炎	12	主要客户	蒋风召	10	普通客户
薛剑	12	主要客户	柳絮雁	5	小客户
彦芷	8	普通客户	穆慎之	11	主要客户
尹付啸	10	普通客户	唐瑜言	6	普通客户
赵宾	11	主要客户	陶尽致	10	普通客户
郑离芷	13	主要客户	王然悌	7	普通客户
郑茵	12	主要客户	韦清语	14	主要客户
邹化尘	7	普通客户	萧隐	6	普通客户
安仰	14	主要客户	余洛宾	6	普通客户
柏负善	14	主要客户	章波迎	9	普通客户
毕国盛	12	主要客户	朱经直	9	普通客户

三、对不同等级的客户进行分析

由表 1-17 可知，对于 F 级别二极管的销售而言，罗国置是唯一一个 RFM 值达到 15 分的客户，也是 2020 年购买 F 级别二极管客户中的唯一一个重要客户，公司应该不遗余力地处理好与此重要客户的关系；RFM 值在 11~14 分之间的客户有 12 人，约占总客户数的 35%，对于这 12 个主要客户，公司应该在与其保持良好合作关系的同时进一步培养他们对公司的忠诚度，积极将其发展为重要客户；RFM值在6~10分之间的客户有19人，约占总客户数的56%，公司应该推出一些针对这类客户的优惠促销策略，借此提高他们对公司的熟悉度和好感度，争取将其发展为重要客户；RFM值在5分以内的客户有2人，对于这2个小客户，公司应该努力增强其产品质量宣传和信用度宣传，慢慢将其发展为主要客户。

四、客户关系管理策略

通过前文分析，重要客户资产价值较高，企业可对其建立数据档案，提供一对一VIP沟通服务；企业还可设定关怀服务项目和特定推送，比如节假日祝福、定期礼品回馈等活动，增加客户感知价值；此外，企业还可不定期举办品牌答谢活动，邀请该类客户参加。始终保持该类客户对企业的忠诚度和活跃度。

针对主要客户，虽然此类客户在销售额、利润率、品牌忠诚度等方面稍逊于重要客户，但其仍然能为企业带来较高利润，企业仍需重点对待。企业可维护好现有业务来往，同时挖掘出潜能和培育新的需求，获取更多的客户资源。

针对普通客户，该类客户虽然当前价值不高，但其潜在价值较高，企业可通过加大品牌宣传、加大广告宣传力度等方式加强对此类客户的沟通维护，进而为企业创造更多效益。

针对小客户，虽然该类客户当前价值和潜在价值都不高，但企业也要针对具体客户采取具体措施。对于新客户，客户关系建立初期，满意度和忠诚度较低，需要试着加大投入力度培养和发展客户关系。对于衰退期的旧客户，企业需要根据以往对这类客户投入的成本和回报来综合考虑，决定企业对于该类客户是继续维护还是适当放弃。

培训课程 3

库存计划处理

库存计划是确定组织中库存时间和数量的过程，其目标是使得企业的生产和销售保持一致。库存计划对于任何企业来说都是必需的，没有库存计划的库存决策会变成一个冒险的决策。

库存计划涉及供应、分销、制造、生产、计划、预测、协调和网络设计等业务。库存计划与现金流量和利润率直接相关，如果库存计划做得不正确或根本不做，则可能导致巨大财务损失和库存的积聚。因此，对于供应链管理乃至整个企业的生产运营而言，库存计划处理具有极其重要的意义。

作为一名供应链管理师，应该掌握的有关库存计划处理的知识和技能主要包括采集与处理库存计划数据和编制库存计划可视化报表两个部分。

学习单元 1　采集与处理库存计划数据

情景描述

C 公司坐落于有珠葱之乡之称的吉林省榆树市新立镇。这里有丰富的农产品资源、优越的交通条件、良好的地理位置。公司主要经营珠葱、洋葱、高粱、小麦、大蒜、花生、大豆、玉米、大米等各种农产品。同时办理农产品代购、代销、冷藏、贮存、加工等业务。

小代是 C 公司库存部门的员工，马上就要到 2020 年年终了，为了科学管理库存、提高公司的收益。库存部门主管对小代下达了如下任务。

1. 采集 2021 年公司的库存计划数据。

2. 对收集到的库存计划数据进行处理。

新知学习

一、库存的定义

库存又称存货，是企业运营中重要的组成部分。库存是指为保证未来资源的供应而暂时闲置的资源，分布在从生产过程中的原材料到半成品，再到成品的整个供应链中。库存实际上也是一种将商品暂时存放起来的经济性资源，包括原材料、中间产品、成品、组合部件和消耗型原料等。

二、库存的类型

根据库存在供应链中的种类和作用，可将其大致分为以下几类。

1. 据商品生产和销售状态分类

根据商品生产及销售状态，库存可分为原材料库存、加工和运输过程库存、最终成品库存、备件商品库存四类。

（1）原材料库存

原材料库存是作为产品生产起点的资源，包括原料和材料。其中：原料一般分为两类，一类是在自然形态下的森林产品、矿产品、海洋产品；另一类指农产品。材料一般指经过一些加工的原料。

（2）加工和运输过程库存

处于流通加工或等待加工环节而暂时被存储的物资叫作加工库存，它既包括处于仓库中的库存产品，也包括在流水生产线上正在加工或等待加工的产品。

（3）最终成品库存

最终成品库存指完成加工但未输送出去产品。

（4）备件商品库存

备件商品库存指生产过程中所需的工具和材料。

2. 据库存商品的功能分类

根据库存商品的功能分为安全库存、周转库存、季节性库存、沉淀库存或积压库存、促销库存以及时间效用库存。

（1）安全库存

为了防止由于不确定因素（如突发性大量订货或供应商延期交货）而准备的缓冲库存被称为安全库存。有资料表明，这种缓冲库存约占零售业库存的 1/3。

（2）周转库存

在相邻订货周期之间，供应商需要一定的库存周转量，以避免因生产周期造成的库存短缺。

（3）季节性库存

季节性库存是指为满足在一定的季节中出现的特殊需求而建立的库存，或指对在特定季节生产的物资以及在产成的季节大量收存所建立的库存。

（4）沉淀库存或积压库存

沉淀库存或积压库存是指因商品品质出现问题或发生损坏，或者是因没有市场而滞销的商品库存，超额储存的库存也是沉淀库存的一部分。

（5）促销库存

促销库存是指为支持企业的促销而产生的预期销售增加所建立的库存。

（6）时间效用库存

时间效用库存是指为避免商品价格上涨给企业带来亏损，或为从商品价格上涨中得到利益而建立的库存。

三、库存的价值与作用

1. 库存的价值

（1）改善服务质量

持有一定数量的库存有利于调节供需之间的不平衡，保证企业按时快速交货，能够尽量避免或减少库存缺货或供货延迟给企业带来的经济损失。

（2）节省订货费用

订货费用是指订货过程中为处理每份订单和发运每批订货而产生的费用，这些费用与订货批量的大小无关而与订货次数有关。如果持有一定数量存货，增大订货批量，减少订货次数就能达到节省订货费用的效果。

（3）节省作业交换费用

作业交换费用是指生产过程中更换批量时调整设备，进行作业准备所产生的费用。作业的频繁更换会耗费设备和工人的大量时间，新作业刚开始时也容易出现较多的产品质量问题，这会导致成本的增加。而通过持有一定数量的在制品库存，可以加大生产批量，从而减少作业交换次数，节省作业交换费用。

（4）提高人员与设备的利用率

持有一定量的库存可以从三个方面提高人员与设备的利用率。第一，减少作业更换时间。第二，防止因某个环节零部件供应缺货而导致生产中断。第三，当需求波动或季节性变动时，使生产均衡化。

2. 库存的作用

持有库存的理由在不同情况下、不同企业、不同行业内可能各有不同、各有侧重。

（1）库存使企业能够实现规模经济

如果一个企业想要实现采购、运输和制造方面的规模效应，则需要持有一定数量的库存。

首先，在采购方面，大批量采购可以获取价格折扣。另外，大批量采购能减少由于价格上涨而带来的损失。例如，当企业预计未来某种物料的市场价格将要上涨时，就可以加大采购量，多买进一些该物料作为库存，以备将来使用。

其次，在运输方面，单位产品的运输费用随着装载产品数量的增加而下降，当运输数量为整车装载时，可实现运输的规模经济。

最后，在制造方面，成品库存可以实现制造的规模经济，如果一个企业是大批量少品种的生产方式，那么单位产品制造成本是比较低的。而小批量多品种的生产方式则会导致较高的生产和设备调整成本。当生产批量达到一定的水平时，就可以实现制造规模经济，而生产批量加大的结果是持有更多的成品库存。

（2）库存能够平衡供给与需求

持有库存可以平衡需求与供给的波动。如果市场需求增大，企业却不能及时增加生产产量以适应需求变化时，可以利用库存来满足客户的需求，以提高客户服务水平。很多企业原材料的供应以及产品市场需求常常具有季节性，为应对季节性的供应和需求，企业必须持有库存。例如，食品行业的巧克力市场需求主要集中在圣诞节、情人节、元旦、春节等节假日，为满足高峰期的市场需求，企业不可能临时购买设备扩大生产能力来生产巧克力产品，且淡季一旦来临就面临设备、人员闲置。因此企业必须保证一定量的库存。

与此相对应的是另一种情况，在一年中的不同时期，产品需求相对比较稳定，但原材料只有某些时期才能采购到。以食品行业为例，生产罐装水果的制造商就属于这种情况。除非能够从具有不同生长季节的地方采购到原料，否则对于制造商来说，需要在原材料上市季节大量采购原材料，生产超出当前订单需求的成品，以保证库存量。

（3）库存能够预防不确定性

库存起到预防不确定性的重要作用，制造商可以增加原料库存，使原料库存超出当前生产需求，以避免因采购的不确定性而可能导致的断货。企业应该对持有原料库存所付出的成本与由于缺货导致的停工待料带来的损失成本进行比较核算，以确定是否增加库存量以及增加的具体数量。

（4）库存在供应链环节中起缓冲作用

企业围绕供应链，通过控制信息流、物流、资金流，完成资源从原材料、半成品、最终成品，最后送到消费者手中的整套流程模式，并使供应商、制造商、分销商、零售商以及最终用户形成网链结构。在供应链环节中，库存有多种表现形式，库存管理水平高低将直接影响整个供应链能否达到预期目标。由于供应链中各成员在地理位置上相互分离，要成功实现产品的时间和空间效用，必须将库存放在整个供应链中加以考虑。

四、库存的弊端

库存对于企业的重要性不言而喻，它能为企业创造经济效益，但若库存设置不当，会给企业带来额外的负担，主要表现为：当商品库存数量较大时，须增加相关库存设备、库存管理人员工资支出等，进而增加了企业成本；此外，库存设置不当还会掩盖企业众多管理问题，如采购计划不合理、生产不均衡等问题。

五、库存计划数据的范围

制订库存计划需要的数据包括确定订货时间、订货数量、服务满足率和服务水平等。

1. 订货时间

订货时间是指仓库向上游供应商订购货物的时间，其受到产品需求数量的变化以及补货计划因素的影响。订货周期或称订货间隔是指本次订货日与下次订货日之间的间隔。

2. 订货数量

订货数量是指仓库向上游供应商订购货物的数量，订单数量是决定订货数量的主要因素。

3. 服务满足率

服务满足率也称有货率，指当客户下订单时，现有的库存能够满足订单需求的概率。又可将其定义为需求产生后，在某个特定的时段（如 3 天、5 天或 1 周）内，企业现有的库存能够履行订单的概率。

4. 服务水平

服务水平是企业管理层确定的库存绩效目标，一般指满足用户需求的百分比。从库存管理系统出发，可以将服务水平表示为：整个周期内供货的数量÷整个周期的需求量。一般而言，企业应该尽量保证整个周期内的供货数量大于等于整个周期的需求量，也即是其服务水平应该尽量大于等于 1。

六、库存计划数据的采集

编制库存计划可视化报告的基础是库存计划数据的采集，为了使得库存计划可视化报告的编制尽量准确详细，需要采集准确全面的库存计划数据，需要采集的库存计划数据大致包括：仓库所属公司、仓库编码、仓库名称、仓库货物来源、库存货物科目、是否对仓库物资进行数量跟踪、仓库各类货物计量单位、计划期限内仓库各类货物订货时间、计划期限内仓库各类货物订货数量、计划期限内仓库各类货物服务满足率等。需要采集的库存计划数据中仓库所属公司、仓库编码、仓库名称、仓库货物来源、库存货物科目、是否对仓库物资进行数量跟踪、仓库各类货物计量单位等数据可以根据相关调研得到；计划期限内仓库各类货物订货时间、计划期限内仓库各类货物订货数量、计划期限内仓库各类货物服务满足率则需要相关部门通过进一步计算得出。库存计划数据的采集可以通过传统方式与现代信息化系统方式获得，下面介绍两种常用的信息化获取库存数据的方式。

1. 利用企业资源计划系统进行库存计划数据的采集

企业资源计划系统（ERP，enterprise resources planning）是指建立在信息技术基础上以系统化的管理思想来支持企业决策及为员工提供决策运行手段的管理平台。ERP可以提供跨地区、跨部门甚至跨公司整合实时信息的企业管理信息系统。ERP 不仅仅是一个软件，更重要的是一个管理思想，它实现了企业内部资源和企业相关的外部资源的整合。通过软件把企业的人、财、物、产、供、销及相应的物流、信息流、资金流、管理流、增值流等紧密地集成起来，实现资源优化和共享。

ERP 系统可以用来控制存储物料的数量，以保证稳定的物流支持正常的生产，但又可实现最小限度地占用资本。它是一种相关的、动态的及真实的库存控制系统。它能够结合、满足相关部门的需求，随时间变化动态地调整库存，精确地反映库存现状。这一系统的功能涉及以下几个方面：

（1）建立物料档案，确定物料分类和编码。

（2）制订综合库存计划。

（3）决定采购策略和时机。

（4）收料入库检验。

（5）收发料的日常处理。

（6）盘点处理等。

ERP 的运行基础数据环境如图 1-26 所示。

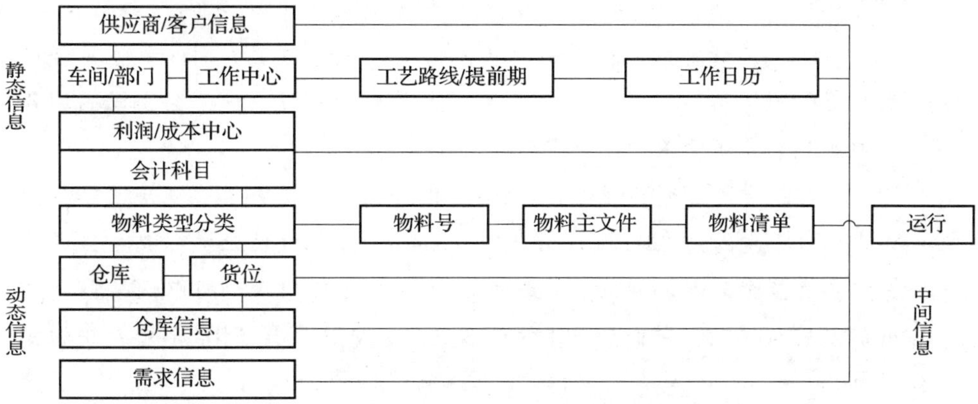

图 1-26 ERP 的运行基础数据环境

利用ERP系统的仓库记录进行库存计划数据的采集，可以采集到有关库存计划的一系列数据，包括物料类型分类、仓库的基本信息、仓库的货位、仓库各类货物订货时间、仓库各类货物订货数量、仓库各类货物的服务满足率以及仓库各类货物的服务水平等。

2. 利用供应商管理库存（VMI，vendor managed inventory）进行库存计划数据的采集

VMI是一种以用户和供应商双方都获得最低成本为目的，在一个共同的协议下由供应商管理库存，并不断监督协议执行情况和修正协议内容，使库存管理得到持续地改进的合作性策略。这种库存管理策略打破传统的各自为政的库存管理模式。体现供应链的集成化管理思想，适应市场变化的要求，是一种新的、有代表性的库存管理思想。目前VMI在分销链中的作用十分重要，因此被越来越多的人重视。

VMI管理模式是从QR（快速响应，quick response）和ECR（有效客户响应，efficient customer response）基础上发展而来的，其核心思想是供应商通过共享用户企业的当前库存和实际耗用数据，按照实际的消耗模型、消耗趋势和补货策略进行有实际根据的补货。由此，交易双方都变革了传统的独立预测模式，尽最大可能地减少由于独立预测的不确定性导致的商流、物流和信息流的浪费，有效降低供应链的总成本。

利用VMI系统，可以让零售商帮助供应商更有效地做出计划，供应商可以从零售商处获得销售点数据并使用该数据来协调其生产。利用VMI构建出的信息系统，可以实现有关库存计划的一系列数据的采集。

相关链接

MRPⅡ和ERP系统的关系

MRPⅡ（制造资源计划）是一种生产计划与控制方法，因其效益显著而被当成标准管理工具，被当今世界制造业企业普遍采用。它是企业提高运作水平，在激烈的市场竞争中赢得优势的有效工具。

ERP（企业资源计划）系统是在MRPⅡ的基础上扩展了管理范围，把企业的内部和外部资源有机地结合在一起，优化利用全面企业资源要素，成为一种更具各类型企业适应性的、先进的现代企业管理模式。所以说，ERP是MRPⅡ的发展与扩充，它们是一体的包容关系，MRPⅡ是ERP不可或缺的核心组成部分。

七、库存计划数据的处理

库存计划数据是编制库存计划可视化报告的基础，主要包括订货时间、订货数量和服务满足率等内容。在库存计划数据的收集过程中不可避免地会收集到一些对库存计划无用的数据，同时也会造成某些数据的混乱与缺失，需要对收集到的库存计划数据进行处理，使得库存计划数据更加规范化，易于编制库存计划可视化报告。对库存计划数据的处理包括以下三点。

1. 数据预处理

数据预处理包括库存计划数据的分类、规范化以及缺失数据的补全等。

2. 数据挖掘与机器学习

这部分的方法和技术涉及较广，对于供应链管理师而言，应着重掌握使用 Excel 进行数据处理和挖掘的方法。

3. 数据后处理

数据后处理主要使用 Excel 等数据可视化的工具对库存计划数据进行模式过滤和可视化处理，便于让数据挖掘的结果利于观察分析。

应用新知

一、对所需的库存计划数据进行汇总

小代根据主管的要求，查阅相关资料，总结出需要采集的库存计划数据，得出需要采集的库存计划数据条目，见表 1-18。

表 1-18　需要采集的库存计划数据

所需采集的数据	数据内容
仓库编码	ADS003
仓库名称	×××号仓库
仓库所属公司	C 公司
仓库各类货物的来源	须详细调研
仓库各类货物计量单位	吨
仓库各类货物订货时间	由相关部门进行计算得出
仓库各类货物订货数量	由相关部门进行计算得出
仓库各类货物服务满足率	由相关部门进行计算得出

二、对所需的库存计划数据进行采集

小代根据表 1-18 列出的项目，对该仓库 2020 年存储货物的类别、各类货物的市场需求率（恒定）、各类货物的补货量、各类货物的补货周期和各类货物的服务满足率等数据进行收集，得到的数据见表 1-19。

表 1-19　C 公司 2021 年的库存计划数据收集

货物的类别	小麦	大米	花生	高粱	大豆
市场需求率/(吨/周)	100	90	110	90	120
进货单价/(元/吨)	3 600	3 000	3 800	2 700	3 300
补货启动费用/(元/次)	500	400	600	460	550
单位保管费用与补货成本的比率/%	25	20	25	25	20
基本经济补货量/吨	2 897	13 407	3 622	12 335	5 214
理论经济补货周期/月	6.66	8.00	7.58	8.17	10.00
实际经济补货周期/月	7	8	8	8	10
年平均服务满足率/%	95.31	100	94.82	100	100

由表 1-19 可知，2020 年该仓库储存的货物主要有 5 种，相关部门利用各种货物的市场需求率、进货单价、补货启动费用等数据计算出各种货物的基本经济补货量、理论经济补货周期和实际经济补货周期，再由货物服务满足率的定义，计算出该仓库各类货物的服务满足率。可以发现货物的服务满足率普遍较高，总体在 94.82%～100%之间，除花生之外，其余货物的服务满足率均大于 95%，说明该仓库的大部分库存能很好地满足客户的需求。

三、对所需的库存计划数据进行处理

1. 平均值的计算与分析

利用 Excel 对表 1-19 中的数据进行处理，使用 Excel 中提供的 AVERAGE 函数求解表 1-19 中各类数据的平均值，计算过程如图 1-27 所示。

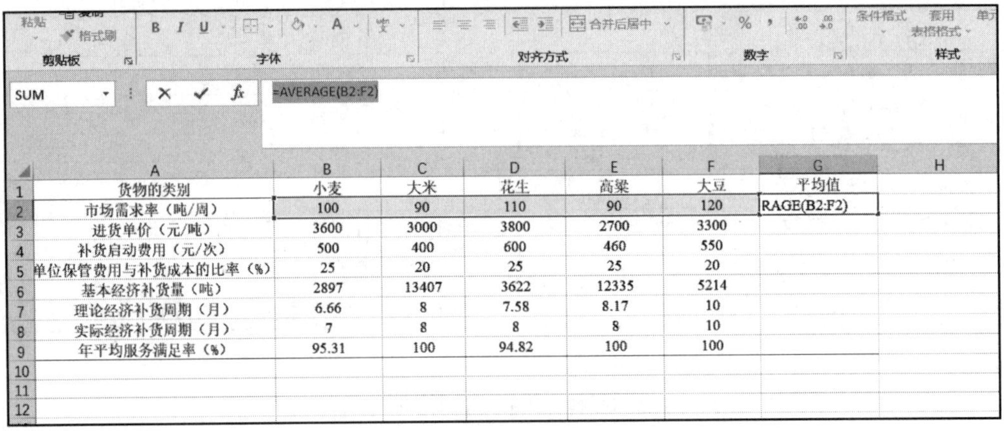

	A	B	C	D	E	F	G	H
1	货物的类别	小麦	大米	花生	高粱	大豆	平均值	
2	市场需求率（吨/周）	100	90	110	90	120	RAGE(B2:F2)	
3	进货单价（元/吨）	3600	3000	3800	2700	3300		
4	补货启动费用（元/次）	500	400	600	460	550		
5	单位保管费用与补货成本的比率（%）	25	20	25	25	20		
6	基本经济补货量（吨）	2897	13407	3622	12335	5214		
7	理论经济补货周期（月）	6.66	8	7.58	8.17	10		
8	实际经济补货周期（月）	7	8	8	8	10		
9	年平均服务满足率（%）	95.31	100	94.82	100	100		
10								
11								
12								

图 1-27　平均值的计算过程

同理，利用 AVERAGE 函数计算出其他各类数据的平均值，计算结果见表 1-20。

表 1-20　各类数据的平均值

货物的类别	小麦	大米	花生	高粱	大豆	平均值
市场需求率/(吨/周)	100	90	110	90	120	102
进货单价/(元/吨)	3 600	3 000	3 800	2 700	3 300	3 280
补货启动费用/(元/次)	500	400	600	460	550	502
单位保管费用与补货成本的比率/%	25	20	25	25	20	23
基本经济补货量/吨	2 897	13 407	3 622	12 335	5 214	7 495
理论经济补货周期/月	6. 66	8. 00	7. 58	8. 17	10. 00	8. 08
实际经济补货周期/月	7	8	8	8	10	8. 2
年平均服务满足率/%	95. 31	100	94. 82	100	100	98. 03

由表 1-20 可知，库存货物市场需求率的平均值为 102 吨/周，说明仓库中存储货物的平均周需求量大于 100 吨，市场需求情况良好；库存货物进货单价的平均值为 3 280 元/吨；库存货物补货启动费用的平均值为 502 元/次；库存货物单位保管费用与补货成本比率的平均值为 23%，处于正常范围之内；库存货物基本经济补货量的平均值为 7 495 吨；库存货物实际经济补货周期的平均值为 8. 2 月，其补货周期较长；库存货物年平均服务满足率的平均值为 98. 03%，年平均服务满足率大于 95%，说明在客户产生需求时，仓库中的库存基本上能完全满足客户的需求。

2. 方差的计算与分析

利用 Excel 对表 1-19 中的数据进行处理，使用 Excel 中提供的 VARP 函数求解表 1-19 中各类数据的方差，计算过程如图 1-28 所示。

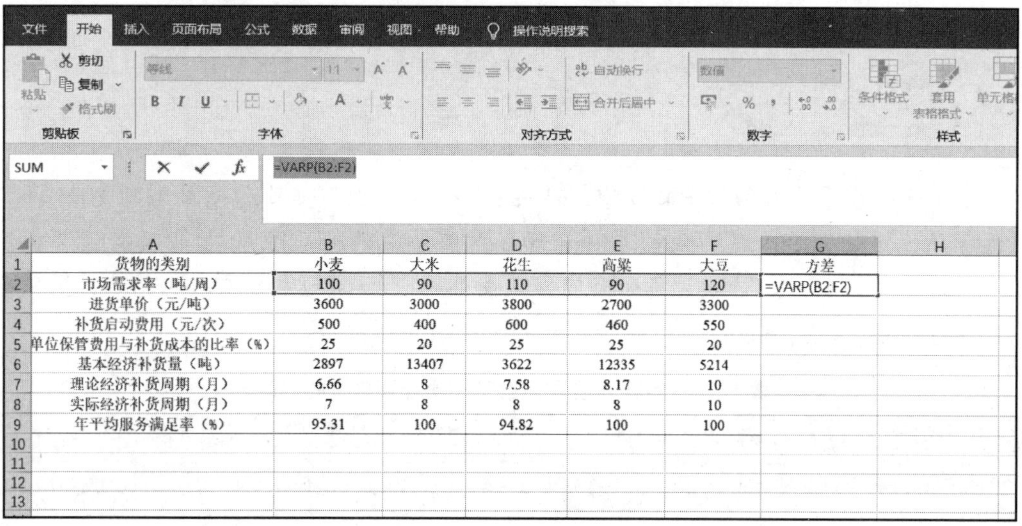

图 1-28　方差的计算过程

同理，利用 VARP 函数计算出其他各类数据的方差，计算结果见表 1-21。

表 1-21　各类数据的方差

货物的类别	小麦	大米	花生	高粱	大豆	方差
市场需求率/(吨/周)	100	90	110	90	120	136.00
进货单价/(元/吨)	3 600	3 000	3 800	2 700	3 300	157 600.00
补货启动费用/(元/次)	500	400	600	460	550	4 816.00
单位保管费用与补货成本的比率/%	25	20	25	25	20	6.00
基本经济补货量/吨	2 897	13 407	3 622	12 335	5 214	19 944 407.60
理论经济补货周期/月	6.66	8.00	7.58	8.17	10.00	1.19
实际经济补货周期/月	7	8	8	8	10	0.96
年平均服务满足率/%	95.31	100	94.82	100	100	5.87

由表 1-21 可知，各类货物的市场需求率、进货单价、补货启动费用、基本经济补货周期等的方差较大，这说明这些货物的指标数值之间的差异较大，与其平均值的偏离程度较高；各类货物的单位保管费用与补货成本的比率、实际经济补货周期和年平均服务满足率的方差较小，这说明这些货物的指标数值之间差异较小，与其平均值的偏离程度较低，数值较为稳定。

学习单元 2　编制库存计划可视化报表

情景描述

在上一个学习单元的情景描述中，库存部门主管在收到了小代采集到的 2021 年公司的库存计划数据后，对小代的工作表示了肯定。库存部门主管为小代提供了公司 2021 年各种货物第一次计划订货的时间，见表 1-22。要求他在现有数据的基础上编制一份库存计划可视化报表，以进一步对库存计划数据进行分析。

表 1-22　2021 年各种货物第一次计划订货的时间

货物的类别	小麦	大米	花生	高粱	大豆
2021 年第一次计划订货时间	2021-01-15	2021-01-01	2021-02-05	2021-01-10	2021-01-01

新知学习

一、库存管理

库存管理的目的就是尽可能地降低库存，减少废品，从而保证准时交货，以最少的库存资金满足最大的库存出货。企业内库存管理的重要价值主要体现在以下几个方面。

1. 保证资本的有效运用

企业可根据库存情况，合理利用规模经济优势，降低采购成本，防止因原材料短缺而增加缺货成本；同时，也可节省库存保管费用，防止资金僵化。

2. 确保销售流动能顺利进行

库存管理可以使原材料、半成品等物资始终保持安全库存量，确保企业生产销售活动能够顺利进行。

3. 改善物料搬运效率

库存管理可将仓库内物品进行合理摆放，方便叉车等装卸搬运设备进入仓库，从而提高物料转移效率。

4. 防止物料陈旧

通过对库存进行管理，了解各种物料的特性，分别针对其特性采取相应的保管方法。对容易风化、生锈、破碎及体积大的物品进行适当存储，可以有效避免生产物料陈旧。

5. 有效利用工厂面积和仓库面积

通过对库存进行管理，可以在有限的仓库厂房内，放置更多的物料，有效地利用土地面积，从而提高贮藏效率。

二、库存合理化

库存合理化是指以经济合理的方法和手段从事库存活动，并发挥库存作用的一种库存状态及其运行趋势。库存合理化主要包括四个方面：库存量合理、库存结构合理、库存时间合理以及库存空间合理。

1. 库存量合理

库存量合理是指以满足市场需要、保障销售和符合经济效益为原则，保证商品的库存量满足其销售量的需要。

2. 库存结构合理

库存结构合理是指库存商品总额中，各类商品所占的比例，同类商品的高、中、低档商品之间的比例，以及同种商品不同规格、不同花色之间库存量的比例都能够适应销售的需要。

3. 库存时间合理

库存时间合理是指所有库存商品的库存期（商品进入库存环节后停留的时间）可以很好地适应商品供求的变化。

4. 库存空间合理

库存空间合理是指货物在仓库中摆放的位置和所占空间要能最大程度地利用到仓库的面积，尽可能地避免仓库空间的浪费。

三、库存计划可视化报表的内容

1. 经济补货量分析

对仓库中每一种类别货物的经济补货数量进行计算，并利用可视化图表对不同货物的补货数量进行分析。

2. 经济补货周期分析

对仓库中每一种类别货物的经济补货周期进行计算，并利用可视化图表对不同货物的补货周期进行分析。

3. 补货时间分析

通过对经济补货周期的计算可以进一步推算出仓库中每一种货物的补货时间，并利用可视化图表对不同货物的补货时间进行分析。

4. 货物服务满足率分析

对仓库中每一种类别货物的服务满足率进行计算，并利用可视化图表对不同货物的服务满足率进行分析，观察仓库储存的各种货物能否满足顾客的需求。

5. 库存合理化分析及建议

通过对库存计划数据的分析，总结出现阶段库存在合理化方面存在的不足，并针对这些缺陷提出相关建议。

应用新知

根据主管的要求，小代通过学习相关的数据可视化方法，利用 Excel 和 Visio 等工具对采集到的库存计划数据进行可视化处理，并依据得到的可视化图表对 2021 年公司仓库的库存计划进行分析。

一、经济补货量分析

将表 1-19 中的数据插入 Excel 中进行处理，通过 Excel 的数据透视图功能，得到各类货物的基本经济补货量图，如图 1–29 所示。

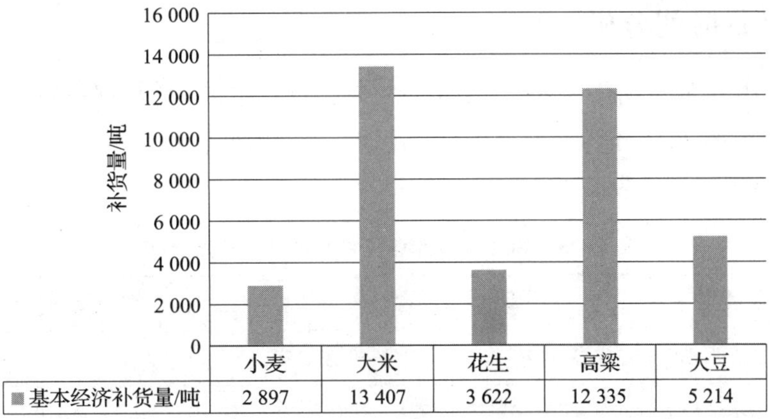

图 1–29　2021 年公司仓库中各类货物的经济补货量分析

由图 1–29 可知：2021 年仓库中各类货物的基本经济补货量最高的货物为大米，高粱次之，经济补货量最低的货物为小麦。结合表 1–20 中的数据可以发现，高粱和大米的进货单价在 5 种货物中排名最低，分别为 2 700 元/吨和 3 000 元/吨，这说明进货单价是影响经济补货量最为关键的因素。

二、经济补货周期分析

将表 1–19 中的数据插入 Excel 中进行处理，通过 Excel 的数据透视图功能，得到各类货物的经济补货周期图，如图 1–30 所示。

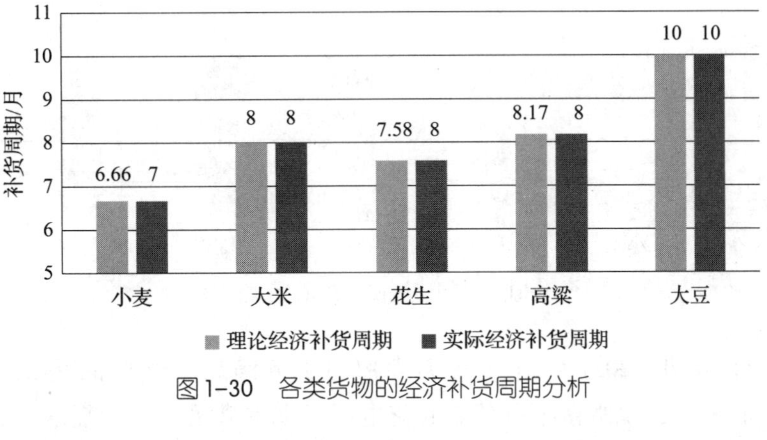

图 1–30　各类货物的经济补货周期分析

由图 1–30 可知，2021 年公司仓库中 5 类货物按补货周期的从小到大的顺序排列，依次是小麦、花生、大米、高粱、大豆；其中，小麦和花生的实际经济补货周期均大于理论经济补货周期；大米和大豆的实际经济补货周期均等于理论经济补货周期；高粱的实际经济补货周期小于理论经济补货周期。总体而言，各类货物的实际经济补货周期和理论经济补货周期均相差不大。

三、订货时间分析

将表 1-19 中的数据插入 Excel 中进行处理，通过 Excel 的数据透视图功能，再根据表 1-22 提供的 2021 年各种货物第一次计划订货的时间，推算出 2021 年仓库各类货物的具体补货时间，见表 1-23。

表 1-23　2021 年仓库各类货物的具体补货时间

货物的类别	小麦	大米	花生	高粱	大豆
实际经济补货周期/月	7	8	8	8	10
2021 年第一次计划补货时间	202-01-05	2021-01-01	2021-02-05	2021-01-10	2021-01-01
2021 年第二次计划补货时间	2021-08-15	2021-09-01	2021-10-05	2021-09-10	2021-11-01

四、货物服务满足率分析

将表 1-21 中的数据插入 Excel 中进行处理，通过 Excel 的数据透视图功能，将各类货物的服务满足率进行可视化处理，结果如图 1-31 所示。

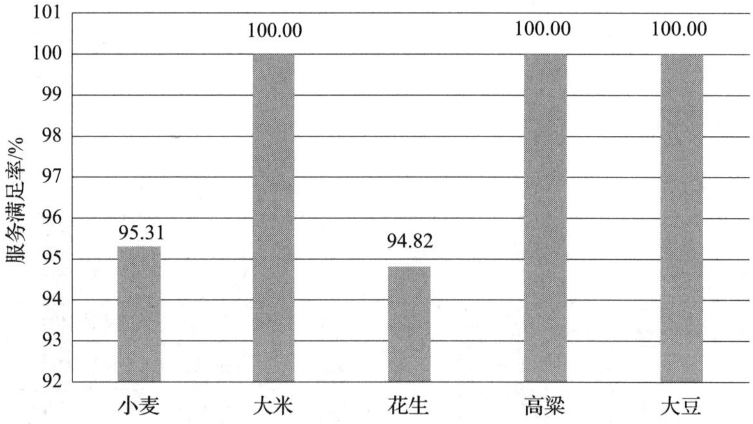

图 1-31　不同种类货物的服务满足率

由图 1-31 可知，2021 年仓库各类货物的服务满足率最低的是花生，其值为 94.82%，低于 95%，说明仓库中存储的花生可以基本满足客户的需求；其余货物的服务满足率在 95.31%～100%之间，可以很好地满足客户对此类货物的需求。可以通过适当缩短花生的补货周期来提高其服务满足率。

五、库存合理化分析及建议

1. 问题分析

由以上分析可以得出公司在库存合理化方面主要存在以下几个问题。

（1）仓库中部分货物的服务满足率小于 95%，导致部分货物的库存数量无法很好地满足客户的需求。

（2）仓库中部分货物的补货时间不合理，例如大米和高粱两类货物 2021 年第二次补货时间相差不到 10 天，却分两次进行补货，增加了相应的补货费用。

（3）部分货物在仓库中存储的时间过长，容易因为补货周期过长而导致货物的损坏率增加，进而使得利润减少。

2. 建议

为了使库存更加合理化，提出以下几点建议。

（1）通过适当缩短部分货物的补货周期来增加其库存，进而提高该种货物的服务满足率，以便在客户有需求时能及时地被满足。

（2）根据货物的补货周期进一步规划货物的补货时间，将计划补货时间相差不大的货物集中在于同一时间进行补货，达到节省补货费用的目的。

（3）对于市场需求量较低、补货周期过长的货物，可以适当降低补货量和采取一定的促销措施来减少库存的积压。

融会贯通

1. 某家电生产计划部门经理对助理下达了三个任务。首先，做一份 2020 年三位主要客户对公司双开门大容量家用冰箱订货量的可视化报表；其次，以三位主要客户为主要对象编制一份公司双开门大容量家用冰箱的市场调研报告；最后，预测 2021 年这三位主要客户对公司双开门大容量家用冰箱的订货量。助理收集了过去一年中三位主要客户实际的订购量。具体数据见表 1-24。请采用合理的工具和预测方法完成订货量的可视化和市场调研报告的编制以及 2021 年这三位主要客户订货量的预测。

表 1-24　2020 年客户对大容量家用冰箱的实际订购量　　单位：台

月份	客户甲	客户乙	客户丙	合计
1 月	236	421	319	976
2 月	261	407	295	918
3 月	197	394	305	896

续表

月份	客户甲	客户乙	客户丙	合计
4 月	247	389	287	923
5 月	256	403	300	959
6 月	221	410	295	926
7 月	204	427	290	921
8 月	200	386	285	871
9 月	185	375	280	840
10 月	199	389	293	881
11 月	214	401	305	920
12 月	257	446	337	1 040
合计	2 632	4 848	3 591	11 071

2. 小徐是电动车制造公司的一位生产计划部门的业务员，计划部门经理对小徐下达了任务，要求他收集 2020 年公司销售某种电动车的订单数据。经理对小张的要求是：首先根据表 1–25 提供的订单数据对客户订单进行分析并对有关数据进行可视化处理，在此基础上形成客户订单数据分析报表，最后对 2020 年购买这种电动车的所有客户进行分级。

表 1–25　2020 年某种电动车的订单数据

客户 ID	下单时间	订单额/元	订单量/台
方灵琉	2020–02–31	4 000	1
苏颗啸	2020–04–24	52 000	13
秦化莺	2020–04–11	20 000	5
奚鲲呈	2020–05–09	8 000	2
邹坤甲	2020–07–05	24 000	6
冯妄梨	2020–06–21	20 000	5
赵负臣	2020–08–11	44 000	11
彭落炎	2020–01–09	12 000	3
常昆孝	2020–02–02	12 000	3
廉所影	2020–03–01	48 000	12
顾黎慎	2020–10–31	20 000	5
华络银	2020–11–28	28 000	7
尤茂燕	2020–04–25	32 000	8

续表

客户 ID	下单时间	订单额/元	订单量/台
卜沮衫	2020-06-20	48 000	12
孙陆辰	2020-06-13	32 000	8
鲍俱雁	2020-08-11	8 000	2
谢灵成	2020-09-08	4 000	1
柳离召	2020-10-05	20 000	5
马复印	2020-12-03	48 000	12
皮絮营	2020-10-02	24 000	6
钱例孝	2020-01-02	8 000	2

3. 小邓是××蔬菜供应公司的一位仓储部门业务员，马上到了 2020 年年终，库存部门主管对小邓下达了任务，要求他在对表 1-26 提供的库存计划数据进行处理，并以此为基础编制库存计划可视化报表。

表 1-26　××蔬菜供应公司 2020 年的库存计划数据汇总

货物的类别	白菜	茄子	辣椒	芹菜
市场需求量/(吨/周)	550	480	600	450
进货单价/(元/千克)	110	200	180	160
补货启动费用/(元/次)	130	160	150	155
单位库存保管费用与采购成本的比率/%	30	25	25	25
实际经济补货周期/月	5	6	5	6
年平均服务满足率/%	100	98.64	97.52	100

职业模块 2 采购管理

培训课程 1 供应链采购订单分析

学习单元 1 采购订单数据分析

学习单元 2 供应商绩效分析

培训课程 2 供应商管理

学习单元 1 供应商信息搜集与处理

学习单元 2 供应商选择方法

采购是企业需要频繁进行的一种日常经济管理工作。企业为保证正常生产的顺利进行，需要通过采购获得生产资料及生产设备等；此外，采购费用的发生使得对采购过程进行计划、组织、指挥、协调，对采购成本进行控制等管理活动变得十分必要。

培训课程 1 供应链采购订单分析

供应链采购订单分析是采购工作中的重要一环，是开展采购工作的前提。从确定待购产品、服务的要求，对采购订单进行分类、对供货源进行选择，到确定价格、供货量等采购参数以及对供应商绩效进行评价等的一系列过程，构成了采购管理的主要内容。

采购订单分析主要包括以下两个方面的业务：采购订单数据分析和供应商绩效分析。对于供应链管理从业人员来说，应该掌握的有关供应链采购订单分析的知识和技能主要包括运用合理的方法对采购订单进行分类、对现有供应商绩效进行评价等。

学习单元 1　采购订单数据分析

有效的采购作业需要以各需求部门提交的请购数据为基础，明确采购物料的规格、数量及需用日期等，应用科学的方法对请购数据进行分类汇总，为企业采购负责人开展下一步采购作业决策提供数据支持。

情景描述

M 公司是国内一家大型核电设备制造企业，由于建设一台核电设备所涉及的物料成百上千，每种物料成本所占总成本的比例不一、不同物料需求数量不一、对技术要求的强度不一，企业的供应商也存在分布地域广、物料供应时间不确定等特点，为了更好地满足各个部门的物料需求，需要采购部门工作人努力协调，保证物料及时供应。摆在采购部门员工面前的问题有：如何搜集采购订单数据？采购订单的设计应该涵盖哪些方面？如何对采购订单进行分类汇总？

M 公司采购部门经理要求员工小王就最近一次的采购订单进行收集汇总并分类。

新知学习

一、采购订单数据的来源

企业获得各部门物料需求最常用的方式是采用请购单。请购单是指企业各个部门根据市场需求、企业生产能力、设备制造能力、企业生产计划所需物料规格和数量等信息填写本期物料需求所形成的采购需求单据。采购部门工作人员对请购单进行收集整理，并根据请购单的物料需求、库存数量、请购数量、规格型号、需用日期等条件，在协调各部门需求规格以及库存情况下对采购物料进行整合，整理、归纳、生成采购订单，在经过采购部门经理签字确认后向原材料、零部件、燃料和办公用品等的供应商发出的订货单，表示向供应商进行采购业务的正式和最终的确认。各部门提交请购单应注意以下事项。

1. 适当的请购人

请购单须由本部门具有管理权或统筹权的人员根据本部门实际运行情况填写，使得请购内容符合本部门的生产计划所需。

2. 请购单包含的信息

为减少实际采购物料与个别部门理想物料需求间的差距，方便后期采购货物的分配，请购单上应详细载明需采购物料的名称、规格、材质、数量、需求日期以及请购部门主管签名或盖章等信息（对于通用性的物料，各部门之间要进行协商，兼顾库存与部门需求多样性）。

3. 采购费用预算

请购部门要先衡量自身的支付能力与库存容纳情况，以免请购单支付货款费用超出预算或库存量超出上限。请购单样表见表 2-1。

表 2-1　采购申请单样表

采购申请单

编号　　　　　　　　　　申请部门　　　　　　　　　　年　月　日

序号	物品名称	规格型号	库存数量/个	申请数量/个	准购数量/个	需用日期
采购说明		预支金额			审批意见	

主管：　　　　　　　　申请人：

注：本单一式三联，第一联请购部门留存，第二联上交采购部，第三联交库存部。

采购部门工作人员在对各部门请购单进行处理的基础上生成采购订单，采购订单的生成过程如图 2-1 所示。

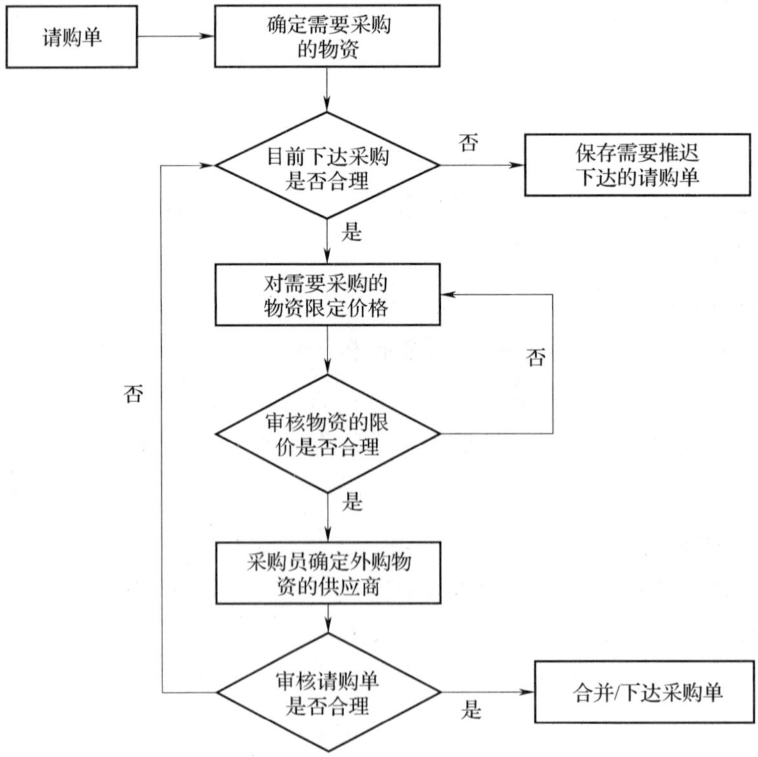

图 2-1　采购订单生成过程

二、对订单数据进行分类

收集请购单数据是采购工作的第一步，是编制采购计划的首要环节；对收集到的请购单数据进行分类则是采购计划的重要环节。在企业物料需求较为单一时，请购单不需要进行分类。例如，当企业规模较小，所需物料较为单一时，企业所需物料是什么、需求量是多少、何时需要的问题已经非常明确，这种情况下不需要对请购单进行分类。但在企业物料需求较为复杂的情况下，对请购单分类显得尤为重要。例如，一家大型机器设备制造企业生产一台设备所需要物料有上万个，不同车间、不同工序下对同种物料的规格要求各不相同，所需数量与所用时间也各不相同；这种情况下，企业面对各部门、各车间如此多的零部件需求，如此繁复的需求时间和需求种类，亟须对各车间的请购单进行分类，明确各个部门所需的何种物料需要在什么时间内采购到位，需要数量是多少，明确何种物料需要单独采购，何种物料需要联合采购，哪些品种先采购，哪些品种后采购，如果不对这些问题进行认真分析研究，企业就不可能进行科学的采购工作。

科学的采购就是在合理的时间，针对正确的供应商，以合理的价格采购正确数量和正确规格的物料。为了达到这个目的，需要用合理的、科学的订单分类方法对请购单进行分类。请购单根据不同的分类方法有不同的分类，归纳总结为如下三种。

1. 根据与供方签订协议的不同对请购单分类

（1）一揽子采购协议

当企业与供应商仅就采购对象（物料或服务）进行了确认，或仅就采购对象和采购价格进行了确认，但没有对采购时间和采购数量进行确认时，可以使用此种订单类型。该订单类型适用于企业确有购买意向但未能立即确定物料购买数量和购买时间的情况。

（2）合同采购协议

当企业不确定所需物料的具体型号，但供应商可以满足企业多种型号要求时可以采用此种订单类型。该类型订单适用于企业尚未确定所需提供的物料需求但已确定合作供应商和购买金额的情况。

（3）标准采购订单

当企业对采购对象（物料或服务）、数量、发货计划有明确要求，但与供应商不存在长期的约定时可以使用此种订单类型。该类订单适用于企业一次性采购不同的物料的情况。

（4）计划采购订单

当企业有明确的需求计划且与供应商签有较长时期的采购承诺协议时可以采用此种订单类型。即企业在制造过程中，某些供应商能够确保企业所需要采购的量，并针对在指定的交货期内按量供货的长线料或关键材料，而创建的采购订单。

2. 根据订单的性质分类

（1）常规订单，即常规性订单，是请购要求较简单、频繁的订单。

（2）特殊订单，即非常规性订单。

（3）新产品或具有特殊技术要求的产品。

（4）突发的紧急订单和较大批量订单。

3. 根据 ABC 分类法分类

（1）A 类订单

价值高、品种少的物料，该种物料所需采购的数量占总采购物料数量的 10%左右，而采购金额占总物料采购金额的 70%左右，应当根据企业自身生产计划制订物料需求计划，将库存压缩到最低水平，进行重点管理控制。

（2）B 类订单

价值较高、品种较少的物料，该种物料所需采购的数量占总采购数量的 20%左右，而采购金额占总物料采购金额的 20%左右，应当依生产计划制订物料需求计划，库存控制在一定范围内，进行适当管理控制。

（3）C 类订单

价值较低、品种较多的物料，种类占总物料种类的 70%左右，而采购金额占总物料采购金额的 10%左右，进行常规管理控制即可。

对请购单数据分类可采用的方法有 ABC 分类法，采用 ABC 分类法对采购订单法分类的步骤如下。

1）选定数据统计区间，在选择统计区间时，应遵循如下三个基本原则：时间区间上与预期购货期间相近，统计期间企业正常运行，选取一个月或几个月的数据。

2）分别统计所有采购物料在该统计期间的物料名称、采购单价、采购数、采购金额，并制作 ABC 分析卡（见表 2–2）。

表 2–2　ABC 分析卡

编号	物料名称	采购单价/元	采购数/个	采购金额/元

3）将 ABC 分析卡中的物料按采购金额由大到小的顺序重新排列。

4）制作 ABC 分析表（见表 2-3），计算每种物料采购金额占总金额的比重，以及采购数占总采购数的比重。

表 2-3 ABC 分析表

编号	物料名称	采购数/个	采购数占总采购数累计百分比/%	采购金额/元	采购金额占用额累计百分比/%

5）根据采购数累计百分比以及采购金额占用额累计百分比对物料进行分类，分类原则见表 2-4。

表 2-4 ABC 分类原则

ABC 分类	占采购数的累计百分比	占采购金额的累计百分比
A	10%～20%	65%～80%
B	20%～25%	10%～15%
C	60%～70%	5%～10%

按照 ABC 分析表的采购数的累计百分比以及采购金额累计百分比对比上表将物料分类为 ABC 三类。

三、采购订单主要条目的数据分析

在下达采购订单后，供应链管理师还需要对采购订单进行跟踪分析，并且在与供应商的合作过程中搜集以下几方面信息，从而为后续供应商绩效评估提供相关数据。

1. 进货合格率

进货合格率指标的量化需要采购部门工作人员在采购物料运到企业后，对产品质量进行检查，检查方式可分为两种：一种是全检，一种是抽检。由于全检工作量较大，故一般采用抽检的方法。如果在一次交货中一共抽检了 N 件，抽检结果显示有 n 件是合格的，则进货合格率 P 计算公式如下：

$$P=\frac{n}{N}\times 100\%$$

显然企业的进货合格率越高越好。但是如果在 m 次交货中，每次的进货合格率 P 不同，则可以用平均合格率来描述，即：

$$\overline{P}=\frac{P_1+P_2+\cdots+P_m}{m}$$

有的供应商允许下游企业对不合格产品做退货处理，在这种情况下质量合格率可以用退货率来衡量。退货率是指退货量占采购进货总量的比率。如果采购进货 m 件，其中退货 n 件，则退货率 R 可以表示如下：

$$R=\frac{n}{m}\times 100\%$$

显然，退货率越高，产品质量越差。

2. 准时交货率

准时交货率是指供应商在一定时间内准时交货的次数占该段时间内总交货次数的百分比。采购部门工作人员需要针对特定物料的特定供应商在特定时间段内的准时交货率进行记录，并保留数据为供应商绩效评估做准备。

$$准时交货率=\frac{准时交货次数}{总交货次数}\times 100\%$$

3. 订单满足率

订单满足率是指供应商在一定时期内足量交货次数占该时期总交货次数的百分比。采购部门工作人员在追踪订单的同时要记录好供应商足量交货次数以及企业订货次数等。指标的计算方法如下：

$$订单满足率=\frac{一定时期内供应商足量交货次数}{一定时期内供应商总交货次数}\times 100\%$$

4. 交货灵活度

交货灵活度是指供应商对下游客户突发的需求或者大批量的需求变化所能做的调整范围，是对供应商设备状况和生产规模以及组织能力的客观反映。当下游企业的需求增加或发生突发性变化时，企业要想满足这种需求或变化，就要求供应商能够有较好的生产柔性，在第一时间调整生产组织情况，在规定时间内提供足够数量的零部件满足企业的需求。采购部门工作人员可在某次企业需求突增或者需要紧急插入较大需求的情况下对供应商的该项指标进行记录。指标计算方法如下：

$$交货灵活度=\frac{现有生产条件下企业生产能力所能做出的调整范围}{生产规模}\times 100\%$$

5. 信息沟通能力

信息沟通能力是建立在双方利益共享基础上的一种合作伙伴关系，需要双方一定程度上相互参与。供应链上下游企业相互之间的信息传递和信息资源共享可以减少供应链管理中的“牛鞭效应①”，有助于链内企业更好地做出决策，更快地面对不确定的市场需求。更为重要的是，缺乏有效的信息共享，供应链将处于混乱状态。采购部门工作人员可以通过供应商在一定时期内向企业提供有效信息的次数与该时期内供应商向企业提供信息的次数之比来计算，指标计算方法如下：

$$信息沟通能力=\frac{供应商向企业提供有效信息的次数}{供应商向企业提供信息的次数}\times 100\%$$

6. 企业供应能力

供应商供应能力一定程度上反映供应商的生产组织能力，能够反映其是否拥有能够满足上游企业的订单所要求达成的生产能力，是一定时期内满足需求方物料产品需求的保证。当企业因为一些不确定因素或突发因素影响需扩大生产时，需要供应商有能力及时提供更多的物料部件，由此对供应商的生产规模提出了一定要求。该指标可由企业当年的生产规模来体现。

7. 企业创新能力

企业需要确定供应商是否具备一定的创新能力，是否拥有一支较强的技术队伍，是否具有新产品开发、研制能力及制造或供应所需产品的能力。采购部门工作人员可在新产品开发时向供应商提出个性化要求，在特定时间段内考察供应商对企业新产品需求的满足度。这里用新产品开发率来表示企业的创新能力：

$$创新能力=\frac{成功开发的新产品数}{产品总数}\times 100\%$$

8. 同行业竞争地位

同行业竞争地位是指供应商提供的产品在市场上的流通情况。供应商所提供的产品市场份额的大小体现了供应商产品的性价比以及产品的竞争力，企业总是希望找到一家市场占有率高的实力雄厚的供应商作为合作伙伴，此处可以用供应商产品数与市场同类产品数的比率来表示供应商同行业的竞争能力：

$$同行业竞争力=\frac{供应商产品数}{市场同类产品数}\times 100\%$$

9. 服务回应

服务回应是选择供应商不可或缺的一个重要指标，服务回应体现了供应商对于自

---

① “牛鞭效应”是指供应链上的一种需求变异放大现象，使信息流从最终客户端向原始供应商端传递时，无法有效地实现信息共享，使得信息扭曲而逐级放大，导致了需求信息出现越来越大的波动，此信息扭曲的放大作用在图形上很像一根甩起的牛鞭，因此被形象地称为“牛鞭效应”。

身产品的自信程度以及其对待合作伙伴的重视程度。供应商应及时地解决客户的各种售后服务请求，或者能够为客户提供某些技术支持，这里用“用户抱怨解决时间”来反映。所谓用户抱怨解决时间是指从用户发出抱怨时刻起到抱怨圆满解决时刻止的一段时间。采购部门工作人员可以在与供应商接触中记录供应商解决企业提出问题的时间来作为供应商回应时间。

应用新知

小王仔细分析公司的采购订单数据，查阅相关文献资料，学习采购订单分类的方法，选择应用 ABC 分类法对采购订单进行分类。

一、收集数据

小王对各部门提交的请购单根据数量、规格、型号等信息进行汇总，先将请购物料大致分为 24 类；再对这 24 类物料采购额占总成本的比率以及采购量占总采购量的比率进行了计算，计算结果见表 2-5。

表 2-5　公司主要采购物料分类

序号	物料采购额占总成本的比率/%	物料采购量占总采购量的比率/%
N1	32. 16	4. 84
N2	35. 65	5. 26
N3	4. 54	9. 26
N4	5. 62	0. 08
N5	4. 35	3. 60
N6	1. 35	2. 25
N7	0. 06	4. 83
N8	3. 16	7. 67
N9	0. 75	1. 15
N10	0. 15	1. 34
N11	4. 13	3. 24
N12	0. 18	0. 26
N13	0. 30	3. 29
N14	1. 07	5. 72
N15	0. 35	7. 67

续表

序号	物料采购额占总成本的比率/%	物料采购量占总采购量的比率/%
N16	2. 14	12. 49
N17	0. 30	1. 79
N18	0. 27	3. 69
N19	0. 13	1. 05
N20	0. 07	2. 26
N21	1. 12	2. 34
N22	0. 52	9. 69
N23	0. 34	2. 95
N24	1. 29	3. 28

二、订单分类

1. 计算结果排序

小王根据搜集到的采购订单按照采购金额占总金额的比率进行排序，得到 ABC 分类表，具体数据见表 2-6。

表 2-6　采购物料 ABC 分类表

编号	物料名称	物料采购成本占总成本的比率/%	采购金额占用额累计百分比/%	物料采购量占采购量的比率/%	采购量累计百分比/%
1	N2	35. 65	35. 65	5. 26	5. 26
2	N1	32. 16	67. 81	4. 84	10. 10
3	N4	5. 62	73. 43	0. 08	10. 18
4	N3	4. 54	77. 97	9. 26	19. 44
5	N5	4. 35	82. 32	3. 60	23. 04
6	N11	4. 13	86. 45	3. 24	26. 28
7	N8	3. 16	89. 61	7. 67	33. 95
8	N16	2. 14	91. 75	12. 49	46. 44
9	N6	1. 35	93. 10	2. 25	48. 69
10	N24	1. 29	94. 39	3. 28	51. 97
11	N21	1. 12	95. 51	2. 34	54. 31

续表

编号	物料名称	物料采购成本占总成本的比率/%	采购金额占用额累计百分比/%	物料采购量占采购量的比率/%	采购量累计百分比/%
12	N14	1.07	96.58	5.72	60.03
13	N9	0.75	97.33	1.15	61.18
14	N22	0.52	97.85	9.69	70.87
15	N15	0.35	98.20	7.67	78.54
16	N23	0.34	98.54	2.95	81.49
17	N13	0.30	98.84	3.29	84.78
18	N17	0.30	99.14	1.79	86.57
19	N18	0.27	99.41	3.69	90.26
20	N12	0.18	99.59	0.26	90.52
21	N10	0.15	99.74	1.34	91.86
22	N19	0.13	99.87	1.05	92.91
23	N20	0.07	99.94	2.26	95.17
24	N7	0.06	100.00	4.83	100.00

2. 排序结果归类

小王根据 ABC 分类表对采购物料进行分类。

（1）A 类：N2、N1、N4、N3。

（2）B 类：N5、N11、N8。

（3）C 类：N16、N6、N24、N21、N14、N9、N22、N15、N23、N13、N17、N18、N12、N10、N19、N20、N7。

学习单元 2　供应商绩效分析

为使采购成本更低、采购效率更高、采购质量更好、缺货率更少，采购商需要对现有的供应商绩效进行评价，通过选择合理的评价指标，构建供应商绩效评价指标体系，采用合理的供应商绩效评价方法，实现对供应商绩效评价，最终实现保留优秀供应商、淘汰部分不合格供应商、精简企业供应商队伍的目的。

情景描述

T公司是一家全球性的汽车生产制造业，在采购所生产的汽车系统电子零部件时，遇到了一些难以应付的挑战——公司所需的零部件对质量有很高的要求，因此需要识别供应商是否拥有采用先进技术生产零部件的能力；此外，供应商还必须有能力向T公司的100多个全球生产工厂配送零部件。精选出的供应商还需具备降低零部件总成本的能力，且能够持续改善产品质量。T公司采购战略的一个重要部分就是一方面降低企业现有供应商的数量，另一方面是识别可以提供多种零部件的供应商。T公司目前在全球共有大约1 000个供应商，公司计划在不久的将来，将供应商数目减少到500家，以降低供应商管理成本，提高供应商管理效率和采购效率。

小翟是T公司地区分公司的一位采购部门的业务员，马上到了第四季度末，采购部门经理对小翟下达了任务，要求她对现有的供应商绩效进行评估，淘汰部分绩效较差的供应商。小翟面对经理的要求，着手自己的工作。

新知学习

在对采购订单进行跟踪分析的基础上，企业需要以搜集到的数据信息为基础，对现有供应商的绩效实施评价，目的是考核供应商的过程表现，发现供应商在供货过程中存在的不足，并将与供应商合作过程中出现的问题反馈给供应商，促使供应商改善其供应效率，提高供应商的产品质量，增强供应商售后服务水平，为实施供应商奖惩提供依据。同时，通过绩效评价的结果，继续加大与优秀供应商的合作深度与宽度，淘汰绩效较差的供应商，以此形成对供应商的激励，实现供应商优选，达到精简供应商的目的。供应商的绩效考核是一个十分烦琐而又必须公正、公平推进的事情，如果考核不公正就会引发供应商的不满，其结果可能适得其反。因此，实施供应商绩效考核，制定一套严格完整的供应商绩效考核程序势在必行。

为了科学、客观地反映供应商供应活动的过程情况，必须谨慎选择供应商的绩效评价指标，所选指标应该能够体现企业对供应商的时间和效率要求，建立与之相适应的供应商绩效指标考核体系，并针对考核结果对关键指标进行重点把控。

一、供应商绩效指标构成

供应商绩效评估是整个供应商关系管理的重要环节，评估的目的在于给交易双方提供开放沟通的渠道，帮助供应商更好地了解自己的不足，企业也可以针对性地对供应商提供帮助，同时供应商也需要对企业采购流程对接中出现的问题做出反馈，以提升彼此的合作伙伴关系和业绩质量水平。绩效评价既是对某一个时间段内供需双方合作效果的衡量，又可作为下一次供应商调整的依据。对每个供应商的评估结果进行记录，对不能持续达到要求的供应商予以淘汰，对绩效良好的供应商给予一定的奖励。实施供应商绩效评价的首要任务是确定绩效评价的准则或指标。供应商绩效评价的指标主要包括质量水平、价格水平、研发能力、交货能力、合作关系、企业规模及生产能力、售后服务、可持续性等。

二、供应商绩效评估体系

供应商是企业的外部资源，供应商绩效的好坏在一定程度上决定了企业采购的绩效水平。合理的供应商绩效评价指标，不但有利于激励供需双方实现利润合理分配、达到业绩目标，还有助于供应商不断改善质量，提高供货能力。针对不同行业和不同企业，在制定采购绩效评估的指标时，可以根据所需物料的特性以及对供应商准时性的要求程度，各有侧重，在表 2-7 的基础上进行取舍或者增加新的内容。

表 2-7　供应商绩效评估体系

一级指标	二级指标
质量水平	进货合格率
	内部反馈（使用中未出现问题）
	外部反馈（无客户投诉）
	质量扣款
研发能力	创新能力
	新产品开发、引进
	企业信息化水平
	创新能力
交货能力	准时交货率
	订单满足率
	交货灵活度
	交货防护
合作关系	价格及垫款能力
	技术保证能力
	改进能力和效果
	信息沟通

续表

一级指标	二级指标
企业规模及生产能力	企业供应能力
	生产配置及实施能力
	总体规模及知名度
	同行业竞争地位
售后服务	服务响应
	及时性
	有效性
	服务质量

企业可以通过采购订单数据分析获取相应供应商的绩效指标数据（参照学习单元一部分），根据供应商实际供货的过程情况对供应商进行绩效评估。

三、供应商绩效分析策略

供应商绩效的评价工作一般由采购部门工作人员负责，组织质量检测、生产、研发以及企划等物料使用部门人员共同参与，绩效指标选择已经在前文进行了介绍，部分指标可以量化，少数难以量化的指标主要依靠评价人员的主观判断给出分数或评级。在得到供应商各个指标的得分情况后，应用加权综合评价法、平衡计分卡、数据包络分析（简称 DEA，data envelopment analysis）、层次分析法（简称 AHP，analytic hierarchy process）、近似理想排序（简称 TOPSIS，technique for order preference by similarity to an ideal solution）和因子分析等方法对供应商绩效进行评价。下面主要介绍层次分析法在供应商绩效评价中的应用。

1. 建立层次结构模型

目标层：供应商绩效评价。

准则层：供应商绩效评价一级指标及二级指标。

方案层：多个供应商绩效排序。

2. 构造指标判断矩阵

一般采用数字 1~9 标度法（见表 2-8）构造成对比较矩阵对同一层级的指标进行两两比较。

表 2-8　1~9 标度法含义说明表

标度	含义
1	表示两个因素相比，具有同样重要性
3	表示两个因素相比，一个因素比另一个因素稍微重要

续表

标度	含义
5	表示两个因素相比，一个因素比另一个因素明显重要
7	表示两个因素相比，一个因素比另一个因素强烈重要
9	表示两个因素相比，一个因素比另一个因素极端重要
2，4，6，8	上述两相邻判断的中值
倒数	因素 i 与 j 的判断为 a_{ij}，则因素 j 与 i 比较的判断 $a_{ij}=1/a_{ji}$

3. 层次单排序与一致性检验

（1）层次单排序

层次单排序也就是计算判断矩阵的特征根与特征向量问题，即对判断矩阵 $\boldsymbol{A}$，计算满足

$$\lambda_{\max}=\frac{(\boldsymbol{AW})_1}{nw_1}+\frac{(\boldsymbol{AW})_2}{nw_2}+\cdots+\frac{(\boldsymbol{AW})_i}{nw_i}$$

的特征根与特征向量。式中：$\lambda_{\max}$ 为判断矩阵 $\boldsymbol{A}$ 的最大特征根；$\boldsymbol{W}$ 为对应于 $\lambda_{\max}$ 的正规化特征向量；$\boldsymbol{W}$ 的分量 w_i 即是相应因素单排序的权值。特征根与特征向量的计算方法说明如下。

1）判断矩阵的每一列归一化（见表 2-9 和表 2-10），具体公式及 Excel 计算步骤如下所示：

$$c_{ij}=\frac{a_{xj}}{a_{1j}+a_{2j}+\cdots+a_{ij}}$$

表 2-9　对各列求和

指标类别	指标 1	指标 2	指标 3	指标 4	指标 5
指标 1	a_{11}	a_{12}	a_{13}	a_{14}	a_{15}
指标 2	a_{21}	a_{22}	a_{23}	a_{24}	a_{25}
指标 3	a_{31}	a_{32}	a_{33}	a_{34}	a_{35}
指标 4	a_{41}	a_{42}	a_{43}	a_{44}	a_{45}
指标 5	a_{51}	a_{52}	a_{53}	a_{54}	a_{55}
各列求和	S_1	S_2	S_3	S_4	S_5

表 2-10　每列归一化矩阵计算表

指标类别	指标 1	指标 2	指标 3	指标 4	指标 5	按行求和
指标 1	$a_{11}/S_1=c_{11}$	$a_{12}/S_2=c_{12}$	$a_{13}/S_3=c_{13}$	$a_{14}/S_4=c_{14}$	$a_{15}/S_5=c_{15}$	W_1
指标 2	$a_{21}/S_1=c_{21}$	$a_{22}/S_2=c_{21}$	$a_{23}/S_3=c_{23}$	$a_{24}/S_4=c_{24}$	$a_{25}/S_5=c_{25}$	W_2

续表

指标类别	指标 1	指标 2	指标 3	指标 4	指标 5	按行求和
指标 3	$a_{31}/S_1=c_{31}$	$a_{32}/S_2=c_{31}$	$a_{33}/S_3=c_{33}$	$a_{34}/S_4=c_{34}$	$a_{35}/S_5=c_{35}$	W_3
指标 4	$a_{41}/S_1=c_{41}$	$a_{42}/S_2=c_{41}$	$a_{43}/S_3=c_{43}$	$a_{44}/S_4=c_{44}$	$a_{45}/S_5=c_{45}$	W_4
指标 5	$a_{51}/S_1=c_{51}$	$a_{52}/S_2=c_{51}$	$a_{53}/S_3=c_{53}$	$a_{54}/S_4=c_{54}$	$a_{55}/S_5=c_{55}$	W_5

2）对已经按照列归一化计算后的矩阵，再按行求和（见表 2-11），得：

$$\boldsymbol{W}=[W_1 \quad W_2 \quad W_3 \quad W_4 \quad W_5]^{\mathrm{T}}$$

表 2-11　对归一化的矩阵按行求和表

指标类别	指标 1	指标 2	指标 3	指标 4	指标 5	按行求和
指标 1	a_{11}/S_1	a_{12}/S_2	a_{13}/S_3	a_{14}/S_4	a_{15}/S_5	W_1
指标 2	a_{21}/S_1	a_{22}/S_2	a_{23}/S_3	a_{24}/S_4	a_{25}/S_5	W_2
指标 3	a_{31}/S_1	a_{32}/S_2	a_{33}/S_3	a_{34}/S_4	a_{35}/S_5	W_3
指标 4	a_{41}/S_1	a_{42}/S_2	a_{43}/S_3	a_{44}/S_4	a_{45}/S_5	W_4
指标 5	a_{51}/S_1	a_{52}/S_2	a_{53}/S_3	a_{54}/S_4	a_{55}/S_5	W_5

3）将向量 **W** 归一化（见表 2-12），得：

$$w_i=\frac{W_x}{W_1+W_2+\cdots+W_i}$$

表 2-12　向量 W 归一化

指标类别	按行求和	对向量 W 归一化
指标 1	W_1	$W_1/S=w_1$
指标 2	W_2	$W_2/S=w_2$
指标 3	W_3	$W_3/S=w_3$
指标 4	W_4	$W_4/S=w_4$
指标 5	W_5	$W_5/S=w_5$
对列求和	S	

向量 $[w_1 \quad w_2 \quad w_3 \quad w_4 \quad w_5]^{\mathrm{T}}$ 即为最大特征值的特征向量。

4）计算最大特征根：

$\boldsymbol{W}_A$ 计算使用 Excel 中的 SUMPRODUCT 函数进行求解：

$$W_{A,1}=a_{11}\times w_1+a_{12}\times w_2+a_{13}\times w_3+a_{14}\times w_4+a_{15}\times w_5$$

$$W_{A,2}=a_{21}\times w_1+a_{22}\times w_2+a_{23}\times w_3+a_{24}\times w_4+a_{25}\times w_5$$

$$W_{A,3}=a_{31}\times w_1+a_{32}\times w_2+a_{33}\times w_3+a_{34}\times w_4+a_{35}\times w_5$$

$$W_{A,4}=a_{41}\times w_1+a_{42}\times w_2+a_{43}\times w_3+a_{44}\times w_4+a_{45}\times w_5$$

$$W_{A,5}=a_{51}\times w_1+a_{52}\times w_2+a_{53}\times w_3+a_{54}\times w_4+a_{55}\times w_5$$

由此得到 $\boldsymbol{W}_A=[W_{A,1}\quad W_{A,2}\quad W_{A,3}\quad W_{A,4}\quad W_{A,5}]$

由下式求解得出判断矩阵的最大特征根：

$$\lambda_{\max}=\frac{W_{A,1}}{5\times w_1}+\frac{W_{A,2}}{5\times w_2}+\frac{W_{A,3}}{5\times w_3}+\frac{W_{A,4}}{5\times w_4}+\frac{W_{A,5}}{5\times w_5}$$

（2）一致性检验

为了检验判断矩阵指标相互关系的一致性，需要进行一致性检验。一致性检验也就是说，当甲比乙是强烈重要，而甲比丙是稍微重要，显然丙一定比乙重要，目的是判断思维逻辑是否具备一致性，否则判断矩阵存在逻辑错误。

小贴士

（1）一致性指标 I_C（常被写作 CI），I_C 的定义为：

$$I_C=\frac{\lambda_{\max}-n}{n-1}$$

显然，当判断矩阵具有完全一致性时，$I_C=0$，I_C 越大，判断矩阵的一致性越差。

（2）随机一致性指标 I_R（常被写作 RI）的值见表 2-13。

表 2-13　I_R 的值

n	1	2	3	4	5	6	7	8	9
I_R	0	0	0. 58	0. 9	1. 12	1. 24	1. 32	1. 41	1. 45

（3）计算一致性比率 R_C（常被写作 CR）

$$R_C=\frac{I_C}{I_R}$$

一般地，当 $R_C<0.1$ 时，认为判断矩阵的一致性可以接受，可用其归一化特征向量作为权向量，否则应重新构造成对比较矩阵，对判断矩阵 $\boldsymbol{B}$ 作适当修正。

（4）层次总排序

将一级指标权重与二级指标权重相乘得出供应商最终绩效得分。

应用新知

一、确定绩效评估指标

经理要求小翟针对现有的供应商进行绩效评估，小翟通过查阅资料，筛选影响供应商绩效水平的指标，学习各类绩效评估方法，并在与本公司供应商实际情况相结合的状态下对评估指标实施筛选，建立的供应商绩效评估指标体系见表 2-14。

表 2-14　评价指标体系

一级指标	二级指标
质量水平	进货合格率
	内部反馈（使用中未出现问题）
	外部反馈（无客户投诉）
交货能力	准时交货率
	订单满足率
	交货灵活度
合作关系	价格及垫款能力
	技术保证能力
	改进能力和效果
企业规模及生产能力	生产配置及实施能力
	总体规模及知名度
	同行业竞争地位
售后服务	服务响应
	及时性
	有效性

二、制定供应商绩效分析策略

为了避免绩效评估过程中主观性因素过大对公司造成的不利影响，小翟选择层次分析法对公司的供应商进行绩效评估。

1. 专家评分

小翟在上级授权的前提下组织成立了供应商绩效评估小组，绩效评估小组根据以往的交易经验，查阅供应商合同中的承诺条款，以及实地走访供应商等形式对供应商进行全面考察，最终得出四家供应商的指标评分表。评价问卷采用里克特量表①，以1~5分依次表示供应商对评价指标的契合程度，小翟对小组专家的评分求解平均值得出专家最终评分表，见表2-15。

表2-15 综合评价得分表

一级指标	二级指标	供应商A	供应商B	供应商C	供应商D
质量水平	进货合格率	4.14	2.57	2.71	2.86
	内部反馈（使用中未出现问题）	4.14	1.71	4.00	2.71
	外部反馈（无客户投诉）	4.00	3.00	3.71	3.00
交货能力	准时交货率	3.57	2.86	3.22	3.22
	订单满足率	3.71	2.71	4.71	2.86
	交货灵活度	2.29	2.57	3.71	3.43
合作关系	价格及垫款能力	2.00	4.71	2.86	3.29
	技术保证能力	2.14	4.29	2.86	3.26
	改进能力和效果	2.57	4.14	3.14	3.14
企业规模及生产能力	生产配置及实施能力	4.57	2.71	2.86	3.14
	总体规模及知名度	4.29	2.43	3.14	3.26
	同行业竞争地位	3.57	1.86	3.29	3.00
售后服务	服务回应	3.14	2.86	3.71	3.14
	及时性	3.00	2.71	4.71	2.86
	有效性	3.57	3.14	3.14	2.86

2. 确定指标权重

小翟运用层次分析法分析一级指标权重：为了最大程度降低主观性因素对评估指标结果的影响，小翟邀请客户及相关管理者参与对质量水平、交货能力、合作关系、企业规模及生产能力、售后服务等五项一级指标以里克特量表为标准进行打分，并对多位专家的评分求平均值，得到一级指标相对重要性判断矩阵，见表2-16。

---

① 利克特量表是评分加总式量表最常用的一种，即对属于同一概念的各个因素用加总的方式来计分，单独或个别因素是无意义的。它是由美国社会心理学家利克特于1932年在原有的总加量表基础上改进而成。该量表由一组陈述组成，每一陈述有“非常同意”“同意”“不一定”“不同意”“非常不同意”五种回答，分别记为5、4、3、2、1，每个被调查者的态度总分就是他对各道题的回答所得分数的加总，这一总分可说明他的态度强弱或在这一量表上的不同态度。

表 2-16 一级指标相对重要性判断矩阵

指标	质量水平	交货能力	合作关系	企业规模及生产能力	售后服务
质量水平	1.00	3.21	1.89	1.07	3.42
交货能力	0.31	1.00	0.87	0.72	1.21
合作关系	0.52	1.15	1.00	0.77	1.38
企业规模及生产能力	0.93	1.39	1.30	1.00	2.41
售后服务	0.29	0.83	0.72	0.41	1.00

小翟对判断矩阵进行计算，得到$\lambda_{max}=5.0401$，对其特征值向量归一化后，求得特征向量$\boldsymbol{X}=[0.3434\quad 0.1380\quad 0.1668\quad 0.2443\quad 0.1075]$。针对判断矩阵进行一致性检验，求得一致性比率$R_C=0.00895<0.1$，表明该判断矩阵具有良好的一致性，计算结果客观可靠，由此得到一级指标权重见表 2-17。

表 2-17 要素层指标权重

指标	质量水平	交货能力	合作关系	企业规模及生产能力	售后服务
权重值	0.343 4	0.138	0.166 8	0.244 3	0.107 5

同理，求得二级指标权重，具体数据见表 2-18。

表 2-18 二级指标权重表

质量水平	进货合格率	0.56
	内部反馈（使用中未出现问题）	0.33
	外部反馈（无客户投诉）	0.11
交货能力	准时交货率	0.53
	订单满足率	0.19
	交货灵活度	0.28
合作关系	价格及垫款能力	0.65
	技术保证能力	0.23
	改进能力和效果	0.12
企业规模及生产能力	生产配置及实施能力	0.65
	总体规模及知名度	0.22
	同行业竞争地位	0.13
售后服务	服务回应	0.21
	及时性	0.16
	有效性	0.63

3. 供应商优选

小翟通过对各供应商的评价得分与指标权重相乘得出供应商的最终评价得分。先求得各供应商的要素层指标得分，即将一级指标的权重向量与二级指标的评价得分相乘，即得到供应商 A、B、C、D 在要素层上的综合评分，见表 2-19。

表 2-19 供应商在要素层上的综合评分

指标	供应商 A	供应商 B	供应商 C	供应商 D
质量水平	4. 12	2. 33	3. 25	2. 83
交货能力	3. 24	2. 75	3. 64	3. 21
合作关系	2. 10	4. 55	2. 89	3. 27
企业规模及生产能力	4. 38	2. 54	2. 98	3. 15
售后服务	3. 39	3. 01	3. 51	2. 92

在此基础上，小翟计算供应商的最后得分：

$A=0.3434\times4.12+0.138\times3.24+0.1668\times2.1+0.2443\times4.38+0.1075\times3.39=3.64$

$B=0.3434\times2.33+0.138\times2.75+0.1668\times4.55+0.2443\times2.54+0.1075\times3.01=2.88$

$C=0.3434\times3.25+0.138\times3.64+0.1668\times2.89+0.2443\times2.98+0.1075\times3.51=3.21$

$D=0.3434\times2.83+0.138\times3.21+0.1668\times3.27+0.2443\times3.15+0.1075\times2.92=3.04$

由此得出：$[A\quad B\quad C\quad D]=[3.64\quad 2.88\quad 3.21\quad 3.04]$

对供应商绩效评估进行排序，结果为 A>C>D>B。

培训课程 2

供应商管理

供应商管理是供应链采购管理中一个很重要的问题，它在实现准时化采购中有很重要的作用。供应商管理的目的是要建立一支高效率、高质量的供应商队伍，在合同约定的条件下为企业生产运作提供物料。优质供应商是企业稳定安排生产运作的重要保证，卓越的供应商既能够为下游客户降低库存成本，又可以减少下游客户因缺货导致的利润损失。为建立良好的供应商关系、有效促进企业生产管理，供应商管理已成为一项非常有价值的工作。

供应商管理包括供应商信息的搜集与处理、供应商选择方法等。对于三级供应链管理师来说，应该掌握的相关知识和技能主要包括全方位搜集供应商信息、对供应商信息进行比较、使用合理的方法对供应商进行选择。

学习单元 1　供应商信息搜集与处理

情景描述

生产基地在某国的 B 公司是一家汽车制造业公司，非常重视与供应商的长期合作伙伴关系并十分关注供应商的发展情况。供应商的兴衰对 B 公司的营利性起着关键作用：首先，公司把自己的命运与供应商联系在一起，当 B 公司与一个供应商签订合同的时候，它希望能够维持 25~50 年的长期关系；其次，每辆车生产成本的 80%都是从外部供应商那里购买零部件产生的。近期，B 公司在中国新开一家分公司，急需大量的资金来开发当地供应商，以此来保证公司可以得到能力强且满足需求的供应商。

小田是 B 公司采购部门的一位业务员，采购部门经理对小田下达了任务，要求他搜集本地供应商信息，为公司业务发展选择优质供应商。面对经理的要求，小田开始了自己的工作。

新知学习

一、供应商信息范围

供应商信息的搜集需要经过一个较长的过程，采购人员平时需要注意通过各种各样的途径积累相关供应商信息，以便新产品开发过程中对新原料提出需求时，采购人员能够迅速找到合适的供应商，保证企业的正常生产。搜集供应商的相关信息是供应商选择的第一步，供应商的选择不能仅仅依靠获取的书面信息来决定，企业需要通过深入调查进一步加深对供应商的了解，在深入了解的基础上最终选定供应商。通过分析企业的需求，对供应商进行的调查应该包括五个方面的内容。

1. 供应商的基本情况

（1）企业经营环境：主要包括企业所在国家或地区的政治、经济和法律环境的稳定性、当地政策对企业的支持程度、是否存在进出口限制、企业工厂附近基础设施情况等内容。

（2）企业员工情况：主要包括员工的受教育程度、平均工资水平、出勤率、流失率、员工对企业文化的认同程度等。

（3）企业近几年的财务状况：包括企业的资产负债表、现金流量表和利润表以及企业经营报告等。企业此类信息需要通过企业专业的财务人员获取，企业的财务状况能够清楚地反映出企业经营业绩的情况以及企业是否有能力提供令人满意的服务。对该项信息的初步调查可以避免采购方进一步研究的耗费。

（4）企业在同行业中的信誉及地位：主要包括企业产品质量、交货可靠性、交货提前期及交货柔性、成本控制能力以及企业在同行业中的竞争地位等。

（5）企业近几年的销售情况：包括销售量及变化趋势、月均销售量、本公司产品的市场份额等。

（6）企业与同行业企业的合作关系：包括与本公司的竞争对手、其他下游客户和其自身供应商之间的关系。

（7）企业的地理位置：主要包括与本企业的空间距离和通关的难易程度。

2. 供应商的设计、工程、工艺情况

（1）供应商组织机构的设立与相应职责。

（2）工程技术人员的能力：主要包括工程技术人员的受教育情况、技术人员的工作经验，在本公司产品开发方面的工艺水平、技术人员的流失情况等。

（3）开发与设计情况：主要包括供应商新技术属于自行开发还是从外引进、新产品的研发速度、新产品试样的技术评价、新产品开发周期及开发程序、与供应商共同开发的情况、对采购商资料的保密等。

3. 供应商的生产能力

（1）调查供应商生产设备的安置情况。

（2）生产工艺情况：主要包括生产设备是否先进、生产能力是否被充分利用、设备布置、工艺的改进情况、设备利用率、设备灵活性、生产规模等。

（3）生产人员的情况：主要包括生产现场管理情况、生产车间运作情况、生产现场环境与清洁情况、厂房的空间距离以及生产作业的人力是否充足等。

4. 供应商的企业管理制度

主要从下述几方面调查供应商的企业管理制度：管理层级是否合理、是否存在多领导冲突问题、企业管理是否计算机化、生产计划是否经常改变、采购作业是否对成本控制提供良好的基础等。

5. 质量控制能力

企业的质量保证是需要重点调查的方面，采购员通过调查企业高层管理者对质量控制的认识，了解企业质量管理的方针、政策是否已经颁布，质量保证制度是否得到落实，对安全事故的处理是否有应急预案，年度质量检验是否采用科学合理的方法、有无政府机构的评鉴等级等。

除此之外，采购方还应针对所采购物料的具体属性和规格要求，将供应商信息的范围、内容、深度等适当拓宽，以适应其采购策略的需要。

二、供应商信息的获取途径

根据搜集供应商信息的方式不同，采购方所得到的供应商资料一般分为两类：第一手供应商资料和第二手供应商资料。第一手供应商资料是采购部门从供应部门处主动搜集的原始资料，而第二手供应商资料是采购方从其他地方搜集到的供应商信息。

一般情况下，供应商信息的搜集主要来源于销售商、互联网、联系电话、各类广告以及采购部门已有的交易记录、行业杂志、商品目录、企业名录、贸易博览会等。

1. 销售商

销售商是采购方能够直接接触到的重要信息源之一。第一，销售商凭借自身所具备的特定物料领域的专业化知识，能为采购方提供适合不同产品、规格、型号的供应源信息以及各个供应商的相关商业情况等。第二，销售商通过与许多公司合作，可以获得更多的产品和服务信息，这为企业采购提供了巨大的价值。采购人员应在不影响其他工作的前提下，尽可能地与销售代表沟通，了解销售代表所掌握的行业内相关信息。

2. 互联网

随着信息时代和经济全球化时代的来临，大数据的支持以及信息技术的发展，互联网为采购部门工作人员寻找供应商提供了一条便捷的途径，越来越多的供应商通过开设网站的形式，提供自己所生产产品和服务的详细信息。采购人员通过上网查询，可以大致了解所需物料现有市场行情及物料供应商的部分情况；采购方也可以通过在电商平台上发布需求信息获得充分的供应商资源。网络的大数据信息以及低成本费用促使供需双方在供需对接上均实现了低成本和高效率。但是，互联网信息所获取的也仅仅是二手信息，采购方同样需要仔细辨别和筛选，识别信息的真实性，并及时把从互联网上得到的有用信息归类，以备后续使用。

3. 行业杂志

行业杂志是了解潜在供应商的重要信息源。每个行业都有该行业的标志性行业杂志，杂志中会详细记载该行业的技术进展和市场前景信息，行业内各优质企业的近期动态以及相关情况等信息也会刊登在杂志上，尤其是近一段时间业绩较好的企业，或者技术、管理等方面有新突破、大发展的企业。行业内企业也会借助专业媒体发布和宣传本企业的产品或服务等相关信息。因此，行业杂志往往是采购人员了解行业和供应商情况的便捷途径。但是通过行业杂志了解供应商也存在一定缺点，即时效性不强且不能全面介绍产业内的所有供应商，采购人员可以参考这类杂志，并与其他供应商信息来源相互补充、佐证和修正。

如果此类杂志数量较多，采购人员还需要广泛涉猎与自身行业相关以及所采购物资相关的读物，但是也不能过于依赖文字表述来确定供应商，仍需要通过实地考察等方式进一步地科学选择。

4. 商品目录

一般供应商在从事经营活动时都会建立各自的商品目录，不仅可以具体介绍自己供应的各类产品以及本企业的相关信息，也便于提供给采购方参考，采购方可以直观地通过商品目录找到能提供所需物料的供应商。一份完整的商品目录主要包括商品的性能、价格、技术参数、联系方式、售后服务等。这些资料都是采购人员在采购物料时所需要考虑的，尽管上面介绍的性能、价格、技术参数等不一定与企业实际所需的规格型号完全相符，但至少为采购人员提供了相应的供应商信息，使他们有选择的余地。

采购方可以通过市场调查以及实地访谈的方式获得供应商商品目录，同时采购人员在平时也应该注意多加积累，多渠道搜集各个行业的商品目录以备后用。通常情况下，供应商在交付商品名录时，也会把名片等一并附上，采购人员应该把联系方式和商品目录放在一起，并在事后进行归类，为所搜集到的商品目录建立索引，注意索引要专业、明确、易懂，方便下一次采购时参考使用。

5. 企业名录

企业名录也叫商业注册簿，类似企业黄页，但是内容比企业黄页丰富得多。它会列出该区域内供应商的地址、分支机构数量、机构之间从属关系、产品属性等，有时还会列出这些供应商的财务状况及其在本行业中所处的地位。一般企业聚集地区的管理部门会定时编制管理辖区内的商业注册簿。注册簿的分类索引主要是按商品名称分类的，查找速度快，方便企业寻找所需物料对应的供应商，大多数企业一般以这种方式为主来联系供应商。

6. 贸易博览会

地方性和全国性的贸易博览会是采购人员发现潜在供应商的另一种方式。通过参加贸易博览会，采购人员主动发现各种新产品和经过改良的老产品，增加自己的专业知识和鉴赏能力，同时收集组织者提供的供应商产品名单和介绍，这是很好的供应商信息来源。

7. 其他方法

（1）参加各种产品发布会。

（2）从行业协会、行业或政府的统计调查报告或刊物。

（3）公开征询，会有供应商主动联络。

（4）参加各类产品展示（销）会。

（5）看各种采购指南。

（6）供应商的信息来源渠道还有电话咨询、向供应商咨询、同行业咨询等。

三、供应商信息的比较

为了给企业找到最适合、最优秀的供应资源，需要对搜集到的多家供应商信息进行比较分析，以下列举几种常见的信息比较方法。

1. 直观判断法

直观判断法是指采购人员根据经验以及问询意见、简单调查、判断和归纳分析来选择供应商的一种方法。这种方法的主观性较强，采购人员仅仅通过倾听和采纳有经验的专家的意见，或者直接由采购人员凭自身的经验做出判断。这种方法的结果如何主要取决于采购人员是否准确掌握供应商资料、采购人员所掌握信息是否完备以及最终决策者的分析判断能力与经验。这种方法运作方式简单、快速、方便，但是缺乏科学性，受限制于掌握信息的详尽程度。

2. 综合评分法

现行企业大多数采用评分法实现对供应商的评估与选择，它比直观判断法更加科学合理、易于理解，易于操作上手，该方法也易于程序化。虽然评分法仍然存在专家打分的环节，会使评价结果带有一定的主观性，但其评估效果优于直观判断法。其不足之处在于无法体现不同评价指标的侧重性，而现实中大多数情况下对于指标的权重，不同行业有其各自的倾向性，因此这一方法也渐渐被综合权重评分法或层次分析法等方法所代替。综合评分法在评分法的基础上加入了对各个指标权重的考虑，弥补了评分法的不足。综合评分法的操作流程如下所述。

（1）针对需要采购的物料种类和规格型号要求，列出评估指标和相应权重。

（2）列出所有的备选供应商。

（3）由相关专业人员或业内专家对各供应商的各项评估指标打分。

（4）对各供应商的所有评估指标得分加权求和，得到各供应商的综合评分。

（5）按综合评分结果将供应商排序，得分最高的供应商，也就是应用综合评分法得到的最优供应商。

1）确定供应商指标权重及打分，见表 2-20。

表 2-20　供应商指标权重及指标打分表

评价指标		G_1	G_2	……	G_n
指标权重		w_1	w_2	……	w_n
供应商	S_1	a_{11}	a_{12}	……	a_{1n}
	S_2	a_{21}	a_{22}	……	a_{2n}
	……	……	……	……	
	S_m	a_{m1}	a_{m2}	……	a_{mn}

2）供应商评价指标加权，见表 2-21。

表 2-21　供应商评价指标加权得分表

评价指标		G_1	G_2	……	G_n
供应商	S_1	w_1a_{11}	w_2a_{12}	……	w_na_{1n}
	S_2	w_1a_{21}	w_2a_{22}	……	w_na_{2n}
	……	……	……	……	
	S_m	w_1a_{m1}	w_2a_{m2}	……	w_na_{mn}

3）计算供应商综合评分，见表 2-22。

表 2-22　综合评分表

评价指标		G_1	G_2	……	G_n	各行求和	排序
指标权重		w_1	w_2	……	w_n		
供应商	S_1	w_1a_{11}	w_2a_{12}	……	w_na_{1n}	$w_1a_{11}+w_2a_{12}+\cdots+w_na_{1n}$	
	S_2	w_1a_{21}	w_2a_{22}	……	w_na_{2n}	$w_1a_{21}+w_2a_{22}+\cdots+w_na_{2n}$	
	……	……	……	……	……	……	
	S_m	w_1a_{m1}	w_2a_{m2}	……	w_na_{mn}	$w_1a_{m1}+w_2a_{m2}+\cdots+w_na_{mn}$	

应用新知

小田采用综合评分法对汽车零部件的供应商信息进行比较，从众多的汽车零部件供应商中，选择出四家符合公司业务发展需要的供应商，评价指标确定为财务状况、技术能力、生产能力和质量控制能力，小田邀请汽车零部件行业内的专家对四家供应商进行评价打分，打分采用十分制，10分为最高分，1分为最低分，得到了供应商综合评分表，见表2-23。

表2-23 综合评分表

评价指标		财务状况	技术能力	生产能力	质量控制能力	总分	排序
指标权重		25%	25%	25%	25%		
供应商	S_1	8	9	8	9	8.50	2
	S_2	9	8	7	7	7.75	3
	S_3	6	7	7	6	6.50	4
	S_4	9	10	10	10	9.75	1

由综合评分表得出，企业应该选择供应商 S_4 作为本企业的优选供应商。

学习单元2 供应商选择方法

情景描述

N公司是一家大型的连锁快餐公司，餐厅遍布世界各地100多个国家，在世界各地拥有上万间分店，公司仍在继续扩张自己的分店，该公司的主打产品有汉堡、薯条、炸鸡、汽水等快餐食品。N公司用生产质量管理规范（简称GMP，good manufacturing practices，一般用于制药厂的运作上）严格要求其供应商，以确保整个食品制作过程在清洁、卫生的环境下进行。最近，N公司在山西某市区准备新开一家分店，面临着寻找供应商的难题。

小贾是N公司山西某市区分店的一位采购部门的业务员，为了保证供应商供应食品的质量符合GMP，经理要求小贾对供应商进行筛选，小贾面对经理的要求，着手自己的工作。

新知学习

一、供应商选择指标

在企业推进新的供应商开发工作时，由于企业对新的供应商了解程度不深，必须依据合理的评估指标体系对供应商真实状况做到全面的了解。供应商选择的评估指标需要对未来将要合作的供应商进行全面考核，以大致了解与其合作的潜在价值和预期的风险大小，为供应商最终的选择决策提供依据。在评估指标构建上，既要评判新供应商的企业素质、企业环境、企业文化等宏观层面的实力，又要评判企业在产品质量、技术、供货、财务、生产、售后等微观层面的实力。

企业素质：通过该指标对企业的规模以及企业在市场中的地位进行评估。

产品质量：通过该指标掌握企业提供产品的质量情况。

价格水平：通过该指标衡量该供应商供货的成本情况。

交货能力：通过该指标测算供应商的生产柔性。

售后保障：通过该指标了解供应商的售后服务。

企业环境评价：通过该指标了解企业现在发展状况。

企业发展潜力：通过该指标对供应商的发展前景进行评估。

供应商选择指标相关信息见表 2-24。

表 2-24　供应商选择指标表

一级指标	二级指标
企业素质	企业规模
	行业声誉
	资质等级
	市场占有率
产品质量	性能参数
	质量体系认证情况（ISO）
	抽检合格率
	产品退货率
价格水平	产品报价
	优惠条件
	付款方式

续表

一级指标	二级指标
交货能力	成本控制
	市场敏捷性
	生产柔性
	生产规模
	财务状况
售后保障	交流反馈能力
	服务改善能力
企业环境评价	政治法律环境
	经济技术环境
	自然地理环境
	社会文化环境
企业发展潜力	企业信息化程度
	技术研发能力

二、供应商选择的影响因素

供应商选择是供应链合作关系运行的基础，随着供应链时代的到来，供应商的经营业绩对企业的影响也越来越大。在选择供应商时，企业需要考虑的影响因素有以下几点。

1. 管理能力

对于采购方来说，供应商的管理能力至关重要，供应商管理能力的好坏会在一定程度上影响供应商的供货绩效；供应商经营管理业务并做决策的方式同样也将影响供应商的竞争力。企业在评估供应商的管理能力时需要考察以下的关键问题。

（1）管理层是否制定明确的中短期公司发展计划。

（2）管理层是否承诺全面质量管理并持续改进。

（3）管理人员的变动率高吗？

（4）管理人员的专业经验如何。

（5）对公司未来发展方向是否有远景规划。

（6）管理层是否重视员工的培训，为迎接未来市场的不确定性做好准备。

2. 员工素质

企业选择供应商过程中同样不能忽略供应商企业中非管理人员的素质，企业应该考虑如下方面。

（1）劳动力的受教育水平和经验水平。

（2）员工和管理层之间的关系。

（3）劳动力弹性。

（4）人事变动率。

（5）罢工及劳动纠纷情况。

3. 财务稳定性

供应商财务的稳定性同样应该作为企业选择供应商的影响因素之一，财务状况不良的供应商意味着许多风险。首先，财务状况不良意味着供应商可能面临着倒闭风险；其次，财务状况不良的供应商可能缺乏必要的资金资源投资工厂建设、设备维护以及技术研究等，而这些投入对于企业的长期技术和其他绩效的改善都是必不可少的；再次，财务状况不良的供应商可能在资金方面过于依赖采购方，加重采购方的外部压力；最后，财务状况不良也意味着供应商内部面临一定的危机。因此，企业应当选择财务状况稳定的供应商。

4. 信誉状况

企业的信誉状况不仅仅影响到供应商的资格预审，还会影响到后续与该供应商长期合作伙伴关系的建立。企业要衡量供应商的商业道德和社会责任问题，谨慎选择供应商，避免企业自身的组织声誉和品牌因上游供应商破坏职业道德、损害环境资源、违背用工准则等行为的曝光而受到损害。

5. 遵从环境法规

供应商在生产过程中是否遵守相关环境法规，包括供应商的环境违规记录、危险有毒废物的处理情况、废物回收利用情况、ISO 14000 认证以及破坏臭氧层物质的控制情况等。

三、供应商选择的标准

供应商选择的标准从企业的战略角度分析，分为短期标准和长期标准。

1. 短期标准

短期标准一般指产品价格、质量、技术、交付时间、成本控制、履约能力等标准，这些标准以提升企业在成本、质量、速度、服务等方面的竞争力为目的。对采购方来讲，其供应商应该具备支撑这一目的的素质。成本和质量是对供应商的基本要求，供应商通过对自身产品的成本控制和质量监管，降低下游企业的成本和残次品率；速度和服务是对供应商的更高层次要求，供应商及时响应下游企业的需求以及售后服务要求，有助于下游企业以最快的速度满足最终用户的个性化需求，提高下游企业的客户响应速度，提升企业形象。

（1）价格：主要是指供应商所供给下游企业的原材料、初级产品、半成品或办公产品的价格，供应商供给产品的价格在一定程度上影响着供应链上最终产品的价格和整条供应链的投入产出比例，对供应链上企业的利润率产生一定程度的影响。

（2）质量：主要是指供应商所供给下游企业的原材料、初级产品、半成品或办公产品的质量，产品质量是供应商需要严格把控的关键环节，如果供应商所供应产品的质量低劣，会导致下游企业残次品率升高，造成设备及各类资源的浪费，同时也会影响最终产品的市场销售，使其在其余高质量产品的挤压下很快退出市场。因此，供应商所提供的产品是下游企业进一步加工制造的地基性产品，必须严格把控质量。

（3）交货提前期：对于企业或整个供应链来说，外部市场的波动和供需不确定性会直接影响到企业内部生产结构的调整，末端市场的任何微小变化和波动都会引起企业或供应链的变化或波动，市场的不稳定性会导致供应链各级订货量的波动，由于信息的不对称性以及满足市场所有需求的心理，会造成供应链上节点企业决策的滞后性以及订货量的逐级放大，扩大供应链上的“牛鞭效应”。交货提前期的调整可以在一定程度上减轻“牛鞭效应”。一般情况下，交货提前期越小，订货量的波动越小，企业对市场的反应速度越快，对市场需求反应的灵敏度越高。

（4）交货准时性：交货准时性是衡量供应商是否能够按照采购方的要求在指定的时间将采购方所需的物料运送到指定地点的指标。如果供应商不能及时将采购方所需物料送达指定地点，必然会影响生产商的生产计划和零售商的销售计划，延误销售时机，由此造成大量的浪费和供应链的效率低下。因此，交货准时性也是重要的因素。

（5）服务水平：供应商的实力不仅仅取决于企业的生产能力，还取决于供应商的服务能力，综合实力强但服务水平差的供应商不一定就是理想的合作伙伴。

（6）信息处理能力：随着大数据时代的来临，供应商信息的实时传播和共享，信息处理的自动化和智能化，及其对顾客需求信息的连锁反应等信息化因素，正在成为支撑供应商竞争力的重要因素。供应商良好的信息化水平有利于提高供应商应对市场敏感度、减少库存、节约成本、提高对市场的反应速度、更好地维持与上游企业的合作伙伴关系等。企业为保持生产活动的柔性，保证在激烈的市场竞争中胜出，供应商的信息化建设水平是必须考虑的因素。

（7）其他：如项目管理能力、供应商的地理位置、供应商的库存水平等。

2. 长期标准

长期标准一般指供应商的发展能力以及财务状况等，是企业评估供应商能否维持长期稳定合作关系的重要标准。

（1）发展能力：市场永远处于一种不确定的状态，供应商拥有良好的战略规划和运营能力、研发能力、创新能力、柔性化生产能力，在一定程度上反映出供应商的发展潜能。具有良好发展潜力的供应商有助于企业竞争能力的提升，也有助于供需双方保持稳定的长期合作伙伴关系。

（2）财务状况：财务状况是企业经营能力、收支情况、盈利能力的良好反映，在供应商绩效评估中占有重要地位，供应商的财务状况是否稳定会直接影响供应商供货交付期以及履约能力。

小贴士

牛鞭效应

“牛鞭效应”是经济学上的一个术语，指供应链上的一种需求变异放大现象，使信息流从最终客户端向原始供应商端传递时，无法有效地实现信息共享，使得信息扭曲而逐级放大，导致需求信息出现越来越大的波动，信息扭曲放大在图形上很像一根甩起的牛鞭，因此被形象地称为“牛鞭效应”。“牛鞭效应”是市场营销中普遍存在的高风险现象，是销售商与供应商在需求预测修正、订货批量决策、价格波动、短缺博弈、库存责任失衡和应付环境变异等方面博弈的结果，增大了供应商的生产、供应、库存管理和市场营销的不稳定性。企业可以从六个方面规避或化解需求放大变异的影响：（1）订货分级管理；（2）加强入库管理，合理分担库存责任；（3）缩短提前期，实行外包服务；（4）规避短缺情况下的博弈行为；（5）参考历史资料，适当减量修正，分批发送；（6）缩短回款期限。

四、供应商选择的步骤

供应商的选择步骤如图 2-2 所示。在实际操作中，企业必须明确为实施每个步骤做好详尽的准备，明确每一步的开始时间，在选择过程中不断调整。

1. 分析市场竞争环境

寻找与企业需求以及企业文化完全契合的优质供应商，首要任务是对市场竞争环境进行分析。这样做的目的是找到针对何种产品进行市场开发，供应商才有效。企业必须明了自身的发展定位是什么，企业生产产品面向的对象是哪些，产品类型和个性化需求程度如何，以此来确认生产计划和采购需求，在此基础上确认供应商的选择范围。如果企业已经与供应商建立了合作伙伴关系，则必须根据需求的变化确认供应商

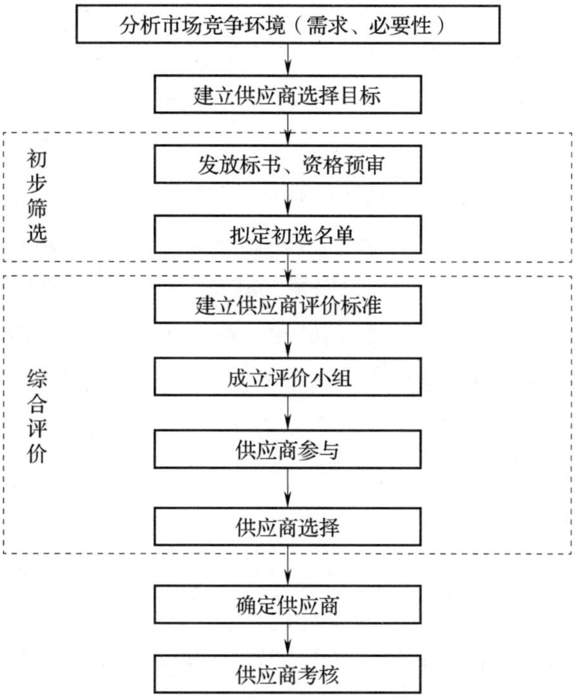

图 2-2 供应商选择步骤

合作关系变化的必要性，同时对现有供应商的现状进行分析和总结。

2. 建立供应商选择目标

企业在确定自身需求之后，需要有针对性地选择相应的供应商市场，制定适合企业自身的供应商评估程序并实施，为达到企业采购目标实现供应商优选。供应商选择同样也是企业自身的一次业务流程重构过程。

3. 发放标书、资格预审

企业通过招投标的方式对供应商进行初步筛选，既能够降低企业寻找供应商的成本，又能够为供应商提供一个公平竞争的平台。企业招标的过程如下所述。

（1）招标准备工作

1）明确需求

①明确企业生产计划：主要内容包括企业拟生产产品的详细信息，企业拟生产产品设备的可行性，企业拟生产产品的市场前景，财务对企业生产的支持程度。

②明确所需物料：主要内容包括拟提供物料的规格、数量、时间及运输要求，拟选供应商的初步设想，拟定合作关系的初步分析。

2）准备文件

①投标企业的资质条件。

②详细的物料需求说明。

③投标时间、地点和方式。

④保证金说明和要求。

⑤评标的标准及方法。

⑥标书的填写格式。

⑦其他文件，包括详尽的投标须知等文件。

3）发布公告或出售标书。招标企业根据自身的要求，出售拟定的标书，确定招标的有效时限，确保投标企业在规定时间内参与竞标。

4）组建评标委员会。评标委员会人员构成应该包括招标企业的管理者和相关采购专家，所选委员会成员熟悉评标规则、具备专业知识、经验丰富且技术水平较高。同时为了保证招标过程的公平、公正、公开，要求评标委员会成员与投标供应商没有任何直接联系。

（2）开标管理

1）接收投标文件。以投标文件上写明的时间、地点和方式接收标书，并密封标书进行相应登记。

2）开标。在投标截止日期开标，若过期则不再接收标书，当着所有供应商的面打开标书敞标，通知各标书情况。

3）整理标书。去除无效标书，保证标书格式与招标要求严格一致，保证开标过程的公平性和透明性，做好开标记录。

（3）评标

评标由评标委员会采用打分法和综合评价法对所有投标供应商进行评标，评标途中如对供应商的价格和技术等有疑问，可邀请其现场回答，评标委员会进行核议讨论。

（4）定标

依据一定的招标参考标准，包括价格、质量、供应商信誉等，选出几家合格的供应商，约谈供应商，进一步了解供应商的资质情况和生产能力等。

4. 拟定初选名单

在对供应商企业进行初步筛选后，拟定初选名单。

5. 建立供应商评价标准

供应商评价指标体系是企业对供应商进行综合评价的依据和标准。不同行业、不同产品和需求环境下的供应商评价应是一样的，都涉及可能影响供应商选择的方面，包括企业素质、产品质量、价格水平、业务能力、服务水平、企业环境评价、企业发展潜力等。

6. 成立评价小组

企业需要建立一个专门的小组来组织和实施供应商评价，小组成员应来自采购、质量、生产、工程等与采购物料使用密切相关的部门。这些组员必须要有团队合作精神，而且还应具有一定的专业技能。评价小组必须得到采购企业和供应商企业领导的支持。

7. 供应商选择

供应商选择的方法有很多，最常用也最易于操作的是线性权重模型法和指标综合值评估法。供应商选择方法如图 2-3 所示。

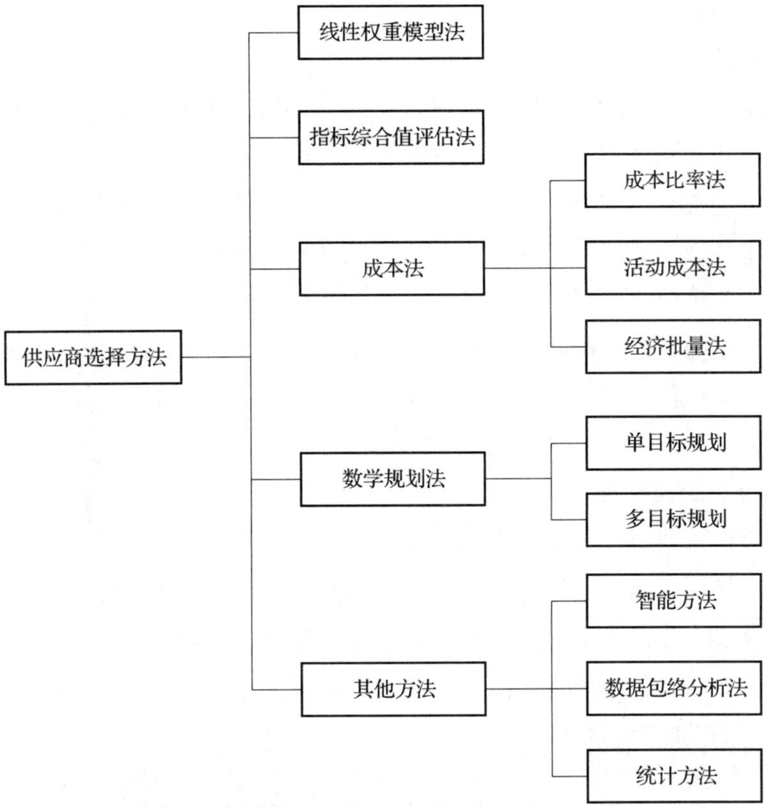

图 2-3 供应商选择方法

8. 确定供应商

采购商通过评价小组，对供应商进行合理的评价，进而对供应商进行选择，一般采用的供应商选择方法如图 2-3 所示。企业应避免选择独家供应商，许多企业对某些重要材料过于依赖一家供应商，导致供应商常常能左右采购价格，对采购方施加极大的压力。因此，确定两家以上的供应商，在进行合作额同时，促进供应商之间的竞争。

9. 早期供应商参与

早期供应商参与是指在产品设计初期，选择确定的供应商参与企业新产品开发。

通过让供应商在早期就参与到新产品开发及持续改进工作中，供需双方均从中受益。一方面，供应商可以很好地了解采购商的具体需求、企业文化及决策方式，帮助采购商更有效地达到预期需求；另一方面，企业也能清楚了解供应商的产品质量、技术水平和库存管理计划等，抵御供应链的不确定性，帮助企业与供应商更好地进行沟通，实现知识共享，改善决策水平并提高双方的绩效水平。新产品设计中的早期供应商参与使得企业可以制定多种解决方案，从中选出最合适的部件、材料和技术，并从设计评估中得到帮助。

10. 供应商考核

根据达成的协议，企业与供应商在特定的合作时间段内，需要对现有供应商的日常表现进行监控和考核。对供应商的传统考核的规范和程式主要是对重要供应商的商品质量进行定期检查。在供应链管理模式下，只有最好的供应商才能作为合作伙伴。企业发展和维持合作伙伴关系的目的在于借助合作伙伴的专家和技术，建立企业自己的竞争优势。对供应商进行评估的目的在于：了解供应链中关键供应商的绩效，一方面可以挑选最好的、可信赖的供应商；另一方面为保持与供应商的良好合作关系，提高对整个供应链运作的预见性，避免突发事件造成的不良影响，为进一步的价值增值提供机会。

（1）线性权重模型法

线性权重模型即通过确定供应商选择时所依据的指标，给每个指标一个合适的分值权重，每个指标里面按评估项数赋分，如果完全符合，则此项得满分，部分符合得50%，不符合得0分，根据评分细则（见表2-25）填列选择评分表（见表2-26）对供应商进行打分，对各个指标评估完成后，形成综合性结论，得分前几名的供应商即进入最终确定的供应商名单。

表2-25　供应商选择评分细则

供应商名称			供应商代码		
供货产品					
序号	一级指标	二级指标	分值分布	水平	得分
1	历史业绩（20%）	供货历史绩效	10	优	10
				良	5
				差	0
		售后客户满意率	10	优	10
				良	5
				差	0

续表

序号	一级指标	二级指标	分值分布	水平	得分
2	产品质量（20%）	参数性能	5	优	5
				良	2.5
				差	0
		质量体系认证情况（ISO）	5	优	5
				良	2.5
				差	0
		抽检合格率	5	优	5
				良	2.5
				差	0
		产品退货率	5	优	5
				良	2.5
				差	0
3	业务能力（20%）	成本控制	5	优	5
				良	2.5
				差	0
		财务状况	10	优	10
				良	5
				差	0
		生产规模	5	优	5
				良	2.5
				差	0
4	价格水平（20%）	产品报价	10	优	10
				良	5
				差	0
		优惠条件	5	优	5
				良	2.5
				差	0
		付款方式	5	优	5
				良	2.5
				差	0

续表

序号	一级指标	二级指标	分值分布	水平	得分
5	服务水平（20%）	交流反馈能力	10	优	10
				良	5
				差	0
		服务改善能力	10	优	10
				良	5
				差	0
6	总得分及定格	汇总得分，按以下档次级别填写： A——90分及以上　B——80~89分 C——60~79分　D——60分以下			
7	综合评价意见	1. 战略供应商　2. 合格供应商 3. 保留资格，限期整改　4. 建议淘汰			
8	领导审批	凡评价意见为“建议淘汰”和“战略供应商”由公司领导签字 凡评价意见为“合格供应商”和“保留资格，限期整改”盖领导印章			

表 2-26　供应商选择评分表

供应商名称			供应商代码	
供货产品				
序号	一级指标	二级指标	分值	得分
1	历史业绩（20%）	供货历史绩效	10	
		售后客户满意率	10	
2	产品质量（20%）	参数性能	5	
		质量体系认证情况（ISO 9000）	5	
		抽检合格率	5	
		产品退货率	5	
3	业务能力（20%）	成本控制	5	
		财务状况	10	
		生产规模	5	

续表

序号	一级指标	二级指标	分值	得分
4	价格水平（20%）	产品报价	10	
		优惠条件	5	
		付款方式	5	
5	服务水平（20%）	交流反馈能力	10	
		服务改善能力	10	
6	总得分及定格	A C	B D	
7	综合评价意见	□战略供应商 □保留资格，限期整改	□合格供应商 □建议淘汰	
8	领导审批		年　　月　　日	

（2）指标综合值评估法

使用指标综合值评估法，首先，需要对指标进行无量纲化处理，统一各属性指标的评价尺度；其次，对各供应商的评价指标进行综合分析和评价；最后，得到供应商指标综合评估值的排序，以此作为供应商选择的依据。其具体步骤如下所述。

1）求平均测度序列。对于第 k 个评价指标，根据专家打分的原始数据计算其平均测度，则 N 个供应商的平均测度值组成一个序列。

2）指标值的规范化。供应商对于评价指标 k 的取值组成一个序列，不同指标的平均测度序列的极性不统一，量纲也不一致，须对无量纲化和无极性化的数值进行规范化处理。

①指标无量纲化处理：不同指标的履约平均测度值的量纲如果不一致，也即不同指标的单位不一致，会影响最终结果的公平性，所以须进行无量纲化。指标无量纲化也就是先求出指标序列的均值，再将该序列的各元素与其均值相除得到无量纲化序列。

②指标极性变换：由于不同指标的极性是不一致的，有的指标越大越好，有的指标越小越好，因此需要对各指标进行极性变换，以统一极性。对于评估值越大越好的指标序列，将该序列各元素与该序列的最大值相除，进行无极性化处理；对于评估值越小越好的指标序列，将该序列最小值与该序列的各元素相除，进行无极性化处理。

3）规范指标值加权。将供应商对于指标 k 规范化后的测度值，用指标 k 的权重

（权重通过层次分析法取得）进行加权求和，得到每个供应商的综合测度值。根据供应商综合测度值的大小得到评估的优劣顺序，形成企业选择供应商的依据。

应用新知

由于企业所采购的快餐食品加工材料种类多样，为了谨慎选择供应商，故小贾分别运用线性权重模型法和指标综合值评估法对不同物料的供应商进行选择。

一、应用线性权重模型法

1. 确定指标

小贾对供应商信息进行征集，在掌握了快餐店所需肉类详细质量标准并对本地供应商进行筛选的基础上，最终确定了新的供应商选择评估指标，如图 2-4 所示。

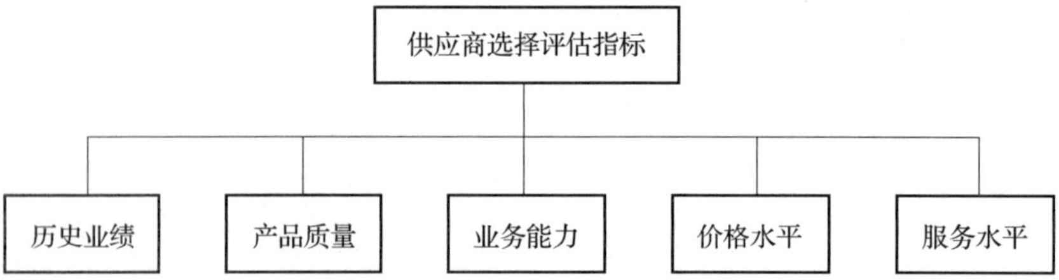

图 2-4　新选供应商评价指标

2. 指标赋权

通过分析指标的重要程度，小贾认为五个指标同等重要，确定总权重分值为 100 分，给每个指标平均分配权重，即每个指标的权重分值为 20，见表 2-27。

表 2-27　新供应商选择评估指标权重表

序号	指标	权重分值
1	历史业绩	20
2	产品质量	20
3	业务能力	20
4	价格水平	20
5	服务水平	20

3. 汇总评分

小贾实地考察候选供应商的生产经营情况，发放调查问卷，得到对每个供应商的评估指标评分，汇总得到供应商指标评分信息，见表 2-28。

表 2-28 供应商评分信息得分表

供应商	历史业绩	产品质量	业务能力	价格水平	服务水平	综合得分	供应商级别	综合意见
S1	20	17.5	15	17.5	20	90	A	战略供应商
S2	15	10	15	12.5	10	62.5	C	保留资格
S3	10	12.5	12.5	17.5	5	57.5	D	建议淘汰
S4	15	15	17.5	17.5	15	80	B	合格供应商
S5	10	15	15	17.5	10	67.5	C	保留资格
S6	15	10	10	12.5	15	62.5	C	保留资格

由此得出，快餐店的首选肉类供应商是供应商 S1。

二、指标综合值评估法

1. 信息搜集

小贾就本地蔬菜类供应商相关信息进行征集，在衡量快餐店对食品要求规范的基础上，最终确定搜集到供应商的评估指标（权重为小贾通过层次分析法计算所得），见表 2-29。

表 2-29 供应商信息资料表

指标	指标权重	供应商 S1	供应商 S2	供应商 S3	供应商 S4	供应商 S5
价格水平	0.11	803.57	808.62	798.00	800.00	805.29
产品质量	0.40	0.95	0.83	0.84	0.96	0.93
业务能力	0.19	0.98	0.85	0.88	0.98	0.97
服务水平	0.07	88.00	83.00	75.00	70.00	85.00
企业素质	0.03	0.85	0.85	0.75	0.82	0.86
企业环境	0.20	1.20	2.00	1.50	3.00	1.00

2. 平均测度序列

小贾根据原始数据测算出每个指标的平均测度，见表 2-30。

表 2-30 五家供应商六大指标的平均测度值

指标	指标权重	供应商 S1	供应商 S2	供应商 S3	供应商 S4	供应商 S5	平均值
价格水平	0.11	803.57	808.62	798.00	800.00	805.29	803.10
产品质量	0.40	0.95	0.83	0.84	0.96	0.93	0.90
业务能力	0.19	0.98	0.85	0.88	0.98	0.97	0.93

续表

指标	指标权重	供应商 S1	供应商 S2	供应商 S3	供应商 S4	供应商 S5	平均值
服务水平	0.07	88.00	83.00	75.00	70.00	85.00	80.20
企业素质	0.03	0.85	0.85	0.75	0.82	0.86	0.83
企业环境	0.20	1.20	2.00	1.50	3.00	1.00	1.74

3. 指标值规范化

（1）无量纲化处理（见表 2-31）

表 2-31　数据无量纲化处理

指标	指标权重	供应商 S1	供应商 S2	供应商 S3	供应商 S4	供应商 S5
价格水平	0.11	1.00	1.01	0.99	1.00	1.00
产品质量	0.40	1.05	0.92	0.93	1.06	1.03
业务能力	0.19	1.05	0.91	0.94	1.05	1.04
服务水平	0.07	1.10	1.03	0.94	0.87	1.06
企业素质	0.03	1.03	1.03	0.91	0.99	1.04
企业环境	0.20	0.69	1.15	0.86	1.72	0.57

（2）无极性处理（见表 2-32）

表 2-32　无极性化处理

指标	指标权重	供应商 S1	供应商 S2	供应商 S3	供应商 S4	供应商 S5
价格水平	0.11	0.99	1.00	0.99	0.99	1.00
产品质量	0.40	0.99	0.86	0.88	1.00	0.97
业务能力	0.19	1.00	0.87	0.90	1.00	0.99
服务水平	0.07	1.00	0.94	0.85	0.80	0.97
企业素质	0.03	0.99	0.99	0.87	0.95	1.00
企业环境	0.20	0.83	0.50	0.67	0.33	1.00

（3）指标值加权（见表 2-33）

表 2-33　规范指标值加权

供应商	供应商 S1	供应商 S2	供应商 S3	供应商 S4	供应商 S5
指标值加权	0.96	0.82	0.85	0.85	0.98

将指标值加权结果进行比较得出，供应商 S5 的指标加权值最大，因此，快餐店的蔬菜供应商应选择供应商 S5。

融会贯通

（1）某采购部门经理要求助理对本公司的请购单进行分类，为不同的物料确定不同的采购策略，以达到降低成本、提高采购效率的目的。助理搜集到的物料采购汇总表见表 2-34，请采用合理的工具和方法完成物料分类。

表 2-34　物料采购汇总表

编号	采购数/个	采购金额/元
N1	150	13 000
N2	40	60 000
N3	100	50 000
N4	90	30 000
N5	35	80 000
N6	150	27 000
N7	250	25 000
N8	600	30 000
N9	30	100 000
N10	80	24 000

（2）某汽车制造企业面临着这样的一些问题：供应商所提供产品的质量不能满足公司要求，导致退货率较高；部分供应商研发能力较差，难以按时研发出与企业新产品所匹配的零部件；部分供应商不能按时提供企业所需要的物料，导致企业生产计划不能如期执行，延误了销售时机；部分供应商环境问题突出，屡次受到国家环保主管部门的警告提醒；还有部分供应商售后服务态度恶劣，但该企业并没有对其采取相应的措施。为完善公司供应商管理体系，采购部经理让助理对现有供应商进行绩效评价，以调整供应商的供货量或者淘汰部分供应商。助理成立专家小组针对现有供应商进行评分，得到综合评价得分表（见表 2-35）、指标相对重要性判断矩阵（见表 2-36）、指标权重表（见表 2-37），请采用合理的方法完成供应商绩效评价。

表 2-35　综合评价得分表

一级指标	二级指标	供应商 1	供应商 2	供应商 3	供应商 4
研发能力	研发能力	4.22	3.33	4.58	2.58
	新产品开发、引进	3.33	3.56	4.65	3.10
	企业信息化水平	2.12	4.20	4.30	3.04
	创新能力	3.50	3.65	3.98	2.25

续表

一级指标	二级指标	供应商 1	供应商 2	供应商 3	供应商 4
交货能力	准时交货率	3.60	2.89	4.01	2.68
	订单满足率	4.58	2.65	3.69	3.09
	交货灵活度	2.15	3.56	3.25	3.18
	交货防护	2.98	3.89	4.59	1.28
质量水平	进货合格率	3.66	4.10	4.28	3.46
	内部反馈（使用中未出现问题）	4.12	3.45	3.79	2.25
	外部反馈（无客户投诉）	1.11	3.21	3.46	2.46
	质量扣款	1.98	2.89	3.68	2.38
合作关系	价格及垫款能力	4.89	4.12	3.79	3.05
	技术保证能力	3.68	4.01	4.52	3.15
	改进能力和效果	3.78	3.28	3.68	1.56
	信息沟通	3.65	3.29	3.91	1.20

表 2-36　指标相对重要性判断矩阵

指标	研发能力	交货能力	质量水平	合作关系
研发能力	1.00	3.00	5.00	7.00
交货能力	0.33	1.00	0.60	0.43
质量水平	0.20	1.67	1.00	0.71
合作关系	0.14	2.33	1.40	1.00

表 2-37　指标权重表

一级指标	二级指标	指标权重
研发能力	研发能力	0.55
	新产品开发、引进	0.23
	企业信息化水平	0.05
	创新能力	0.17
交货能力	准时交货率	0.44
	订单满足率	0.22
	交货灵活度	0.14
	交货防护	0.20

续表

一级指标	二级指标	指标权重
质量水平	进货合格率	0.26
	内部反馈（使用中未出现问题）	0.24
	外部反馈（无客户投诉）	0.28
	质量扣款	0.22
合作关系	价格及垫款能力	0.15
	技术保证能力	0.35
	改进能力和效果	0.26
	信息沟通	0.24

（3）某制造企业在为新产品开发寻找新的供应商，采购部门经理要求助理对搜集到的供应商信息进行比较，搜集到的信息数据见表2-38，请选择合理的方法对供应商信息进行比较。

表2-38　供应商指标权重及指标打分表

评价指标		财务状况	技术能力	生产能力	质量控制能力
指标权重		25%	25%	25%	25%
供应商	S1	6	5	6	9
	S2	8	6	8	8
	S3	10	9	9	9
	S4	8	5	6	7

（4）某计算机制造企业新研制一种电子产品，需要对零部件进行采购，采购部门经理要求助理对该零件的供应商进行评价筛选，最后确定稳定的供应商，建立合作伙伴关系。请设计相应的供应商选择标准对供应商进行选择。

职业模块 3 生产管理

培训课程 1 执行生产计划

学习单元 1 产能数据采集与处理

学习单元 2 生产计划变更与处理

培训课程 2 物料控制

学习单元 1 物料库存数据采集与处理

学习单元 2 物料库存控制及 KPI

供应链生产管理是计划、组织、协调和控制生产内容的综合管理活动。其内容包括生产计划的制订、生产组织以及生产控制。通过合理组织生产过程、有效利用生产资源、经济合理地进行生产活动，从而达到预期生产目标。供应链的协调和快速反应离不开生产计划的有序运行，同时生产计划的协调运作也需要供应链各环节提供支持，二者相辅相成。企业的生产计划不仅涉及对生产产品需求信息的管理，也包含库存管理、进度管理、工作流程控制管理等。另外，企业的生产计划与企业的战略性目标相一致，企业的生产计划要兼顾企业现有的运营安排与长期发展战略目标。

作为三级供应链管理师，应该掌握的知识与技能主要包括执行生产计划与物料控制两个部分。

培训课程 1 执行生产计划

学习单元 1　产能数据采集与处理

情景描述

在国内手机消费市场空前繁荣的背景下，涌现出了大量国产手机品牌，2020 年手机累计出货量达 14.6 亿部，5G 智能手机出货量突破 3 280 万部，同比去年增长 0.32%。面对激烈的竞争，在未来如何抢占更大的市场份额对各手机制造商提出了全新的挑战。

R 公司是一家大型的手机制造公司，近年来研发了多种型号的手机，如 X 系列、V 系列等，由于手机销售量的大幅增加，该公司在 2015 年建立多个生产工厂，在国内建立了惠州厂和武汉厂，在国外建立 3 家工厂，分别是印度厂、欧洲厂和美洲厂。

在公司2021年第一次会议上，公司领导提出本公司2021年度经营规划，2021年手机的生产销售要同比增加20%，达到2亿部。为了便于后续的产能规划，现生产经理要求生产部门小沈负责整理2020年惠州工厂的产能数据，具体数据可到各部门或生产车间查询。

新知学习

一、生产计划

1. 生产计划的概念

生产计划是企业根据市场需求、企业生产能力，以及其他一些与生产有关的要素对生产任务做出统筹安排，具体确定生产产品的品种、数量、质量和价格等的计划，是企业经营计划的重要组成部分。生产计划不仅能够实现企业经营目标，还能够指导企业生产活动有计划地进行。生产计划系统包括多个层面的计划，如生产计划、主生产计划等。

2. 主生产计划

（1）主生产计划的概念

主生产计划（master production schedule，简称为MPS）是确定每一个具体的产品在每一个具体的时间段的生产计划。所计划的对象一般是最终产品，即企业的销售产品，但有时也可能是组件的MPS计划，然后再下达最终装配计划。

（2）主生产计划编制原则

主生产计划是根据企业的能力确定要做的事情，企业通过均衡地安排生产来实现生产规划目标，使企业在客户服务水平、库存周转率和生产效率方面均得到提高，并可以及时更新、保持计划切实可行和有效性。此外，主生产计划中不能有超越可用物料和可用能力的项目。在编制主生产计划时，应遵循如下基本原则。

1）最少项目原则。用最少的项目数进行主生产计划的安排。如果MPS中的项目数过多，就会使预测和管理都变得困难。因此，企业要根据具体的制造环境，选取合适的产品结构级来进行主生产计划的编制。从而使得产品结构在MPS级制造和装配过程中，产品（或部件）选型的数目最少，从而有利于MPS的管理与控制。

2）独立具体原则。要列出实际且具体的可构造项目，不能是一些项目组或计划清单项目。这些产品可以分解成能识别的零件或组件。此外，MPS应该列出实际要采购或制造的项目，而不是计划清单项目。

3）关键项目原则。列出对生产能力、财务指标、关键材料等有重大影响的项目。

对生产能力有重大影响的项目，即在生产和装配过程中起到重大影响的项目，如可能会造成生产能力瓶颈环节的项目或通过关键工作中心的项目。对财务指标而言，指的是与公司的利润、效益关联性最强的项目，如制造费用较高、含有贵重部件、昂贵原材料、高费用的生产工艺或有特殊要求的部件项目，也包括那些作为公司主要利润来源、成本相对较低的项目。对于关键材料而言，是指那些提前期很长或者是供应厂商有限的项目。

小贴士

生产瓶颈

通常把一个生流程中生产周期最长的环节叫作“瓶颈”。流程中存在的瓶颈不仅限制了一个流程的产出速度，而且影响了其他环节生产能力的发挥。更广义地讲，所谓瓶颈是指整个流程中制约产能的各种因素。例如，在有些情况下，可利用的人力不足、原材料不能及时到位、某环节设备发生故障、信息流阻滞等，都有可能成为瓶颈。

4）全面代表原则。计划的项目应尽可能全面代表企业的生产产品。MPS 应覆盖被该 MPS 驱动的物料需求计划程序中尽可能多的组件，可反映关于制造设施，特别是瓶颈资源或关键工作中心尽可能多的信息。

5）适当余量原则。留有适当余地，并考虑预防性维修设备的时间。可把预防性维修作为一个项目安排在 MPS 中，也可以按预防性维修的时间减少工作中心的能力。

6）适当稳定原则。在有效的期限内应保持适当稳定。主生产计划制订后在有效的期限内应保持适当稳定，如只按照主观愿望随意改动，则会破坏系统原有合理的正常的优先级计划，进而削弱系统的计划能力。

（3）主生产计划与生产计划的区别

主生产计划是对最终项目的计划时段和数量的说明。主生产计划中的最终项目可以是产品、主要组件、虚拟物料单中的组件，甚至可以是产品结构中最高层次上的单个零件。一个有效的主生产计划是生产部门对客户需求的一种承诺，它充分利用企业资源，协调生产市场，实现企业经营计划目标。

主生产计划决定了后续所有计划。它有两项主要作用：（1）在短期内，作为物料需求计划、零件生产、订货优先级和短期能力需求计划的依据；（2）在长期内，作为估计工厂生产能力、仓库容量、技术人员和资金等资源需求的依据。

生产计划只对产品组进行划分，它不确定其他的物料项目。其下一层是主生产计划，而主生产计划是分时段的计划，它确定公司计划何时生产、生产多少种产品。

（4）主生产计划编制流程

1）根据生产规划、计划清单来确定对每个最终项目的生产预测。

2）根据生产预测、已收到的客户订单、配件预测以及该最终项目的需求数量，来计算毛需求。

小贴士

毛需求与净需求

毛需求是指导生产的信息，根据一定的规则从预测量和合同量中得到，表明“需要多少”。

现有库存不能满足合同量和安全库存量，所缺少的部分称为净需求，表明“缺多少”。

3）根据毛需求量、确定好的订货策略和批量、安全库存量以及期初库存量，计算各时区的主生产计划产出量和预计可用库存量。

4）计算可供销售量以供销售部门决策选用。

5）用粗能力计划评价主生产计划备选方案的可行性。

6）评估主生产计划。

7）批准和下达主生产计划。

3. 生产排程与调度

（1）生产排程

生产排程是指将生产任务分配至具体生产资源的过程。首先，考虑企业的生产能力和设备运行状况，以及企业生产所需物料的储备情况，根据生产计划安排生产任务的生产顺序；其次，依据企业的主生产计划优化生产顺序，减少主要生产项目等待时间的同时，平衡生产机器和人工的生产负荷，从而优化产能分配、提高生产效率，以缩短生产提前期。

（2）生产调度

生产调度是指根据生产计划执行生产进度计划的工作。生产调度以生产进度计划为依据，生产进度计划要通过生产调度来实现。生产调度的必要性是由工业企业生产活动的性质决定的。现代工业企业的生产环节多，协作关系复杂，生产连续性强，情况变化快，某一局部发生故障，或某一措施没有按期实现，往往会波及整个生产系统的运行。因此，加强生产调度工作，及时了解、掌握生产进度，研究分析影响生产的各种因素，根据不同情况采取相应对策，使差距缩小或恢复正常是非常重要的。

二、产能

1. 产能的含义

产能是生产能力的简称，是指一个工厂或一个车间或一条生产线（或工作站）以及一台机器或某人在一定时间内的生产能力。根据作业方式的不同，产能又可称为标准产能或实际产能等。

2. 影响产能的因素

影响企业生产能力的因素很多，比如市场需求，产品品种，技术复杂程度，生产组织方式，设备的数量、精度、效率、工装、工艺方法、质量要求，以及劳动者所掌握的科学技术水平和劳动者的技能熟练程度等。其中，生产性固定资产的数量、工装时间总数和生产效率三个因素被视为影响企业生产能力的基本因素。

（1）生产性固定资产数量，指企业计划期内所拥有的全部可用于生产的机器设备的数量、厂房和其他生产所用建筑的面积。它包括正在运行的、修理的、安装的、待安装或准备维修的机器设备，以及因生产任务变化等原因暂时停止使用的机器设备。机器设备数量越多，生产能力也就越强。

（2）生产性固定资产工作时间总数，指机器设备的全部有效时间和生产面积的全部利用空间。有效时间是由企业制度时间与设备修理时数来确定的，不同企业由于生产条件和工作制度不同，固定资产工作时间也不同。停工待料时间和因动力供应中断的停工时间，在计算生产能力时不予考虑。有效工作时间越长，生产能力越强。

（3）生产性固定资产生产效率。从设备层面来看，它的生产效率指单位时间内设备的产量定额或单位产品的台时定额，两者互为倒数。生产效率高，生产能力就强。影响生产效率的因素很多，企业必须采取各种措施来提高生产效率，从而提高生产能力。除了分析机器设备生产能力影响因素外，还应考虑生产面积对生产能力的影响。

3. 产能类型

（1）理论产能

根据设备开机总数和分类开机数、每月开工天数、每天开工班次以及每个班次的工作时间，以分类机种的理论单产为依据，用加权平均的方法可以计算出当月的理论产能。

（2）定额产能

以定额单产为依据可以计算出当月的定额产能。

（3）效率产能

用定额产能乘以效率系数可以得到当月的效率产能。

（4）进度产能

根据进度误差调整效率产能，可以得出当月的进度产能。

四种产能的关系如图 3–1 所示。

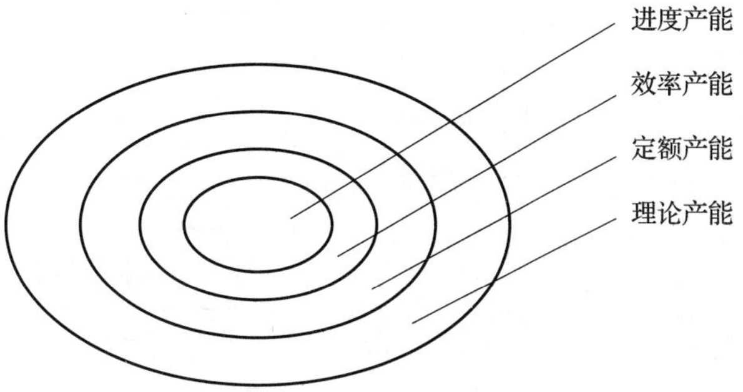

图 3–1 四种产能关系图

小贴士

产能和产量有何区别

产能指生产能力，是理论值，也就是指在计划期内，企业参与生产的全部固定资产在既定的组织技术条件下所能生产的产品数量，或者能够处理的原材料数量。

产量指生产数量，是实际值，一般指实际生产的数量，通常用一段时间内生产的产品数量来衡量。

三、产能数据的采集与处理

按照产品性质和生产方式的不同，可将制造系统分为连续型和离散型。连续型制造系统加工的产品一般是不可数的，生产方式一般是通过生产工艺流程把原材料逐渐加工成最终成品，如制药、冶金、化工等行业；而离散型制造系统加工的产品是可数的，一般以个数、件数等单位来计量，生产方式需要进一步加工，最后组装成成品，如轴承组装、齿轮箱组装等行业。本书以离散型制造业为例来叙述产能数据采集与处理方法。

产能信息的采集与处理可以帮助生产计划部门对生产订单的完成情况进行追踪，同时也能对生产产能有更为准确的认识，从而为生产计划的制订以及更改提供依据和帮助。

1. 产能数据采集

根据离散型制造业中生产任务的不同，产能信息数据主要分为静态数据、动态数据和间接数据，如图 3-2 所示。

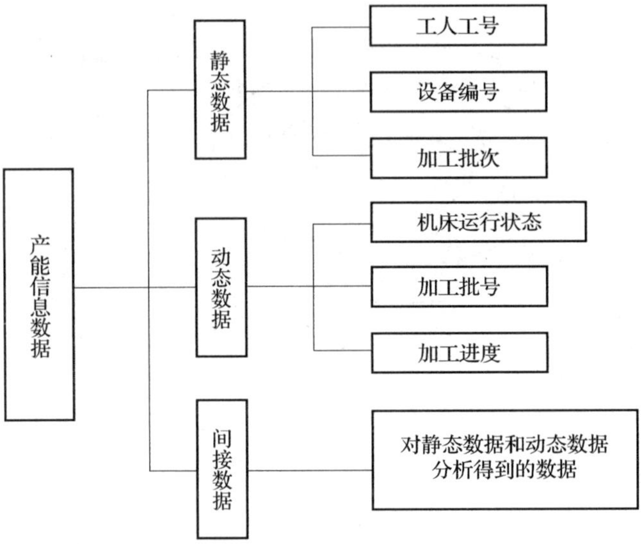

图 3-2　产能信息数据

静态数据指在生产过程中基本无变化的数据，如工人编号、设备编号、原料批次等，这些信息一般不随着生产的变化而变化，没有必要在生产过程中进行采集。

动态数据是生产加工过程中产生的数据，如数控机床的状态信息、加工状态、生产进度等信息，这些信息一直处于变化之中，能够直观反映生产过程的状态。

间接数据可通过分析动态数据与静态数据而得到，是为企业管理层、决策层提供决策的参考依据。

产能数据采集时不仅要采集机械设备的实时运行状态，还包括生产信息数据。需要采集的具体数据分别如下。

（1）机械设备数据的采集

1）机床启动状态信息：机床通电状态、机床运行状态、机床停机、机床报警、数控机床主轴转度、机床进给速度、机床主轴功率等。

2）零件加工信息：程序号、零件加工时间、刀具编号、加工零件数目等。

（2）生产信息数据

生产信息数据主要包括员工信息、设备信息、工件加工信息等。

1）员工信息包括：编号、姓名、工时、上下班时间等信息，并支持数据库操作。

2）设备信息包括：设备名称、设备编号、加工类型、运行时间、设备维护等信息。

3）工件加工信息：加工工序信息、工时管理信息、质量管理信息、工件编号、批次信息、数量信息等。

2. 产能数据处理

通过利用现场采集信息和手工录入，收集设备的运行记录，可对生产过程中的关键设备使用情况进行全过程利用率管理和分析，提供工序状态和利用情况等跟踪管理信息。通过对生产线的运行状态进行监测并对生产设备停机时间集中分析，进而得到单体设备或整个生产线参数，如总体设备效率（overall equipment effectiveness，简称OEE）、平均故障时间、平均维护时间等。

企业通常采用OEE指标来体现设备使用情况。OEE的本质是实际生产用时与计划生产用时的比值，其组成主要是有效率、表现性和质量指数三个指标，在企业中分别被称作时间开动率、性能开动率和合格品率。

（1）有效率

有效率为设备的实际运行时间与计划运行时间之比。在实际的生产中，有设备故障、原料短缺和生产方式的转变等事件，能够引起计划生产停工。此参数主要用来衡量设备停工所造成的损失。

（2）表现性

表现性是指包括合格品和废品在内的生产总量与理想速度和实际运行时间的乘积之比。该指标描述的是在生产时由于设备的磨损、材料的不合格或者操作人员的失误等导致的生产速度的损失。

（3）质量指数

质量指数为合格品数量占生产总量的比例。此参数反映的是没有满足质量要求的产品引起的质量损失。

OEE指标能够帮助企业的管理层发现和降低企业存在的潜在损失，具体见表3-1。

表3-1 六大损失与OEE的关系及其简单说明

OEE损失类别	六大损失类别	事件原因	备注
有效率	停机损失	设备突发故障、零部件损坏、原料短缺等	表示设备因为一些大的故障或者突发事件所引起的停工
	调试损失	设备预热等	因生产线调试等准备工作而造成的损失
表现性	暂停机损失	不通畅的生产流程等	一般指停工的时间很短，并不需要维护人员介入的停工
	减速损失	低于设计产能、运行设备磨损等	任何阻止设备达到设计产能的因素
质量指数	启动过程次品损失	废品等	设备在生产正式运行之前进行调节、预热等行为产生的次品
	生产过程次品损失	废品等	生产稳定进行时产生的次品

有效率可以反映企业的停机损失和调试损失，表现性可以体现暂停机损失和减速损失，质量指数可以反映启动和生产过程的次品损失。通过对 OEE 的计算，从而发现企业在生产过程中影响生产效率的瓶颈所在，并采取相应改进措施，针对性地解决问题，避免不必要的耗费。故通过有效率、表现性以及质量指数的分析，可以对各生产线的生产能力进行更好的掌控，且对合理的产能规划具有重要意义。

四、设备维护的基本方式

1. 事后维护

事后维护也称故障维护，是指设备发生故障，或性能、精度降低到合格水平以下，因不能继续使用而进行的非计划性维护。事后维护方式适用于设备损坏后直接损失和间接损失都不大，维修期间对生产影响小的设备。

2. 预防性维护

预防性维护是以预防故障为目的，通过对设备的检查、检测，发现故障征兆或为防止故障发生，使其保持规定功能状态，在故障发生之前所进行的各种维护活动。预防性维护是防止设备故障发生的有效手段，其已成为现代制造企业所普遍采用的一种维护方式。典型的预防性维护包括计划维护、以可靠性为核心的维护等方式。

3. 生产性维护

生产性维护理是在保证生产的前提下，强调设备维修经济效果的维护制度。

4. 全面生产维护

全面生产维护是以达到设备最高的综合效率为目标，确立以设备生命周期为对象的生产设备维护全系统，涉及设备的计划、使用、维修等所有环节，从最高领导到一线工人全员参加，依靠开展小组自主活动来推行的生产维护。

5. 基于状态的维护

基于状态的维护，是通过使用传感器实时监控设备的健康状态，确保设备能够在发生故障前得到及时的维护。

应用新知

一、产能数据采集

通过 IE 部门和各生产车间的积极配合，小沈得到 2020 年惠州厂四个季度各系列手机生产的机械设备数据和生产信息数据，并对基础数据进行处理与分析，依据采集的基础数据，分析各个工厂设备的有效率、表现性和质量指数，得到各个工厂的 OEE

数据，最终计算出 X 系列手机的产能关键数据指标与 V 系列手机的产能关键数据指标，其具体结果见表 3-2 和表 3-3。

表 3-2　X 系列手机产能关键数据

生产工序	设备/台	工人/名	产能/部	次品/部
SMT	25	8	3 564	18
板测	15	12	4 320	44
组装	30	20	3 750	72
包装	20	5	4 100	25

表 3-3　V 系列手机产能关键数据

生产工序	设备/台	工人/名	产能/部	次品/部
SMT	18	6	2 876	35
板测	11	8	2 560	19
组装	15	12	3 020	20
包装	14	5	3 400	10

二、产能数据处理

小沈在对基础数据的采集和分析基础上，对 X 系列和 V 系列收集的数据进行进一步处理：首先，计算不同系列手机各生产线的产能（按季度），其次，针对每一种手机系列，找出存在瓶颈的生产线；再次，计算各系列手机的季度总产能；最后，根据生产瓶颈简要规划生产排程。具体的产能数据处理结果如下。

2020 年惠州厂第一季度 X 系列和 V 系列手机各生产工序的实际产能见表 3-4。

表 3-4　X 系列和 V 系列手机各生产工序的实际产能　　单位：部

手机型号	SMT	板测	组装	包装
X 系列	3 546	4 276	3 678	4 075
V 系列	2 841	2 541	3 000	3 390

根据生产经验以及各系列手机各生产工序的产能数据可知，X 系列手机的 SMT 设备为瓶颈环节，其余均为富余环节；V 系列手机的板测设备为瓶颈环节，其余均为富余环节。故 2020 年第一季度 X 系列手机的总产能为 3 546 台，V 系列手机的总产能为 2 541 台。

合理规划生产排程有利于减少等待时间，平衡各机器和工人的生产负荷，从而可以进一步地优化产能，提高生产效率，缩短生产提前期。

X 系列手机的生产排程优化顺序为：SMT、组装、包装、板测。生产排程顺序靠前的生产工序可以选择提前进行或增加生产设备等方式。

V 系列手机的生产排程优化顺序为：板测、SMT、组装、包装。生产排程顺序靠前的生产工序可以选择提前进行或增加生产设备等方式。

学习单元 2　生产计划变更与处理

情景描述

R 系统集成公司最近承接了一个订单项目 M，客户是该公司的大客户。当时公司的生产经理着急出差，所以在软件模块界定和验收标准还不明确的情况下，就和客户签订了合同，并任命秦工为项目经理。

经过各部门紧张的准备，M 项目终于得以启动。但在第一阶段结束后，在结果评估时，双方发生较大分歧。客户认为模块中缺少一部分功能，而秦工认为客户提出的功能不属于合同范畴，如果要做，就要做项目变更，重新核算成本。由于合同中对此内容的界定不明确，双方各执一词、僵持不下，客户拒绝验收，M 项目无法继续进行。情急之下，秦工找到了项目组的供应链管理师小代，要求小代在原有的模块上增加客户要求的统计功能。经小代分析，若在原有模块增加统计功能，则需要花费一定的时间，秦工紧急召集项目组所有成员，讨论 M 订单变更处理的相关事宜。

新知学习

一、生产计划变更情形

企业的生产计划需要根据市场需求、未来预期和客户要求进行及时的调整，在实现企业利润最大化的同时更好地满足客户需求，提升客户满意度。由于企业所处的市场环境一直处于变化之中，只有掌握一手的市场信息，才能在激烈的市场竞争中占据主动，企业应随时关注市场的变动，并根据相应的变化对生产计划做出及时的调整，针对引起生产计划变更的具体原因，可分为以下不同的情况。

1. 客户要求追加订单数量或减少订单数量时。

2. 客户要求取消订单时。
3. 客户需要变更交货期时。
4. 客户有其他要求而导致必须作生产计划调整时。
5. 因生产进度延迟而可能影响交货期时。
6. 因物料短缺可能导致长时间停工时。
7. 因技术问题延误生产时。
8. 因品质问题尚未解决而需延迟生产时间时。
9. 因其他因素必须作生产计划调整时。

二、生产计划变更流程

根据项目情况予以修订、变更管理主要过程包括以下情况。

1. 提交书面变更申请，并提出变更实施方案。
2. 评审变更申请，决定是否批准变更申请而进一步分析。
3. 对于批准的变更申请，进行相关分析并提出变更建议。
4. 接受或拒绝变更建议。
5. 变更建议被接受后，对生产计划和该项目相关文件进行必要的更新。
6. 向所有相关方通报变更事项。

三、生产计划变更的影响

生产计划变更涉及的内容主要包括四个方面：成本、时间、质量和需求范围。在进行计划变更管理时，要审视计划变更在这四方面造成的影响。

1. 成本

如果只是直接成本发生了变化，如加班需要多付给员工工资等，那么只需变更财务预算即可。

2. 时间

如果是时间上的变化，如需要顺延交货期等，那么势必会对资源和成本都产生一定的影响。

3. 质量

如果是产品质量要求发生变化，则需要从原始的产品设计开始重新设计。

4. 需求范围

如果是需求范围发生变更，则需要从分析、预测需求开始，重新进行总体的计划体系设计。

由此可见，在需要更改生产计划时，一定要搞清楚是什么原因导致计划发生变化，以明确计划变更所涉及的工作范围和工作量，适时、适量地对计划作出调整。

四、生产计划变更的处理方法

根据订单变更发生时订单在生命周期中所处的位置，以下总结出企业响应各种类型订单变更的处理方式。

1. 订单评审

订单变更发生在这一阶段，除了相关部门需要进行分析和审核工作，企业在这一阶段没有发生实质性的成本变化，所以在这一阶段发生任何形式的订单变更都不会影响正常的生产活动以及效益，企业只需要根据客户变动后的需求重新签订意向订单即可。

2. 存货分析、销售订单确认、设计和工艺路线、制订生产计划

如果变更发生在订单生命周期的这些阶段，企业需要人工对订单进行重新分析和设计，并且重新制订生产计划，将会浪费一定的人力成本，这时发生变更造成的损失较小。

3. 采购管理、排产管理和加工作业排队

如果订单变更发生在这一阶段，企业要快速地进行库存损失统计，根据成本损失情况决定响应策略。

4. 加工作业中其他部分、装配、检测和入库

若订单变更发生在这一阶段，则对企业造成的损失最大。首先要快速统计生产成本的损失，区分通用件与非通用件，相关负责人员根据损失统计状况和计划情况进行决策。

五、生产计划风险评估与变更控制

1. 生产计划风险评估

风险评估是风险管理中明确问题的阶段，包括风险识别和风险分析。风险识别是指通过收集有关风险事件的资料，并对风险事件加以检查及鉴定的过程；风险分析是用以估计已识别风险事件所包含的风险水平，包括对风险发生原因的分析，此风险与其他风险管理的对比分析等，同时将风险的影响表达出来。针对生产计划工作风险评估而言，具体过程包括以下三个阶段。

（1）生产计划工作风险识别。风险识别就是将所有潜在的风险事件识别出来。根据以往类似项目或其他来源的历史信息与知识，编制风险识别核对单，指导计划协调组成员从风险因素的角度按顺序对该项工作的风险识别信息进行审查，确定工作负责人已完成所有风险类别的识别。

（2）生产计划工作风险分析。首先要对已鉴定的风险进行详细研究，目的是通过收集与风险事件有关的信息去判断该事件的发生概率，如该事件已发生，还须判断其影响有多大。风险分析所需资料来源包括：计划及相关文件的分析，与类似系统所做的比较，经验、模拟分析等。

（3）对风险进行分析后，利用分析结果来划分风险等级。风险的评定是风险潜在影响的表现，是对问题发生概率及影响后果的计量，通常用高、中、低加以表述。

2. 变更控制

（1）根据生产计划调整，迅速做出理的工作安排，保证生产效率和总产量保持不变。

（2）安排因计划调整而剩下的成品、半成品、原物料盘点、入库、清退等处理工作。

（3）安排因计划调整而闲置的人力做前加工、原产品生产等工作。

（4）安排人员用最快的速度做计划更换所对应的物料、设备等准备工作。

（5）利用生产计划调整时间做必要的教育训练。

（6）其他有利于效率提高或减少损失的做法。

六、生产计划调整

根据制造业的主生产计划创建过程、影响范围及订单变更的特点，可以根据订单变更类型的不同，分别对主生产计划进行调整。

1. 产品数量增加

若产品数量增加发生在订单评审阶段，存货分析、销售订单确认、设计和工艺路线、制订生产计划阶段，则应重新制订生产计划。发生在采购管理、排产管理和加工作业中的排队阶段，在生产能力充足情况下，可增加生产计划，追加采购计划，进行制造资源分配，增加车间排产计划；若产能被充分计划，则应该重新进行排产，将优先级低的订单移出生产计划。发生在加工作业中其他部分、装配、检测和入库阶段，生产车间应根据修改后的计划进行生产计划调整和资源分配，加班进行生产，以保证产品工期。

2. 产品数量减少

若产品数量减少发生在订单评审阶段，存货分析、销售订单确认、设计和工艺路线、制订生产计划阶段，则应重新制订生产计划。发生在采购管理、排产管理和加工作业中的排队阶段，应及时检查采购订单状态，如果采购没有进行，则按修改后的采购计划进行采购；如果原料已经采购入库，则将通用件当作战略采购，对非通用件进行退货、报废等处理，并进行损失统计。发生在加工作业中其他部分、装配、检测和入库阶段，如果生产产品数量已经达到修改后订单要求，若该产品是标准商品，具有通用性，可继续生产以作为现货销售，否则停止该订单产品的生产并进行损失统计。如果没有达到变更后订单要求产品数量，生产车间根据前两阶段的计划修改调整生产，防止资源闲置造成浪费。

3. 产品类型变更

技术人员要将变更后的产品与变更前的产品进行比较，工艺人员根据新产品设计工艺，采购人员对应进行采购退货和重新采购，车间计划人员重新进行排产。

4. 产品参数变更

技术人员要将变更后的产品与变更前的产品进行比较，工艺人员根据新产品设计工艺，采购人员对应进行采购退货和重新采购。

5. 交货期提前

车间要评估其产能是否能够满足提前完成产品生产的要求，并且调整生产计划，或是加班生产。采购人员应加快采购速度或进行紧急采购，以节省时间。

6. 交货期延后

车间重新进行排产，减少因提前生产而造成的库存费用，也可给其他优先级较高的订单提供生产机会。

应用新知

根据秦工的要求，小代通过学习生产计划变更有关知识，并对项目目前遇到的问题和公司生产能力现状等进行系统分析。针对目前项目的困境，小代通过分析项目变更产生的原因和项目变更的基本流程，并对项目变更后如何控制风险给出具体的方案，其结果如下。

一、项目变更管理中存在问题分析

1. 在项目功能和标准不明确的时候就签订了生产合同，为后来的项目变更埋下了隐患。

2. 没有建立项目变更管理制度。

3. 变更请求没有经过评估，没有评估产生的费用和技术要求，也没有签字确认，采用口头协议。

4. 变更实施时没有考虑对系统其他功能的影响，也没有考虑能否实现。

5. 变更后没有进行验证。

6. 没有对变更后的内容进行存档，也没有通知相关的项目负责人。

二、项目变更管理的基本流程

根据订单变更发生的阶段，该企业需要人工对订单进行重新分析和设计，并且重新制订生产计划，这将会浪费一定的人力成本，因此需要及时进行项目变更的管理。

项目变更管理的基本流程有：变更申请、变更评估、变更决策、变更实施、变更验证、沟通存档。

1. 变更申请

项目经理根据对项目 M 掌握的信息提出项目变更申请，或者客户提出项目变更的意向然后由项目经理提出项目变更的申请。变更申请应该包括详细的问题描述，如变更的原因、内容及相关资料，以此来说明进行变更的必要性、进行变更的方法、拟采取的措施及责任人、可能会对项目带来的影响等，以减少变更管理过程中多方人员不必要的争执。

2. 变更评估

从项目 M 变更内容的角度对该项目的计划、设计、实施方案重新进行全面的技术经济论证和评价，确定项目 M 的后期实施细节。在对变更造成的影响进行评估时，应综合考虑各种因素，如对计划、进度、质量、成本、人员等是否造成影响，影响程度，返工概率，产品交付质量等。

3. 变更决策

由于项目 M 有充分的证据和足够的资料可证明该项目必须进行变更，因此应该尽快召开变更评估会议来进行评估决策，并按照预先定义的权力层次来审批变更。

4. 变更实施

项目负责人秦工依据该变更申请表发布变更通知书，明确告知相关人员和组织变更内容和进度质量要求等，以便他们能及时开展工作。监控所有变更的过程，测评其结果并与预期进行对比。

5. 变更验证

变更后的项目的实际进度与计划的进度会产生不一致的情况，加强信息管理、进行专人跟踪检查、时时收集生产及实际项目进度的相关资料，在实施过程中对变更执行后的情况不断地进行跟踪检查并且定期提供对比报告，以验证其影响。

6. 沟通存档

项目负责人秦工在项目 M 实施的过程中，应该及时将项目 M 变更后的实施情况归存档，以备后期查考。

三、变更风险评估与控制

1. 先解决项目 M 目前存在争议的地方，对项目功能和标准不明确的地方，双方应该重新协商，可通过补充协议等方式明确订单详情。

2. 建立项目 M 变更管理制度，规范变更控制流程，使用配置管理系统。

3. 对已经做过的变更重新评估，并记录在案，更改相应的文档，通知相关人员。

4. 严格按项目 M 变更管理流程进行，以防止产生更多的问题。

培训课程 2 物料控制

物料控制指在企业生产目标的指导下，保证物料供应的合理性、时效性、经济性，为企业生产的正常进行提供基础。作为一名三级供应链管理师，需要掌握的知识主要包括物料库存数据采集与处理、库存控制及 KPI（key performance indicator，关键绩效指标）两个方面。

学习单元 1　物料库存数据采集与处理

情景描述

某企业保持有 10 种商品的库存，相关资料见表 3-5。

表 3-5　现有商品库存信息

商品编号	单价/元	库存量/件
001	4.00	300
002	8.00	1 200
003	1.00	290
004	2.00	140
005	1.00	270
006	2.00	150
007	6.00	40
008	2.00	700
009	5.00	50
010	3.00	2 000

由于该企业上述10种产品均有一定量的多余库存，为了减少资源的浪费，企业打算通过科学的库存管理实现库存成本的降低，另外，为了满足市场需求，支持消费者的多样化需求，企业打算生产一种新产品011，011产品包括甲和乙两个构件，每制造一单位产品需2个甲和4个乙。根据市场调研的结果，企业对新产品进行了详细的上市计划，打算在第6周必须发送100单位该产品。目前企业库存中对于生产新产品011构件的库存持有量分别为50单位（个）甲和100单位（个）乙。最终细项的生产提前期为2周，甲和乙各一周。小李是该企业生产部门供应链管理师，企业领导给小李安排了如下任务。

（1）考虑到该企业生产的产品类型多，且每类产品数量大，难以对这些产品进行高效的利用，需要小李将001到010这10种产品进行分类，并给出不同类别库存物资的管理方案。

（2）为降低企业的资金占用率及管理成本，节约线边空间，提升生产线运营的效率和安全性，公司拟对001产品新建一个线边仓库，需要小李设计001产品线边库存管理与控制方案。

（3）为企业能够快速投入生产新产品011，需要小李设计011产品的物料需求计划。

新知学习

一、物料库存的概念

物料库存也被称为零部件及原材料库存，一般指为了生产产品从供应商购入，且尚未加工前的物资，也称为生产物料，还包括以售后服务为目的的配件储备。

二、物料库存分类

1. 影响物料库存分类的因素

企业要对物料进行科学合理的管理时，先要通过合理的方式对物料进行分类，在物料分类时需要考虑的因素主要包括以下几个方面。

（1）相关性

任何一种物料都是由于某种需求而存在的，没有需求的物料，就没有产生或保存的必要。一种物料的消耗量受另一种物料的需求量制约，如购买原材料是为了加工零件，而生产零件又是为了装配产品。从大范围来讲，一个企业的原料是另一个企业的产品；一个企业的产品，又是另一个企业的原料；无数的供需关系联系到一起形成供需链或供需网。只有当市场有需求时，企业生产的产品才有价值。因此，对物料进行管理时，首先要考虑的就是该物料满足某种需求的能力。

（2）流动性

任何物料都是为满足某种需要而存在的，它必然处于经常流动的状态，而不应在某个地点长期滞留。物料的相关性必然形成物料的流动性，不流动的物料只能是一种没有需求的积压浪费。通过物料的流动性来检查物料在相关性方面存在的问题，是物料管理的重要内容。

（3）价值

物料是有价值的。库存或存货是流动资产，要占用资金，而资金是具有时间价值的，使用资金就应体现资金成本，要产生利润。因此，不仅要把库存物料看成是一种资产，还要看到它也是一种“负债”（尤其是超储物料），物料资金的投入占用了企业本来可以用在其他方面以获取利润的资金。

2. 物料分类方法

物料分类管理基于管理中突出差异化、抓住重点、兼顾一般的原则而展开。企业在生产过程中，涉及的原材料种类繁多，需要企业在考虑物料重要程度、价值高低、采购周期长短、需求量大小等因素的前提下，施以不同的管理方法，给予不同的关注。如将所有物料同等对待，将会使管理人员工作千头万绪，增加工作复杂度，也会导致重要的、资源紧缺的物品因得不到重视而缺货，使供应中断而影响生产。为使有限的时间、资金、人力、物力等企业资源能得到更有效的利用，企业在采购与库存控制中应采取差异化的管理战略。ABC 分类法和卡拉杰克（Kraljic）矩阵法是最常用的两种物料分类方法。

（1）ABC 分类法

ABC 分类法是根据事物在技术或经济方面的主要特征进行分类排队，分清重点和一般，从而有区别地确定管理方式的一种分析方法。由于它把被分析的对象分成 A、B、C 三类，所以又称为 ABC 分类法。

针对物料分类，ABC 分类根据物料价值和物料种类数量累计百分比对物料进行分类，将物料按价值大小分成 A、B、C 三类，其中 A 类物料价值占总物料价值的 70%，品种约占 10%；B 类物料价值占总物料价值的 20%，品种约占 20%；其余的为 C 类物料，ABC 物料分类规则如图 3-3 所示。

经过 ABC 划分，企业可以对不同级别的物料进行不同的管理。对于 A 级物料，必须集中力量进行重点管理。对于 B 级物料，按常规进行管理。对于 C 级物料，则进行一般管理。采用 ABC 分类法，企业可以对物料进行差异化管理，达到节省人力成本、时间成本的目的。

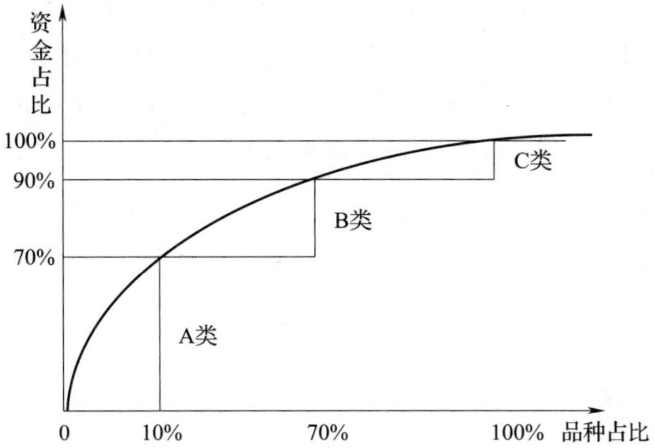

图 3-3　ABC 分类规则

小贴士

ABC 分类法的缺点

ABC 分类法简单易行，有助于分析和控制重点物料，但是，其缺点也显而易见。

（1）判别的标准不全面，仅仅根据品种、金额的多少还难以科学分类。如有些比较重要的物料，尽管占用金额不高，但对生产影响大，且采购周期较长，这类物料也应归为 A 类物料。然而，如果按照一般 ABC 分类法，这类物料也许应归为 B 类或 C 类物料。因此，ABC 类的划分，不仅取决于品种和金额的大小，同时应考虑物料的重要程度、采购周期的长短等，只有综合考虑这些因素，才能合理地分类。

（2）ABC 分类法只是一种粗略的方法，因为物料通常品种很多，一次划分难以合理，也不易控制，因此需要更细的、更具体的、更有针对性的划分方法。

（2）卡拉杰克（Kraljic）矩阵分类法

该方法主要基于如下两个因素。

1）物品的重要性。主要是指物品对公司的生产、质量、供应、成本及产品等影响的大小，包括采购总量的大小、该物品采购金额占总采购金额的比例、该物品占产品总成本的比例、该物品对产品质量的影响程度、该物品短缺给企业带来的损失等。

2）供应风险。主要指短期、长期供应保障能力，主要涉及供应商的数量、供应商的可靠性、供应竞争激烈程度、自制可能性大小、存储风险、替代可能等。采购一旦中断将对企业产生较大影响，这些影响可能是采购物料设计的成熟度，制造、服务、供应的复杂性，企业在采购该种物料方面的熟练程度，供货市场的市场供给能力、竞争性、进入壁垒以及供应市场范围、供应链复杂性等。

依据不同物料的重要性及供应风险，可将它们分为战略物品、杠杆物品、瓶颈物品、一般物品。将重要性和供应风险与复杂性结合，构成的 2×2 的矩阵被称为卡拉杰克矩阵，如图 3-4 所示。

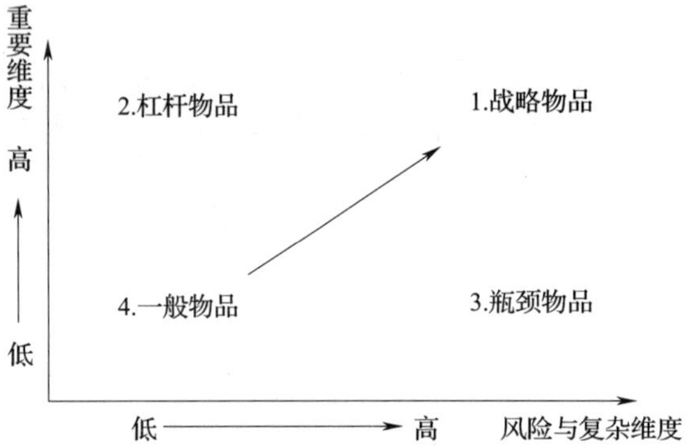

图 3-4　卡拉杰克矩阵

①战略物品。战略物品通常只有一个可利用的供应来源，并且不能在短期内加以改变，通常这类物品在最终产品的成本价格中占有很大份额。为避免重大损失，需要和少数关键供应商结成战略性合作关系，实现拥有此类物料总体成本的优化。

②杠杆物品。杠杆物品可以从不同的供应商那里获得，它们在最终产品的成本价格中占有相对较大的份额，企业需要扩大寻源范围，通过招标降低此类物料总体拥有成本。

③瓶颈物品。瓶颈物品占用金额相对有限，但是在供应上却极为脆弱。它们通常只能从一个供应商或少数几个供应商处获得。通常，供应商在与企业的关系中处于支配地位，这会导致较长的交货时间和劣质的服务。对于瓶颈类物资，企业一般有两种解决办法，其一是不断寻找潜在供应商，其二是修改自己的生产需求，将这类瓶颈物品转化为其他物品类型。

④一般物品。此类物品的价值通常较低并存在大量可供选择的供应商。通常，物料管理所耗时间和精力的 80％都用在此类物品上。为了给其他的、更加有意义的物品节省时间，应该对一般物品的管理进行有效的组织，可以通过标准化和自动化流程简化管理过程，降低此类物料的管理成本。

（3）ABC 分类法以及卡拉杰克矩阵分类法的结合

结合 ABC 分类法以及卡拉杰克矩阵分类法，对物料进行分类管理，以达到事半功倍的效果，详见表 3-6。

表 3-6 ABC 分类法以及卡拉杰克矩阵分类法

分类	A	A&B	B&C	C
矩阵	战略物品	杠杆物品	瓶颈物品	一般物品
价值	高	较高	一般	低
种类	少（5%~10%）	较多	少	多
替代性	差	较强	差	强
采购难度	大	一般	大	小
提前期	长	一般	较长	短
缺货频率	高	一般	高	基本无
管控性	重中之重	次重点	重点	一般

可以用主次矩阵来更明细化分类，主次矩阵见表 3-7。

表 3-7 主次矩阵

分类	战略物品	杠杆物品	瓶颈物品	一般物品
A	P	P		
B		S	P	
C			P	S

从表 3-6 和主次矩阵表 3-7 可明显看出，对于所有制造原料来说，重点在于战略物品与瓶颈物品，虽然瓶颈物品所占金额不高，却在整个生产中起着重要作用，缺乏瓶颈物品也最终会导致组装成品的短缺而造成巨大的缺货损失。

三、库存管理方法

1. 推动式库存管理

推动式库存管理是一种基于长期预测的不确定性策略，以未来下游企业需求的预测值为基础进行库存管理。当预计库存下降到一定值时，就需要对库存进行补充以满足预期消耗。由于推动式库存管理必须对需求的变化做出快速响应，这种库存管理方法总是与高库存量、高生产制造成本和高运输成本联系在一起。

2. 拉动式库存管理

拉动式库存管理是以物料的实际消耗来触发对库存的补充，当现有的库存低于规定值时即生成了库存补充的需求。这种库存管理方法大大减少了企业的库存量，但是当需求变化较大时，由于没有足够的原材料库存，整个生产系统就不能有效运行，出现缺货情况；较之于推动式库存管理，拉动式库存管理操作较为简单，依据的是历史消耗数据而不需要对实际需求进行预测，但是拉动式库存管理方法的订货提前期比推动式库存管理方法长，缺货成本高。

3. 零库存管理

零库存管理是一种特殊的库存概念，其对工业企业和商业企业来讲是个重要的分类概念。零库存是仓库储存形式的某种或某些种物品的储存数量为“零”，即不保持库存。不以库存形式存在就可以免去仓库存货的一系列问题，如仓库建设、管理费用、存货维护、保管、装卸、搬运等费用，存货占用流动资金及库存物的老化、损失、变质等问题。零库存的具体形式很多，主要有以下几种。

（1）无库存储备

无库存储备事实上是仍然保有储备，但不采用库存形式，以此达到零库存。例如有些国家将不易损失的铝这种战备物资以隔声墙、路障等形式储备起来，以备万一，在仓库中不再保有库存就是一例。

（2）委托营业仓库存储和保管货物

营业仓库是一种专业化、社会化程度比较高的仓库。委托营业仓库或物流组织储存货物，从现象上看，就是把所有权属于用户的货物存放在专业化程度比较高的仓库中，由后者代理用户保管和发送货物，用户则按照一定的标准向受托方支付服务费。采用此方式存放和储备货物，在一般情况下，用户自己不必再过多地储备物资，甚至不必再单独设立仓库从事货物的维护、保管等活动，在一定范围内便可以实现零库存和进行无库存式生产。

（3）协作分包方式

协作分包方式主要是制造企业的一种产业结构形式，这种形式可以以若干企业的柔性生产准时供应，使主企业的供应库存为零，同时主企业的集中销售库存使若干分包劳务及销售企业的销售库存为零。

（4）适时适量生产方式

适时适量生产方式即 JIT（just in time）生产方式，即“在需要的时候，按需要的量生产所需的产品”。它是在日本丰田公司生产方式的基础上发展起来的一种先进的管理模式，是一种旨在消除一切无效劳动，实现企业资源优化配置，全面提高企业经济效益的管理模式。

看板方式是 JIT 生产方式中的一种简单有效的方式，也称传票卡制度或卡片制度。采用看板方式，要求企业各工序之间或企业之间或生产企业与供应者之间采用固定格式的卡片为凭证，由下一环节根据自己的节奏，逆生产流程方向，向上一环节指定供应，其主要目的是在同步化供应链计划的协调下，使制造计划、采购计划、供应计划能够同步进行。在具体操作过程中，可以通过增减看板数量的方式来控制库存量。

（5）按订单生产方式

在拉动生产方式下，企业只有在接到客户订单后才开始生产，企业的一切生产活动都是按订单来进行采购、制造、配送的，仓库不再是传统意义上的储存物资的仓库，而是物资流通过程中的一个“枢纽”，是物流作业中的一个站点。物是按订单信息要求而流动的，因此从根本上消除了呆滞物资，从而也就消灭了“库存”。

（6）实行合理配送方式

一般来说，在没有缓冲存货的情况下，生产和配送作业对送货时间的稳定性更敏感。无论是生产资料还是成品，物流配送在一定程度上影响其库存量。因此，通过建立完善的物流体系，实行合理的配送方式，企业及时地将按照订单生产出来的物品配送到用户手中，在此过程中通过物品的在途运输和流通加工减少库存。企业可以通过采用标准的零库存供应运作模式和合理的配送制度使物品在运输中实现储存，从而实现零库存。

四、物料线边库存

1. 概念

线边库存指的是生产线线边货架所堆放的生产线所需的原材料、零部件、半成品、成品等，它是制造企业生产物流和生产装配的交汇点，以仓库至生产线之间的缓冲库存形式而存在。线边库存是生产线工位所需物料的暂存区，根据生产线排线的需求快速提供物料，提高生产活动的顺畅性。

2. 特点

相对于传统形式的仓库库存而言，线边库存具有以下特点。

（1）流动性较强。随着经济的发展，客户的需求呈现出多样化和小批量的特征，企业生产线为应对客户多样化的需求，生产线普遍采用混流生产方式，即每条生产线每日均生产多种产品，生产线需要频繁快速换线。生产线的混流生产方式相应地提高了物料线边库存的多样化和流动性。

（2）防止生产线缺货。生产线旁存有一定数量的物料库存，可防止生产线因缺物料而停产造成损失。

（3）有效降低企业库存水平，提高物料快速反应与供应能力。物料仓库将物料搬至线边仓库，此时该库存归生产部门管理和控制，生产时就不需要再去仓库领料，可直接使用线边库存的物料，这有利于物料员减少领料频次。

（4）强化车间现场管理。物料从仓库到生产线后，将拆除原包装，由物料员上料至生产线边指定区域，可使生产线和车间保持洁净，强化生产车间的现场管理。

3. 线边库存管理可能存在的问题

线边库存的产生是一个循环过程，如果生产线一直在生产，线边库存就一直存在。对线边库存产生的环节进行分析，物料员是看板信号的发出者和接收者。从线边库存管理过程来看，物料员是一线的物料管理者，从最初的根据机型刷物料看板到退料，线边库存物料管理权都在物料员手中。但物料员也仅是一线的指令执行者，线边库存管理方法是由高层决定的。若线边库存管理不到位，很多环节容易出现问题，如物料混料、物料供应不到位、线边库存积累过多导致快速换线环节占用过多时间等问题。从表面上看，这些问题的根源都很可能是物料员的操作不当引起的，但再深入分析，便可发现线边库存管理问题实际涉及很多环节。线边库存管理不善可能是看板量设置不合理，补货周期不对，线边料盒设计不合理，原包装量不符合要求，仓库配送供料路线有问题等。

五、物料库存数据处理

1. 物料清单

（1）物料清单的含义

物料清单（bill of materials，简称 BOM）是指产品所需零部件明细表及其结构。BOM 表明产品、部件、组件、零件、原材料之间的结构关系，以及每个组装件所包含的下属部件（或零件）的数量和提前期。

（2）物料清单的用途

物料清单是企业产品的基础数据，是产品数字化定义的重要内容，是企业设计部门与制造部门信息沟通的重要纽带。在产品全生命周期的不同阶段，物料清单发挥的作用各不相同，其主要用途有如下几点。

1）产品定义。物料清单明确了加工产品所需的零部件。

2）工程变更控制。产品设计工程师有时改变产品设计及所用部件，这些变更必须记录和控制。物料清单可提供这样做的方法。

3）备件。物料清单决定用来维修破损部件所需的备件。

4）计划。物料清单定义了生产最终产品安排的物料，以及购买或生产什么部件满足主生产计划。

5）订单录入。当产品有多个选择时，订单录入系统通常配置最终产品的物料清单，物料清单也用于产品定价。

6）生产。物料清单提供生产或组装产品所需的零部件清单。

7）成本核算。产品成本通常细分为直接物料、直接人工和管理费用。BOM 是确定物料成本的基本依据，同时也为核算人工、分摊费用等成本提供参考。

（3）形式

不同的产品由于结构不同，物料清单形式也多种多样。一般而言，物料清单的基本形式结构需要列出构成母件装配所需的子部件、半成品、零件和原材料及每一项目所需数量。表 3-8 是某车间生产编号为 100 的餐桌的一个简化的物料清单。其中物料清单的重要性体现在如下三个方面。

1）物料清单列出生产一个产品所需要的所有零部件。

2）每个零部件只有一个零件号。号码对零部件是唯一的，不再分配给任何其他零部件，因此，如果某一号码出现在两个不同的物料清单上，这样标识的零部件是同一个零部件。

3）零部件通过形状、适用性和功能来定义。如果其中一项改变，就不是同一个零部件，必须有一个不同的零件号，例如，零件油漆后就变成了不同的零部件，就要有不同的零件号，如果零部件可以漆成3种不同的颜色，那么每一种零部件应有一个不同的号码对其进行标识。

表3-8　100号餐桌简化物料清单

零件号	描述	所需数量
001	桌腿	4
002	腿帽	4
003	边框	2
004	桌面	1
005	五金用品	1

2. 物料需求计划

（1）物料需求计划的含义

物料需求计划（material requirement planning，简称MRP）是指制定具体的原材料和零部件的生产与库存计划。决定生产什么，外购什么。什么物料必须提前订货，生产多少，订多少。它根据主生产计划对最终产品的需求数量和交货日期而推导出零部件及材料的需求日期与需求数量，再导出自制零部件的制造订单下达日期与采购零部件的采购单发放日期，并进行需求资源和可用能力之间的进一步平衡。

（2）物料需求计划的作用

物料需求计划是主生产计划需求的进一步展开，也是实现主生产计划的有力支持和保证。它根据主生产计划、物料清单和库存信息等计算出企业要生产的全部加工件和采购件的需求量，且依据物料的提前期（lead time，LT）和按照产成品订单或需求出厂的优先顺序计算出全部加工件和采购件的需求时间，同时可以对计划订单提出合理化建议。

（3）制订物料需求计划的思路

物料需求计划的基本思想是围绕物料转化组织制造资源，实现按需要准时生产。其基本思路是：根据需求和预测来测定未来物料供应和生产计划与控制，它能提供物料需求的准确时间和数量，其基本思路如图3-5所示。

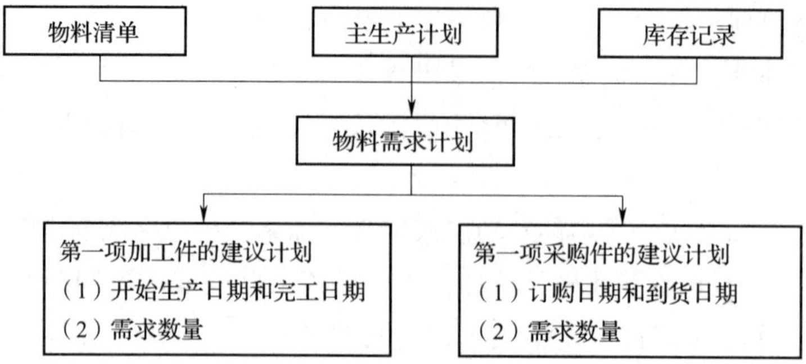

图 3-5　物料需求计划基本思路

（4）物料需求计划的基本计算步骤

一般来说，物料需求计划的制订首先是依照主生产计划导出有关物料的需求量与需求时间，然后再根据物料的提前期确定投产或订货时间的计算思路。其基本计算步骤如下。

1）计算物料的毛需求量。根据主生产计划、物料清单得到第一层级物料品目的毛需求量，再通过第一层级物料品目计算出下一层级物料品目的毛需求量，依次一直往下展开计算，直到最低层级原材料毛坯或采购件为止。

2）净需求量计算。根据毛需求量、可用库存量、已分配量等计算出每种物料的净需求量。

3）批量计算。由相关计划人员对物料生产做出批量策略决定，不管采用何种批量规则或不采用批量规则，计算净需求量后都应该表明有无批量要求。

4）安全库存量、废品率和损耗率等的计算。由相关计划人员规划是否要对每个物料的净需求量做这三项计算。

5）下达计划订单。通过以上计算后，根据提前期生成计划订单。物料需求计划所生成系统建议的计划订单，要通过能力资源平衡确认后，才能开始正式下达。

6）再一次计算。物料需求计划的再次生成大致有两种方式：第一种方式会对库存信息重新计算，同时覆盖原来计算的数据，生成的是全新的物料需求计划；第二种方式则只是在制订、生成物料需求计划的条件发生变化时，才相应地更新物料需求计划有关部分的记录。这两种生成方式在实际中都普遍采用，至于选择哪一种要看企业的实际条件和状况。

应用新知

小李接到公司领导的任务之后，通过认真学习物料库存数据采集和处理的相关知识，对任务所要求的相关数据进行收集和分析。小李根据任务要求，针对相关问题给出具体的方案，其结果如下。

一、 001～010 产品库存分类与管理

小李首先对 10 种产品的相关数据进行采集，决定使用 ABC 分类法对产品进行分类，收集数据和处理，绘制 ABC 分析表，根据表中数据处理结果对产品进行分类，具体过程和结果如下。

1. 用 ABC 分类法对该企业 10 种产品进行分类。

A 类：资金金额占总库存资金总额的 60%～80%，品种数目占总库存品种总数的 5%～20%。

B 类：资金金额占总库存资金总额的 10%～15%，品种数目占总库存品种总数的 20%～30%。

C 类：资金金额占总库存资金总额的 0～15%，品种数目占总库存品种总数的 60%～70%。

2. 根据采集到的产品数据，按照商品所占金额从大到小的顺序排列（首先要把 10 种商品各自的采购总金额计算出来），计算结果见表 3-9。

表 3-9　计算结果

商品编号	单价/元	库存量/件	金额/元	金额累计/元	占金额总额的累计比例/%	占全部品种的累计比例/%
002	8.00	1 200	9 600	9 600	48.4	10
010	3.00	2 000	6 000	15 600	78.7	20
008	2.00	700	1 400	17 000	85.7	30
001	4.00	300	1 200	18 200	91.8	40
006	2.00	150	300	18 500	93.3	50
003	1.00	290	290	18 790	94.8	60
004	2.00	140	280	19 070	96.2	70
005	1.00	270	270	19 340	97.5	80
009	5.00	50	250	19 590	98.8	90
007	6.00	40	240	19 830	100	100

3. 根据以上表格的计算结果，按照 ABC 分类管理的方法，可以完成此企业的库存产品分类，见表 3-10。

表 3-10　库存分类

分类	每类金额/元	库存品种数百分比/%	占用金额百分比/%
A 类：002、010	15 600	20	78.7
B 类：008、001	2 600	20	13.1
C 类：006、003、004、005、009、007	1 630	60	8.2

4. 库存管理方案。根据上述库存分类结果，小李给出三类库存不同的管理方法。对于 A 类库存，即对 002 和 010 两种商品，企业需要对它们定时进行盘点，详细记录及经常检查、分析货物使用、存量增减和品质维持等信息，加强进货、发货、运送管理，在满足企业内部需要和顾客需要的前提下，维持尽可能低的经常库存量和安全库存量，加强与供应链上下游企业合作来控制库存水平，既要降低库存，又要防止缺货，加快库存周转。针对 B 类库存，即对 008 和 001 产品，小李认为企业可以维持现有的库存管理策略。针对 C 类库存，小李认为企业可以实行宽松管理，对 C 类物品实行大量采购、大量存储，简单化计算和简单化管理，减少企业耗费在 C 类物品库存管理上的成本。

二、 001 产品线边库存管理与控制方案

小李结合 001 产品的生产流程，提出 001 产品线边仓大致可分为领料、存储、发料、退换不良等四大职能。根据各项职能制定相关的标准作业流程与规则，从而使 001 产品线边仓能够有效、快速、稳定地运转。小李给出 001 产品现边库存管理和控制方案具体如下。

1. 专人管理：线边仓管理权限为生产部，由管理部门指定专人专项或兼职管理，负责线边仓库存维护、收发料管理、不良品管理、盘点等事项，对线边仓库存准确率负责。

2. 物料调拨：线边仓管理人员发现各物料少于最低库存时，根据生产调拨单到仓库调拨相应物料进行补充，调拨数量以该物料设置的最高库存数为准，并做好手工领料台账。

3. 物料存储：线边仓物料储存依据仓管物料存储条例，分类放置并做好清晰标识，并做好物料标示卡，对物料进出进行日常记录。

4. 发料管理：生产线根据生产需求可自行由指定人员到线边仓拿取相应物料，并做好记录，该订单结束时，剩余物料当天必须退回线边仓，做好记录。线边仓管理人员根据当天订单情况，对相应物料依据 BOM 标准进行相应物料的出库记录，物料标识卡上进行出库记录并手工制作出库台账。

5. 库存准确率：由于前期试行，线边仓管理人员应做好所有物料的收、发手工记录。并对库区物料进行盘点核对（1 次/周），若发现有差异的情况，则根据手工台账记录进行异常追溯与分析。

三、 001 产品的 MRP 计划

小李通过学习 MRP 的相关理论知识，得出 001 产品的 MRP 具体过程。

1. 编制主生产进度计划，见表 3-11。

表 3-11　001 产品主生产进度计划

周数	1	2	3	4	5	6	7	8
数量/件						100		

2. 绘制产品结构树，如图 3-6 所示。

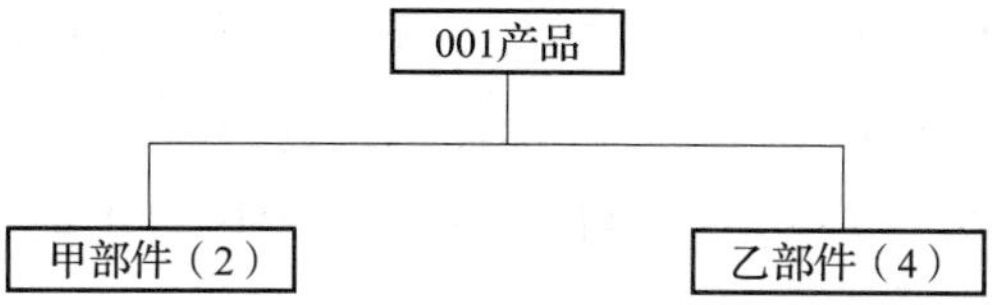

图 3-6　产品结构树

3. 利用主生产计划、库存情况、生产提前期求解计算该产品的总需求，再计算净需求，具体见表 3-12。

表 3-12　001 产品物料需求计划

构件名称	计划订单	周							
		1	2	3	4	5	6	7	8
001 产品 LT=2 周	总需求						100		
	现有数								
	净需求						100		
	计划收到订货						100		
	计划发出订货				100				
甲部件 LT=1 周	总需求				200				
	现有数	50	50	50	50				
	净需求				150				
	计划收到订货				150				
	计划发出订货			150					
乙部件 LT=1 周	总需求				400				
	现有数	100	100	100	100				
	净需求				300				
	计划收到订货				300				
	计划发出订货			300					

主生产进度计划显示需要生产 100 件 001 产品，且在第 6 周开始时没有计划持有量（即现有数为 0），因此净需求也是 100 件。于是，第 6 周的计划收到订货数量等于 100 件 001 产品。由于生产 001 产品耗时 2 周，这就意味着计划发出订货是在第 4 周开

始时。

第 4 周开始时 100 件 001 产品的计划发出订货的同时生成 200 个单位甲的总需求。然而，由于计划持有量为 50 个单位甲，净需求即为 200-50=150 个单位。这就意味着第 4 周开始时的计划接受为 150 单位。生产过程历时 1 周，因此计划生成必须在第 3 周开始（计划发出订货）时进行。

第 4 周开始时 100 件 001 产品的计划发出订货的同时生成 400 个单位乙的总需求。然而，由于计划持有量为 100 个单位乙，净需求即为 400-100=300 个单位。这就意味着第 4 周开始时的计划接受为 300 个单位。生产过程历时 1 周，因此计划生成必须在第 3 周开始（计划发出订货）时进行。

学习单元 2　物料库存控制及 KPI

情景描述

F 公司成立于 2000 年，是一家大型设备制造企业，主要生产大型机械设备，如混凝土运输车等，总资产超过 50 亿元，员工人数超过 5 200 人，实力雄厚。公司具有产品品种多、结构复杂、零部件和材料种类多、库存物料品种多、库存管理难度大等特点。

F 公司的库存管理目前处在供应链库存管理的初级阶段，持有库存主要是为了缓冲生产和销售方面的不确定性、实现大规模生产、减少供给来缓解需求季节性的波动以及实现均衡生产等。公司生产经理通过调研发现本公司的库存管理主要存在以下几个问题。

（1）库存管理多级化

F 公司没有成立统一的物流中心，也没有建立大型立体化仓库，无法对物料的采购、运输、仓储、配送进行统一的管理。此外，销售、制造、计划、采购、运输和仓储等的控制系统和业务过程相互独立，缺乏业务合作，从而导致库存管理多极化。

物流部门控制原材料、外协件以及外购配件的库存，制造和生产部门控制原材料到成品的转化过程的半成品库存和自制件库存，销售公司和售后服务中心分别控制成品库存和备件库存。物料由物流部门的仓库或制造部门的仓库流向售后服务中心的仓库，再流到各地服务中心办事处的仓库，形成多级库存管理，增加了库存占用资金和物流环节，延长了物流的周期。

（2）库存质量控制成本高

F公司作为国内一家大型机械设备制造公司，是机械生产供应链上的核心企业，生产所需的原材料和零部件绝大多数来自对外采购和对外协作，所需物料种类和规格型号多，并且企业供应商数量多、分布范围广、质量标准不一，因此就增加了公司产品质量控制的工作量，增加了检测人员及检测设备，进而导致库存质量控制成本高。

与此同时，F公司的部分供应商是单一的加工企业，自身没有产品研发能力和质量保障能力，产品的质量较差，为了保证产品质量，F公司同样需要增加质量检测人员、检测设施和检测时间，从而也导致公司库存质量控制成本居高不下。

（3）库存持有成本高

F公司的各个分公司都有自己的仓储系统，单独进行库存管理。仓库、货场、设施和设备没有进行统一规划、统一管理，没有得到充分利用，增加了库存的空间成本。由于仓库没有统一管理，公司不同的仓库持有同一种物料库存，同时物料信息不共享，难以调节不同部门库存物料的余缺，导致库存占用资金增多，从而增加了库存的资金成本；由于缺少集中的仓储中心仓库，不能集中仓储和配送，为了保证对生产过程的连续供应，部分工厂或车间都建立了材料和半成品库，这样会增加公司库存数量、延长库存周转时间，从而也会导致库存占用资金增多，增加库存的资金成本；由于仓库多，管理人员也就多，整体工作效率低，人员工资和办公费用多，增加了库存的管理成本。此外，由于部分外购产品质量差，需要相应增加保险储备，从而增加了库存占用资金和库存持有成本。

上述问题已经成为影响公司运营的关键问题，如何合理有效地控制公司供应链运营中的库存水平成为公司亟待解决的问题。现公司办公室主任找到生产部门供应链管理师小沈，要求小沈针对公司库存管理面临的上述问题，给出切实可行的提高公司库存管理水平的有效方案。

新知学习

一、库存控制概念

库存控制是对制造业或服务业生产、经营全过程的各种物品、产成品以及其他资源进行管理和控制，使其储备保持在经济合理的水平上。库存控制是使用控制库存的方法，获得更高盈利的商业手段。库存控制部是仓储管理的一个重要组成部门，它是在满足顾客服务要求的前提下通过对企业的库存水平进行控制，力求尽可能降低库存水平、提高物流系统的效率，以提高企业的市场竞争力。

二、物料库存控制 KPI

通过分析物料库存控制的 KPI，可以实现对物料库存的合理化控制，使得物料库存状况更加健康，物料库存控制的 KPI 主要有物料库存周转率、物料库存动销率以及物料库存呆滞率。

1. 物料库存周转率

（1）物料库存周转率的概念

物料库存周转率是指在某一时间段内物料库存货物周转的次数，是反映物料库存周转快慢程度的指标。物料库存周转率对于企业的库存管理来说具有非常重要的意义。例如制造商，它的利益是在资金→原材料→产品→销售→资金的循环活动中产生的，如果这种循环很快（也就是周转快）时，在同额资金的条件下收益率也就越高。

（2）物料库存周转率的计算方式

1）常用方式：

$$\text{计算期物料库存周转天数}=\frac{\text{计算期天数}\times(\text{期初物料库存数量}+\text{期末物料库存数量})}{2\times\text{计算期销售量}}$$

$$\text{物料库存周转率}=\frac{\text{计算期天数}}{\text{计算期物料库存周转天数}}$$

2）通过使用数量计算：

$$\text{物料库存周转率}=\frac{\text{使用数量}}{\text{物料平均库存数量}}$$

3）通过使用金额计算：

$$\text{物料库存周转率}=\frac{\text{使用金额}}{\text{物料平均库存金额}}$$

4）通过出库金额计算：

$$\text{物料库存周转率}=\frac{\text{出库金额}}{\text{物料平均库存金额}}$$

5）通过时间限定计算：

$$\text{物料库存周转率}=\frac{\text{一定期间出库金额}}{\text{同一期间物料平均库存金额}}$$

（3）物料库存周转率控制方案

1）选择畅销商品销售，进而提高相关物料的周转率。

2）加快每个单品的周转次数。

3）滞销商品优胜劣汰。

4）提高单品毛利额或是提高顾客人均消费额。

5）新品上市的引进速度。

6）订货频率提高，实行少量多次。

2. 物料库存动销率

（1）动销率的含义

动销率原是销售指标，指店铺待售商品的品种数与本店经营商品总品种数的比值。库存动销率是从库存流动的范围衡量库存健康水平，它还能进一步衡量库存整体结构是否合理。一般情况下，库存动销率越高，库存越健康。但是，库存动销率也不是越高越好，高到一定程度则会适得其反。

（2）计算方法

$$期间内库存动销率=\frac{动销\ SKU}{实际\ SKU}\times100\%$$

动销 SKU（stock keeping unit，即库存量单位）指期间内有销售出库的 SKU，包括负出库（退库），但不包括呆滞报废等非正常出库。实际 SKU 是期末的实际库存 SKU 数，不包括期末零库存的 SKU，但包括负库存的 SKU（前提是系统允许负库存）。

（3）物料库存动销率控制方案

1）提升商品配齐率，减少缺品。

2）降低采购成本，拓宽采购渠道。

3）分析与优化商品结构，淘汰与引进并重，进行商品力提升。

4）关注库存合理化，加强退货与效期管理。

3. 物料库存呆滞率

（1）呆滞物料的概念

呆滞物料指物料存量过多、耗用量极少，进而库存周转率极低的物料。各个企业的划分标准不同，例如某些公司规定呆滞物料包括：对质量（规格、材质）不符合标准的原材料、外购件及外协件，存储超过 1 个月，已无使用机会，或虽有使用机会但用料极少的；对良好状态的原材料、外购件及外协件，存储超过 3 个月，在以后的生产中没有机会使用或者很少使用的；对成品、半成品，凡因质量不符合标准、在制或制成后客户取消订单、过多库存等因素影响，储存超过 1 年以上的。

（2）库存呆滞率

1）库存呆滞率的概念。库存呆滞率就是呆滞库存金额占总库存金额的比值。库存呆滞率是从库存流动的分布来衡量库存健康水平的，它也能衡量库存结构是否合理。呆滞率越低，库存越健康。

2）计算方法：

$$呆滞率=\frac{呆滞库存金额}{总库存金额}\times100\%$$

上式中，分子和分母均为同一个时间点的数据，一般取期末，以便与其他指标综合使用。

（3）呆滞物料的处理策略

对于物料呆滞库存，不同的生产企业可以用不同方式进行处理：可以通过重新设计产品的结构，调整呆滞物料的使用功能；拆解某些呆滞物料的零部件，当成替代品；降价促销，回收资金；报废；发给客户或作为赠品配送；当作员工福利发放；退给供货商，抵货款等。另外，根据呆滞物料产生的流程不同，给出具有针对性的控制策略，具体控制方式如下。

1）工艺更改、设计变更产生的呆滞物料。对于工程变更后，有库存的呆滞物料，尽量在以后开发或生产时能够改造使用或替换使用。

2）预测不准或订单变更产生的呆滞物料。如果是因为销售人员预测不准，公司多订或者错订一些物料造成呆滞，应改进预测方法。滚动计划法利用“近细远粗”原则，定期修正计划，是一种不错的方法。重点是通过客户的历史销售数据、经营能力、库存情况及市场变化等情况，对市场需求做出预测。为此，客户经理要加强对客户的订货进展情况的分析，及时做好相关的沟通、督促和指导，以确保客户能按照预测数量进行订货，提高订单履约率和预测准确率。

3）客户退货产生的呆滞成品。针对客户退货的成品，市场部应第一时间通知物料部和财务部。物料部负责办理退货数量的清点及入仓，并将确认的数量送交市场部。对于只需返修即可再次发货的，生产计划和生产进度的控制部门应安排生产返修，并由成品仓办理出库、入库、发货。对于客户不再订购此类货物的，应在其他客户订单中优先消化。若是没有可以消化的订单，且积压超过三个月，需物料部填列“呆滞物料处理清单”，送总经理给出处理意见，并由仓库负责落实。

4）采购宽量、安全库存量引起的呆滞物料。对于该宽量或安全库存量的物料，必须遵循先进先出的原则，将该物料优先出库。如该宽量、安全库存量一直未能消化，而变成呆滞物料，如果存放时间超过六个月，则由生产计划与生产进度的控制部门填列“呆滞物料处理清单”送总经理审批，由仓库依此执行并存档。

三、库存控制系统

库存控制系统是以控制库存为共同目的的相关方法、手段、技术、管理及操作过程的集合，这个系统贯穿于从物资的选择、规划、订货、进货、入库、储存及至最后出库的一个长过程，这些过程的作用结果，最后实现了按计划目标控制库存的目的。

有效的库存控制系统的目标是：保证获得足够的物料，鉴别出超储物品、畅销品和滞销品，向管理者提供准确、简洁、适时的报告，使费用最小化。根据库存控制方式不同，库存控制系统可以分为定量补货系统、定期补货系统和最大最小系统。

1. 定量补货系统

定量补货系统采用库存连续检查法，在每次出库时，都要盘点剩余量，检查库存量是否低于预先设定的补货点。如果库存量低于补货点，则应该发出补货指令，每次补货量都是固定的。在这种系统下，补货点和补货量都是固定的，检查期和需求率是可变的，订单提前期可以是固定的或者变化的。

定量补货系统的优点有：仅设置提前期内应对需求不确定的安全库存，安全库存较小；对预测值和参数变化相对不敏感。其缺点为：需要进行连续的库存记录，资料处理工作量大；确定补货批量时往往不进行经济分析，难以实现多物品的并单补货和并单运输；不能按照实际需求时间补货，具有补货的盲目性。

定量补货控制的特点有：补货点和补货批量固定不变；连续地检查库存，当库存量下降到补货点时就发出补货通知，每次按相同的补货批量补充库存；关键是要确定补货批量和补货点。

2. 定期补货系统

定期补货系统采用定期盘点库存的方法，每经过一个相同的时间间隔（补货周期）发出一次补货，补货量为将现有库存补充到一个目标库存水平所需要的增量。与定量补货系统相反，在定期补货系统中，补货批量通常是变化的，补货间隔期是固定的，因此这种系统的关键是确定补货间隔期。采用定期补货系统的企业可以制订统一的补货计划，一次处理多种物品的补货，采用并单运输可以降低运输成本。

目标库存量 S（预定的库存水平）是指保证按预期的库存服务水平，满足补货间隔期和提前期内正常生产经营活动对货物的需求量，即：

$$\text{目标库存量 } S=(\text{补货周期}+\text{提前期})\times\text{单位时间需求量}+\text{安全库存}$$

定期库存控制的特点有：定期检查库存水平并补货，订货量=目标库存量-在库量-在途库存+已分配但未出库的量；没有规定补货点，关键是要确定补货周期和预定的库存水平。

3. 最大最小系统

最大最小系统又称非强制补充供货系统，综合了定量和定期系统的特点。每隔固定的时间就检查库存并确定当前库存量，当库存量小于等于补货点时就发出补货。

与定期补货系统相比，由于不一定在每次检查时都补货，因而补货次数减少。但若检查时的库存水平稍高于补货点，则安全库存很难满足下一次盘点补货期加上提前期的需求，因此容易造成缺货。

四、库存控制策略

供应链管理环境下的库存管理方法主要有自动库存补给法，供应商管理库存法，联合库存管理法，协同规划、预测与补给策略，多级库存管理法等。

1. 自动库存补给法

自动库存补给法是指把生产过程中的产品放在包装袋中，并存放在箱子里面，每一个包装袋都装有一定数量的配送商品，供应商经常检查采购商的仓库，补充袋子，并借助电子化与信息共享，通过对箱子数量的补充来实现采购商的库存自动补给。

2. 供应商管理库存法

供应商管理库存法（vendor managed inventory，简称 VMI）是指一种在用户和供应商之间的合作性策略，其基本设想是力图通过集成供应链上各节点企业的库存控制职能，从而达到降低整体库存费用的目的。

VMI 的主要概念是制造商根据实际销售和安全库存的需求，替分销商下订单或补货，而实际销售的需求则是制造商根据分销商提供每日的库存和销售资料，并以统计等方式预估出来的。在供应商管理的库存系统中，制造商负责维持客户的库存水平。而分销商只需提供给制造商库存状况和销售历史记录就可以了。分销商和制造商协同制订存货计划，将其作为制造商的粗略生产计划以指导生产。

3. 联合库存管理法

联合库存管理法（jointly managed inventory，简称 JMI）是一种基于协调中心的库存管理方法，是解决供应链系统中由于各节点企业的相互独立库存运作模式导致的需求放大问题，提高供应链同步化程度的一种有效的库存控制方法。

在联合库存管理模式下，双方通过某种形式的协商框架，来决定需求的预测和补充存货的水平，协议内容一般要体现库存的最高水平和最低水平货物的补充周期，明确要生产产品的安全、环境保护问题，数据的提供、预测、补给和库存负责问题，库存的准确目标、结算方式以及相关支付手段，任何一方未能履行其职责的相应补救措施等。

该方法要求供应商和采购商相互开放、资源共享，与传统的库存管理方式相比，其优势主要表现在能够保持较低的存货水平、减少缺货的风险、增加相应的支付方式。

4. 协同规划、预测与补给策略

协同式供应链库存管理（collaborative planning forecasting and replenishment，CP-FR）是一种建立在 JMI 和 VMI 最佳分级时间基础上，以消费者为中心，由供需双方通过信息的充分共享和管理的全员参与来完成整个供应链合作的库存管理方法，它同时抛弃了 JMI 和 VMI 二者缺乏供应链集成的主要缺点，能同时降低分销商的存货量，增加供应商的销售量。它应用一系列处理过程和技术模型，覆盖整个供应链合作过程，通过共同管理业务过程和共享信息来改善分销商和供应商的伙伴关系，提高预测的准确度，最终达到提高供应链效率、降低库存和提高客户满意度的目的。CPFR 的最大优势是能及时准确地预测由各项促销措施或异常变化带来的销售高峰和波动，从而使分销商和供应商都做好充分的准备，赢得主动。CPFR 采取了多赢的原则，始终从全局的观点出发，制定统一的管理目标以及实施方案，以库存管理为核心，兼顾供应链上其他方面的管理。因此，CPFR 更有利于实现商业伙伴间更广泛深入的合作，帮助制定面向客户的合作框架、基于销售报告的生产计划，进而消除供应链过程约束等。

5. 多级库存管理

多级库存优化与控制是在单级库存控制的基础上形成的，是一种对供应链资源全局性优化的库存管理模式，主要有两种库存控制方法：一种是分布式策略，另一种是集中式策略，这两种控制方法各有优缺点。分布式策略是各个库存点独立地采取各自的库存策略，通常只有在信息完全共享时才能充分利用供应链资源，在实际应用中往往达不到理想的效果。集中式库存策略通过建立库存目标函数，同时确定所有库存点的控制参数，在降低库存总体成本的基础上来实现库存的优化。

应用新知

一、F 公司库存管理存在问题的原因分析

在企业供应、生产、销售等经营运作过程中，存在一定库存问题是不可避免的，因为库存管理的两个目标（降低库存成本、提高服务水平）具有背反关系。现生产部门小沈通过分析 F 公司各仓库的库存周转率、库存动销率以及库存呆滞率等 KPI，发现库存管理中存在的问题，并找出造成这些问题的主要原因，具体如下。

1. 面向企业外部的供应链库存问题分析

（1）供应商方面

1）F 公司没有充分共享双方库存信息、采购信息、供货信息以及库存中各种物资的历史分布情况。

2）F 公司的供应商只是通过外派人员获得粗略的月需求预测、临时加急订货和月消耗与库存盘点的信息，双方并没有就联合补货策略进行研究，也没有必要的信息共享。

（2）分销商方面

分销商用户的需求不是一成不变的，这就使分销商不得不加大库存量，从而造成了供应链的“牛鞭效益”，造成了公司供应不及时。另一方面，这些产品可能并没有真正销售到用户手中，而是积压在分销商手中，从而使分销商不愿销售新产品，造成公司和渠道的损失。

2. 面向企业内部的供应链库存问题分析

企业内部的供应链库存问题主要是生产系统中的不确定因素。生产计划是生产系统用于驱动和控制生产的主要工具。在生产部门，物流经过上游工作地加工后再送到

下游工作地加工，直到该零部件的生产计划完成，下游工序的加工任务由上游工序决定。

但生产过程的复杂多变使得模拟十分困难，如车间的加工排序、提前期、物料到位状况等方面的不确定性都会造成计划与实际情况的偏差。而下游工作地为了缓冲这种偏差对其生产的冲击，不得不设置一定数量的安全库存，即企业的在制品库存。

二、库存管理方案设计

针对公司库存管理出现的问题，小沈给出的建议方案是通过建立联合库存管理模式的方法解决。联合库存管理就是要打破传统的各自为政的库存管理方法，建立全新的库存管理模式。市场部（或销售部）作为联系分销商、经销商的桥梁，成立联合库存协调管理中心，负责与供应商、下级供应部门交换物流过程中的各种信息，负责收集、汇总与物资采购相关的各种信息。

另外，为了使联合库存管理顺利实施，同时使企业更加集中于自己的核心业务，小沈认为公司决策层可以选择物流外包方式。在全国范围内筛选几家资质优良、实力雄厚的第三方物流企业，负责公司所有的物流业务。

F公司拟选用的联合库存控制管理模式如图3-7所示。

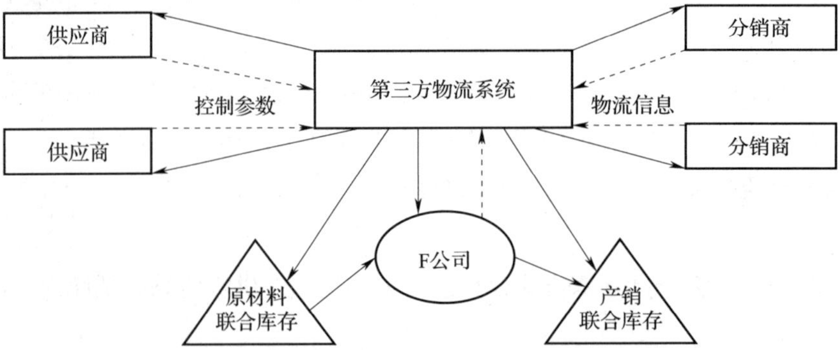

图3-7　F公司联合库存控制管理模式

1. 原材料联合库存方面

小沈建议，公司原材料的供应商可以将生产的成品直接存入公司（核心企业）的原材料库中，改变各个供应商的分散库存为公司集中库存，具体的操作程序如下。

（1）分析公司原材料供应商的资质状况

从资质较好的供应商中筛选出符合公司技术条件要求的供应商，并将其确定为合作伙伴，合作伙伴分一级伙伴和二级伙伴，一级伙伴为补充。

（2）与确定的合作伙伴签订联合库存控制管理协议

协议内容包括双方的责任、义务、利益。公司将生产需求计划（数量、时间）传递给供应商，供应商组织生产，生产后按量、按时配货发给公司。公司生产使用或按供应商指示发给其他用户。

(3) 加强公司联合库存控制管理。

(4) 做好管理人员技术培训，提高业务素质。

(5) 加强领导、精心组织、专人负责。

2. 产销联合库存方面

在分库所辖区域内设立地区中心仓库，承担各分销商产品供应工作。中心仓库的库存产品由公司总库配送或分销商代储。中心仓库的管理人员由总部指派，负责产品的接收、配送和管理。各中心仓库在联合库存协调管理中心即商务总库的领导下，统一规范作业程序，实时反馈产品需求信息，使联合库存协调中心能够根据进库、出库动态信息了解产品供应情况，充分利用现有资源、合理调配，提高发货速度，以最低的消耗实现最大收益，及时准确保证分销商及市场的需求。

小沈总结出了建立产销联合库存的关键：第一，按照分销商的购货要求，及时、准确、安全地把产品配送到用户手上；第二，做好售后服务、技术资料提供、施工技术指导、施工人员培训工作；第三，处理好分销商相关信息反馈。

三、联合库存控制管理的优势

在联合库存控制管理下，供应商取消自己的产成品库存，将库存直接设置到核心企业的原材料仓库中；分销商不建立自己的库存，由核心企业将商品从成品库存直接送到用户手中。F公司应用这种库存管理模式，具有以下几种优势。

1. 降低原材料采购成本

由于各个供应商的物资直接进入公司的原材料库中，即将各个供应商的分散库存转化为公司的集中库存，减少了供应商的库存保管费用，最终降低了原材料采购成本。

2. 降低分销商销售成本

分销商不再建立自己的库存，所售出的商品由公司各区域分库直接从产成品库发到用户手中，分销商取消了自己建立仓库对所售商品的费用分摊，把所有的精力放到了销售上，从而提高了分销商的主动性、积极性，促进了公司销售量的增加，提高了公司的产销量。

融会贯通

1. 请对惠州工厂2020年第二季度各系列手机的产能数据进行处理分析。X系列手机的产能数据见表3-13，V系列手机的产能数据见表3-14。

表 3-13　X 系列手机产能数据

生产工序	设备/台	工人/名	产能/部	次品/部
SMT	30	13	4 560	46
板测	21	16	4 620	39
组装	24	28	3 980	59
包装	27	11	4 200	13

表 3-14　V 系列手机产能数据

生产工序	设备/台	工人/名	产能/部	次品/部
SMT	22	10	3 550	25
板测	14	18	3 260	16
组装	19	12	3 020	22
包装	10	6	2 900	14

2. FC 公司是一家大型的雨伞生产企业，其生产的 LOVE 牌和 SM 牌雨伞以轻、新、牢、美而著称，产品质量和技术工艺在全国制伞行业中处于领先地位，在国内外市场享有很高的声誉。

该公司最近承接了一个订单项目，订单内容是 2 个月内生产 3 000 把 LOVE 牌雨伞和 2 500 把 SM 牌雨伞。但在该项目启动 1 个月后，客户突然提出要加一部分订单量，分别增加 1 000 把 LOVE 牌雨伞和 500 把 SM 牌雨伞。此订单的突然变化让该公司生产经理措手不及，准备召开紧急生产会议，安排接下来的生产任务。但在召开会议之前，生产经理要求生产主管在召开会议前完成订单变更处理报告。

假设你是 FC 公司的生产主管，请做出该订单的变更处理报告。

3. 小刘到兰州某仓储公司担任仓库主管一职，刚进仓库，就有员工反映仓库内原材料不足，当小刘看到仓库库存明细表（见表 3-15）并得知仓库内所有物品均为统一进货时，就发现仓库管理中存在的问题了。请运用所学知识分析该仓库存在的问题。

表 3-15　仓库库存明细表

产品序号	数量/件	单价/元
1	54	109
2	66	180
3	18	77
4	27	54
5	44	120
6	12	95

续表

产品序号	数量/件	单价/元
7	24	68
8	63	115
9	75	80
10	32	75

4. 客户从供应商处采购一种游戏机，采购模式是 PO（采购订单），采购周期为 30 天。当该产品生命周期结束时，供应商提出还有价值大约 100 万元的原材料、半成品、成品需要跟客户清算，理由是材料都是按照客户的 PO 备货的，近两个月来客户一直试图取消 PO 或减少要货，结果导致产生了这 100 万元的呆滞库存，大约相当于该客户一个月的采购量。客户 C 又坚决不承担这个责任，理由是之前要取消订单而供应商不同意，多购买原材料的责任在供应商。该如何处理这个问题呢？

职业模块 4 物流管理

培训课程 1 运输、配送与仓储

学习单元 1 运输管理

学习单元 2 配送及网络

学习单元 3 仓储运营

培训课程 2 物流外包与逆向物流运营

学习单元 1 物流成本分析

学习单元 2 物流外包管理

学习单元 3 逆向物流运作

培训课程 3 物流绩效管理

学习单元 1 物流绩效概述

学习单元 2 运输、仓储和逆向物流绩效评价

学习单元 3 外包物流绩效评价

物流管理是供应链管理中的重要组成部分，也是衔接其他活动的桥梁与手段，其活性程度与合理化对企业供应链的效率和效益有着至关重要的影响。对物流系统进行系统化的分析，用系统论的观点对物流管理的各子系统进行规划设计，可使整个供应链物流管理达到最优，改善供应链节点企业效益，提高供应链网络的整体运行效率。

培训课程 1

运输、配送与仓储

运输与配送是物流管理中的两个重要功能要素，运输与配送环节的完成质量及其达到的服务水平直接影响着客户的满意程度。在整个物流系统中，运输与配送环节耗用的时间和花费的成本所占比重较大。据不完全统计，在中等批量的生产车间里，零件被加工的时间仅占生产时间的 5%，其余 95%的时间消耗在原材料、零件的运输及配送、物料仓储以及产成品的配送过程中，物料运输、配送和仓储的费用占产品总费用的 70%~80%。因此，进行运输系统分析，设计合理、高效、柔性的物流运输系统，对降低企业物流成本、提高运行效率有着十分重要的意义。

学习单元 1　运输管理

运输是物流作业过程中的基本作业活动，选择合理的运输方式需要掌握不同运输方式各自的技术经济特性，在此基础上，设计合理的运输方案，为物流作业效率的改善创造条件。

情景描述 1

A 企业是我国的大型钢铁生产企业，具备每年 2 000 万吨的生产规模。苏锡常杭地区是 A 企业钢材销售主要的集散地，每年从马鞍山发往苏锡常杭地区的钢材超过 150

万吨。预计年内将有 2 000 吨分别发往上海、武汉、宁波、合肥销售点，各发 400 吨、800 吨、300 吨、500 吨，作为该企业运输部门的员工，应该如何选择运输方式完成运输任务。

新知学习

一、运输概述

1. 运输的含义

运输（transportation）是用设备和工具，将人和物从一地点向另一地点运送的活动，通常分为旅客运输与货物运输。其中货物运输包括集货、分配、搬运、中转、卸货、分散等一系列操作。运输是对人和物的载运及输送，是在不同空间、不同地点中，使运输主体发生位移，以达到改变人和物空间位置为目的的活动。货物运输是物流活动中的基本内容之一。本书仅讨论货物运输，即货运。

2. 货物运输的分类

（1）按运输工具分类

按运输工具的不同，货物运输可分为公路运输、铁路运输、水路运输、航空运输和管道运输五种方式。

（2）按运输线路分类

1）干线运输。干线运输是指利用铁路和公路的干线、大型船舶的固定航线进行长距离、大运量的运送，它是进行远距离空间位移的重要运输方式。干线运输的速度快、成本低，是运输的主要形式。

2）支线运输。支线运输是指与干线运输相接的分支运输。支线运输是干线运输与收货、发货地点之间的补充性运输形式，路程较短，运量相对较小。

（3）按运输作用分类

1）集货运输。集货运输是指将分散的货物通过支线运输汇集到一个大型的集货中心，之后进行干线快速运输。集货运输是短距离、小批量、频繁的运输形式，集货运输是干线运输的补充形式。集货运输与分货运输是作业相同、运作形式相反的同种运输方式。

2）配送运输。配送运输是指配送中心按客户订单要求将已经配装的货物送达客户。配送运输是短距离、小范围的运输形式，是物流的终端资源配置。

（4）按运输协作方式分类

1）一般运输。一般运输是指在运输的全部过程中，单一地采用同种运输工具，或是孤立地采用不同种运输工具而没有协作关系的运输形式，如公路运输、铁路运输等。

2）联合运输。联合运输是指使用同一运送凭证，由不同运输方式或不同运输企业进行有机衔接的货物运输，利用各种运输方式的优势，充分发挥不同运输工具效率的运输形式。对货主来说，采用联合运输可以简化托运手续、方便客户，同时可以加快运输速度，有利于节省运费。经常采用的联合运输形式有铁海联运、公铁联运、公海联运等。其中以公路运输衔接干线运输实现“门到门”的联合运输最为普遍。

3）国际多式联运。国际多式联运是联合运输的一种现代运输形式，简称多式联运。它是在集装箱运输的基础上产生和发展起来的，是指按照国际多式联运合同，以至少两种不同的运输方式、由多式联运经营人将货物从一国境内的接管地点运至另一国境内指定交付地点的货物运输。国际多式联运是在国际物流中将多种运输手段进行衔接，实现一张提单下的货物“门到门”运输。国际多式联运的核心是总承运人，由总承运人向托运人开立提单，以一张提单、单一费率、一次保险，实现全程运输。

3. 运输的功能

（1）物品空间效用

在运量方面，运输实现物品空间位移的功能。任何物品从供应方到需求方实现其使用价值，都离不开运输。运输的目的就是以尽可能低的成本，在合理的时间内，保质保量地完成物品从起运地向目的地的位移。运输是物流最主要的主体功能。

（2）物品短期存储效用

在运输过程中可实现物品临时存储的功能。物品在中转运输过程中，需要在运载工具上进行较短时间的停顿，考虑到物品两头卸货与装货的成本及仓储的时间成本，不如将物品暂时存放在运输工具中，实现物品暂时存储的作用。

4. 运输在物流系统中的地位和作用

（1）运输是物流网络构成的基础

物流系统是一个网络结构系统，系统中的运输、配送活动使物品在空间位置中发生位移，即为线路活动；其他物流活动是在物流节点上进行的，称为节点活动。线路活动和节点活动共同构成了物流网络。如果没有运输或者配送，网络上的节点将成为孤立的点，网络结构也就不复存在了，中间节点上没有物流客体，物流活动的作用对象将不存在，节点活动也不会发生。

（2）运输是物流系统功能的核心

物流的三大效用体现在创造了物品的空间效用、时间效用和形质效用，而空间效用是通过运输来实现的，这是整个物流系统不可或缺的环节之一，因为在社会化大生产条件下，产品生产和消费在空间上的矛盾不会消除，反而会随着经济全球化而扩大，这将增加对物流业，尤其是运输的需求。

(3) 运输是物流合理化的关键

物流合理化是指在各物流子系统合理化基础上形成的物流系统总体功能最优，即系统以尽可能低的成本，创造更多的空间效用、时间效用和形质效用，或是用尽可能低的成本为客户提供更优质的物流服务。物流系统由运输、仓储、装卸搬运、包装、流通加工、配送和物流信息系统构成，物流合理化不是各子系统局部最优的叠加，且各子系统之间会存在效益背反现象。根据系统论原理，只有各子系统合理并相互协调产生结构效应，才能使系统总体功能最优。而运输在物流系统中处于核心地位，它的合理化会直接对其他子系统产生影响，使得物流系统结构更加合理、功能更强、系统更优。

5. 运输管理的基本原理

(1) 规模经济

运输的规模经济是指在运载工具载质量确定的前提下，随着装运量的增加，分摊到单位质量（习称“重量”）上的平均运输成本会随之下降。

(2) 距离经济

距离经济的特点是在其他因素不变时，运输成本随运输距离的增加而减少。距离经济的合理性与规模经济相似，尤其是在运输装卸费用的分摊上，距离越长，固定费用分摊后，每件货物的运输总费用越低。

二、各种运输方式的技术经济特性

1. 铁路运输

铁路运输可分为零担运输、整车运输和集装箱运输，主要承担长距离、大批量的货物运输，在没有水路运输条件的地区，几乎所有大批量货物的运输都是靠铁路运输来完成的。铁路运输是干线运输中起主力作用的运输方式。

铁路运输的优点如下。

(1) 速度快

在较长距离运输中，铁路运输的送达速度仅次于航空运输。

(2) 运输批量大

铁路运输依靠大动力机车牵引，可以单次运送大批量物品。

(3) 运输准确性和连续性好

由于铁路几乎不受天气影响，可以昼夜不停地进行定期的、有规律的运转。

(4) 安全程度高

在不同运输方式中，按所完成货运量计算的事故率考量，铁路运输是事故率最低的运输方式。

(5) 能耗小

电力机车被公认为是最有发展前景的一种机车，铁路运输采用电力机车牵引，在节约能源方面有优势。

（6）环保性好

铁路运输对环境的污染小，排放废气对环境的污染是汽车的 1/30，电气化铁路几乎不排放废气；火车噪声比汽车噪声低 5～10 dB；火车噪声对城市的影响也大大低于民航飞机的影响。

这些优势使铁路运输在交通运输中占有重要地位，发挥着不可替代的作用，尤其在中国这样一个幅员辽阔的国家，铁路运输的作用更为明显，是国民经济的大动脉。

但铁路运输也存在不足之处，主要表现为：短距离铁路运输的费用较高，货物途中转装作业需要时间，途中滞留时间较长，使货物送达速度较慢；铁路车站固定，灵活性比公路差，不能实现“门到门”运输；铁路运输计划性强，不适用于紧急运输；铁路建设投资大，其技术设备（线路、机车、车辆、车站等）需要投入大量人力、物力和财力，建设周期长。

2. 公路运输

公路运输在国内运输领域中占有非常重要的地位。公路运输主要承担近距离、小批量的货物及水路运输、铁路运输难以到达地区的大批量长途货物运输。

公路运输的优点主要体现在：灵活性强，可以实现“门到门”运输；全程运送速度快，在合理的运输距离内，公路运输由于中途不需要换乘转装，可实现“门到门”直达运输。因此，货物在途时间较短，全程运送速度较快。

但是公路运输也具有如下局限性。

（1）载运量小，不适用于装载重件、大件货物。

（2）安全性较差，包括货物安全和交通安全两部分，车辆运行中振动较大，易造成货损货差事故，货物的安全性差；公路交通事故也多于其他运输方式，交通安全性也比较差。

（3）能耗大、运输成本较水路运输和铁路运输高，货运汽车所消耗的燃料是价格较高的液体汽油或柴油，除了航空运输之外，汽车运输的能耗最大、成本最高。

公路运输的上述特点，使得它在物流领域中主要用于承担近距离、小批量的货物运输，特别是在物流配送中得到广泛应用，货运汽车的经济运输距离在 500 千米以内。但随着高速公路的快速发展，道路设施条件越来越好，中长距离的公路运输也越来越普遍。

3. 水路运输

水路运输主要承担大批量、长距离的运输。水路运输服务仅限于一定的范围，在运能、运输成本等方面，水路运输都处于优越地位。海上运输的独特地位几乎不能被其他运输方式所取代。国际运输主要以水路运输为主，全球贸易额的 50％以上、贸易货物质量的 99％都是通过水路运输实现的。水路运输的主要优点如下。

（1）运载量大，在五种运输方式中，水路运输能力最大，通常使用的船舶载运量都是 1 000 吨以上。

（2）适应性强，水路运输可以运输各种货物，尤其是一些火车、汽车无法运输的特种货物，如石油井架、机车，均可利用水路运输。

（3）节省投资，水路运输利用天然航道，可节约资金。

（4）运费低，在一定条件下，水路运输的运费只相当于铁路运输的 20%~30%，公路运输的 7%~20%。

（5）劳动生产率高。

但是水路运输的缺点也较为明显，受港口、水位、季节、气候影响较大，航期不能保证，一年中中断运输的时间比较长，必须与其他运输方式配合，且水运速度较慢。

4. 航空运输

航空运输的单位成本很高，因而适合运载的物品主要是价值高、运费承担能力很强的物品，如贵重设备的零件、高档产品等；还有一些紧急需要物资，如抢险救灾物资。

航空运输的优点：运输速度快、货物安全性高、受地面条件影响小、机动性大、航空运输设施建设周期较短、投资少、占地面积小、投资回收速度快。一般来说，修建机场比修建铁路周期短、投资回收速度快。

但是航空运输的缺点也很明显：运输成本高、承载量小；受天气影响大，限制了正常飞行和准点起降。

5. 管道运输

管道运输主要承担单向转移、定点发送与接收的液体和气体货物的输送。优点体现在运量大、建设工程比较单一；占用土地少；建设周期短，投资回收期短；损耗少；污染小。但是，管道运输本身工程结构的特点决定了其适用范围的局限性。

三、运输方式选择的原则

运输方式的选择受货物种类、运输数量、运输距离、运输时间和运输成本五个因素的制约，其中货物种类、运输数量和运输距离是由货物性质和存放地点决定，较难改变，它们对运输方式的改变影响很小；运输时间和运输成本是选择不同运输方式的主要因素，是运输方式的变量。根据对五种基本运输方式的分析，可以按照以下原则选择合适的运输方式。

1. 在 500 千米经济里程之内的中短途运输由公路运输承担。

2. 干线大运量快速运输由铁路承担，两端与公路运输衔接，形成铁路与公路的联合运输方式。

3. 海运的两端与公路衔接，再衔接干线铁路，实现水、公、铁三者联合运输。

4. 航空运输与城市配送衔接，实现快速运输与客户网络相适应的航空与公路联运。

四、货物运输作业流程

货物运输过程包括发货作业、途中作业、到达作业三个阶段。参与货物运输合同的关系人有货主或托运人、承运人、收货人或代理收货人。发货阶段，当货主与托运人是两个不同的关系方时，托运人为货主的代理。

在货物运输过程中，货物托运人向运输公司提出运送货物的要求称为托运；运输公司接受货物运输就是受理，称为承运。运输的作业内容如图 4–1 所示。

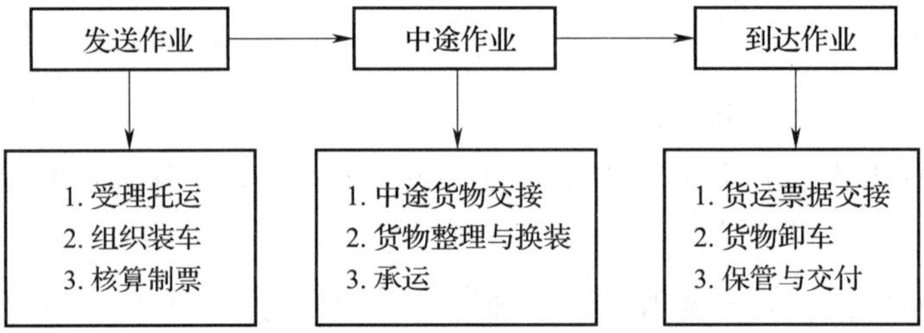

图 4–1　运输作业流程

货物运输的基本作业流程如下。

1. 托运人填写运单

货物运单是托运人与承运人双方订立的运输合同，它明确规定了双方在货物承运期间的权利、责任。货物托运单的作用体现在以下几个方面。

（1）托运单是运输公司开具货票的凭证。

（2）托运单是调度部门派车、货物装卸、货物到达交付的依据。

（3）在运输期间发生事故时，托运单是判定双方责任的原始记录。

（4）托运单是货物收据和交货凭证。

货物运单一般由托运人填写，也可委托他人代填并在托运单上加盖与托运人名称一致的印章。

2. 托运单的审批和检验

（1）审批货物详细情况，包括货物名称、体积、重量、运输要求。对于不符合国家规定的货物，以及承运人不能承担的货物不应受理。

（2）检验有关运输凭证，货物托运人应根据有关规定，向承运人提交准许出口、外运等证明文件，以及随货同行的有关票据单据。

（3）审批有无特殊运输要求，如运输期限、押运人员等。

3. 确定货物运输里程和运杂费

4. 托运单编号及分送

托运单认定后，应为其编定托运号码，告知调度与运务部门，并将结算信息通知交付货主。

5. 整车货物的理货

货物的理货工作分为受理前货物的核实和起运前的货物核实，确保运输的货物与运单信息一致。

6. 交费并领取货票

托运人向承运人交纳运费和杂费，领取承运凭证——货票。

7. 整车货物监装与监卸

（1）承运人车辆到达装货地点，监装人员应根据托运单和货票填写的内容、数量与托运人确定交货手续。

（2）承运人车辆到达卸货地点后，应会同收货人员、驾驶员、卸车人员检查车辆有无异常，再进行卸货作业。

（3）卸货时，应根据托运单及货票所列的项目与收货人清点和监秤记码交接，如发现货损，应按有关规定编制记录并申报处理，收货人在记录和货票上签署意见；交货完毕后，由收货人在货票收货回单联上签字盖章，承运人的责任即告结束。

8. 整车货物的运输变更

通常情况下，当货物的托运人或收货人对运输中的货物因特殊原因提出变更要求时，应由托运人提出变更运输的申请和其他有效证明文件，填写变更说明书和货物运输变更原因，加盖与原托运单相同的印章。在变更运输不违反有关规定时，才予以受理。

五、常见的不合理运输及产生原因

1. 几种常见的不合理运输

不合理运输是在现有条件下可以达到而未达到应有的运输水平，从而造成了运力浪费、运输时间增加、运费超支等问题的运输形式。主要有八种不合理运输的表现形式。

（1）对流运输

对流运输是指同一种货物或彼此之间可以替代而又不影响管理、技术及效益的货物，在同一线路上或平行线路上做相对方向的运送，而与对方运程的全部或一部分发生重叠交错的运输。已制定了合理流向图的产品，一般必须按合理的方向运输；但如与合理流向图指定的方向相反，也属于对流运输。对流运输是不合理运输中最突出、最普遍的一种。

（2）迂回运输

迂回运输是一种舍近求远的运输。由于运输网的纵横交错及车辆的机动、灵活性，在发货站和收货站之间，往往有不同的运输路径可供选择，凡不经过最短路径的绕道运输，称为迂回运输。迂回运输有其复杂性，只有当计划不周、地理不熟、组织不当而发生的迂回运输，才属于不合理运输。

（3）重复运输

重复运输一般包括两种形式：一种形式是本来可以直接将货物运到目的地，但在未到达目的地时，或在目的地以外的地方将货物卸下，再重复装运送达目的地；另一种形式是同品种货物在同一地点一边运进，又一边运出。重复运输最大的不合理之处是增加了不必要的中间环节，从而延缓了流通速度，造成了物流时间增长，增加了运输费用、出入库手续和货物损坏的概率。

（4）过远运输

过远运输也称长距离运输，是指调运货物舍近求远，近处有货物不利用，而从更远的地方调运，从而造成运输里程增加，导致浪费。过远运输占运力时间长，运输工具周转缓慢，阻碍了社会再生产的顺利进行。过远运输在运输总量中占相当大的比例，一般多见于木材和建筑材料的运输上。

（5）返程或启程空驶

在组织运输的活动中，因货源计划不周、调运不当或不恰当的自营运输等，造成只是单程有货，起程或返程空驶。空驶既增加了运输成本，也浪费了运力。

（6）倒流运输

倒流运输是指货物从销售地或中转地向产地或起运地回流运输的一种现象。其不合理程度更甚于对流运输。原因在于往返两地的运输都是不必要的，形成了双程的浪费。倒流运输被看成隐蔽的对流运输方式。

（7）无效运输

无效运输即不必要的运输，是指被运输的货物含杂质较多，如煤炭中的矿石、原油中的水分等，直接运输含有较多杂质的物资，造成运力浪费。无效运输问题可通过先行流通加工来解决。

（8）运输工具选择不当

1）铁路短途运输。铁路属于长途运输方式，经济运输距离在 500 千米以上，难以实现“门到门”运输，需要汽车转运。铁路短途运输不仅不经济，运输时间也会延长。

2）水路过近运输。水路运输属于大批量长途运输方式，经济运行时间和距离更长。船舶起运及到达目的地的准备、装卸时间长，且机动灵活性差，还需要短途搬运，过近距离的水运发挥不了大批量远距离运输的优势，既浪费了运力，也增加了成本。

3）运输工具承载能力选择不当。不根据承运货物数量及重量选择承载能力，盲目选择运输工具，造成超载、货物没有满载等现象。“大马拉小车”的现象尤其突出，由于载货量小，单位成本必然增加。

4）托运方式选择不当。托运人可以选择最好的运输工具时却没有选择，造成运力浪费和费用增加的不合理现象。例如，应选择整车运输而未选，却采用零担托运；应采用直达运输却选择了中转运输；应采用中转运输却选择了直达运输等，这些都属于托运方式不当。

5）弃水走陆。在同一运输任务有水运和陆运两种方式可供选择时，托运人或者自营运输者仅从方便的角度考虑，不采用成本较低的水运或水陆联运，而选择成本较高的铁路运输或公路运输。

2. 不合理运输产生的原因

（1）运输方式或运输工具选择不当

不同的运输方式都有其各自的特点，每种运输方式的优点和缺点共存，但是有些优点有一定的限制条件，运用不当会适得其反。如水路运输批量大、运费低，但速度慢，不能实现“门到门”运输，还有受气候影响，只有在远距离运输中才能体现其优势，过近距离的水运不能发挥其优势，还会因转运而增加在途时间。

同一种运输方式中，可能会使用不同运输工具，运输工具使用不当也会产生不合理运输。

（2）运输线路选择不合理

运输线路的长短是决定运输成本、运输时间和运输效率的重要因素。单一起讫点间最短路径的选择较为容易，多起讫点间运输线路的选择比较复杂。实际工作中，凭经验确定运输线路，很难达到系统合理化的目标，极有可能会出现不合理运输。优化运输路线要遵循系统论的观点，运用系统工程的方法进行运输路线的选择。

（3）不恰当的自营运输

运输社会化是现代物流发展的趋势，它符合大生产优势和专业分工原则。实行运输社会化，可在大范围内统一调度运输工具，避免对流、迂回、空驶、运力使用不当等多种不合理运输，不但能追求组织效益，而且可达到规模效益，发展社会化的运输体系是实现运输合理化的重要措施。我国自营运输的比例还相当高，资料显示，我国生产制造企业销售物流中自理和部分自理的比率为 69%，购进物流中自理和供货方提供的比率为 81%，64%的生产制造企业拥有自己的汽车车队，与发达国家 50%以上企业使用第三方物流相比，还有很大的差距。

（4）运输策略运用不够

运输策略包括联合运输、中转运输、配载运输、“就站”直拨等。

1）联合运输也称合并运输，是通过联合协议将不同用户相同起讫点之间需要运输的货物合并起来进行运输的方式，以提高运输效率，降低运输成本。现实中由于企业偏爱自营运输，或者联合运输的获利难以分配，使得联合运输策略很少被采用。

2）中转运输是相对直达运输而言的，直达运输是追求运输合理化的重要策略，但直达运输的合理化也是在一定条件下才能体现，直达不一定优于中转，当有多个相同方向的小批量货物需要运输时，有必要采取中转运输。

3）配载运输是充分利用运输工具的载重能力和容积，合理安排装载物品及载运方法以追求合理化的一种运输策略。配载运输是提高运输工具实载率的一种有效方式，但由于运输车辆配载的技术难度较大，应用很不普遍。

4）“就站”直拨是指车站、码头卸车卸船的货物直接换装运送给客户，无须落地中转的运输策略。这种运输策略在水路运输中使用较普遍，陆路运输中使用较少。

（5）缺乏物流系统合理化的全局观念

物流系统是一个有机整体，局部最优并不能保证总体最优，仅考虑运输活动或者运输活动中的某个环节的合理性是片面的，前面所述由于运输方式、运输工具、运输线路选择不当，对存储、装卸、包装等物流环节造成不利影响，都是由于缺乏全局观念所致。

3. 运输合理化的有效措施

（1）提高运输工具实载率

提高实载率的意义在于能充分利用运输工具的额定装载能力，减少车船空驶和不满载行驶的时间，减少运输资源浪费，从而求得运输的合理化。根据测定，汽车运输的实载率每下降1%，运送百吨货物每千米油耗上升1%~2%。

（2）发展直达运输

直达运输是追求运输合理化的重要形式，其对合理化的追求要点是通过减少中转过载换载，从而提高运输速度，省去装卸费用，降低中转货损。直达的优势，尤其是在一次运输批量和用户一次需求量达到了一整车时表现最为突出。

（3）配载运输

配载运输是充分利用运输工具的载重量和容积，合理安放装载的货物和选择适宜的载运方法以求得合理化的一种运输方式。配载运输也是提高运输工具实载率的一种有效形式。配载运输往往是轻重商品的混合配载，在以重质货物运输为主的情况下，同时搭载一些轻质货物，在基本不增加运力投入、不减少重质货物运输的情况下，解决了轻质货的搭运，因而效果显著。

（4）发展特殊运输技术和运输工具

依靠科技进步是运输合理化的重要途径。例如，专用散装罐车解决了粉状与液状物运输损耗大、安全性差等问题；袋鼠式车皮、大型半挂车解决了大型设备整体运输问题；“滚装船”解决了车载货的运输问题；集装箱船比普通船舶能容纳更多的箱体，集装箱高速直达车船加快了运输速度，都是通过采用先进的科学技术实现合理化的。

（5）通过流通加工，使运输合理化

有不少产品，由于产品本身形态及特性问题，很难实现运输的合理化，如果进行适当加工，就能够有效解决合理运输问题。例如，将造纸材料在产地预先加工成干纸浆，之后压缩其体积进行运输，就能解决造纸材料运输不满载的问题；对于轻质产品，预先捆紧包装成规定尺寸，装车时就容易提高装载量；对于水产品及肉类，可预先冷冻，就能提高车辆装载率且降低运输损耗。

另外，还要充分发挥各种运输工具的作用，形成社会化的运输体系，提高各种运输工具的工作效率。

六、运输作业绩效评价指标的构成

运输绩效评价指标体系一般根据货物运输量、运输效率、运输质量以及运输成本与效益来确定。

1. 货物运输量指标

货物运输量指标包括以实物重量为单位计量的指标和以实物金额为单位计量的指标。

$$\text{货物运输重量（千克）}=\text{商品件数}\times\text{每件商品毛重（千克）}$$

$$\text{货物运输重量（千克）}=\frac{\text{运输货物总金额}}{\text{该货物每千克平均金额}}$$

2. 运输效率指标

运输效率指标主要指车船利用效率指标，包括时间、里程及载重量等的指标。

（1）时间利用指标

$$\text{车辆工作率}=\frac{\text{计算期运营车辆工作总天数}}{\text{同期运营车辆总天数}}\times100\%$$

$$\text{车辆完好率}=\frac{\text{计算期运营车辆完好总天数}}{\text{同期运营车辆总天数}}\times100\%$$

（2）里程利用率

里程利用率指一定时期内车辆总行程中载重行程所占的比重，反映了车辆的实载和空载程度，可以用来评价运输组织管理水平的高低。

$$\text{里程利用率}=\frac{\text{载重行驶里程}}{\text{车辆总行驶里程}}\times100\%$$

（3）载重量利用指标

载重量利用指标是反映车辆载重能力利用程度的指标，包括吨位利用率和实载率。

吨位利用率按照一定时期内全部营运车辆载重行程载重量的利用程度来计算，其中载重行程载重量亦称为重车吨位千米。

$$\text{吨位利用率}=\frac{\text{计算期完成货物周转量}}{\text{同期载重行程载重量}}\times100\%$$

$$实载率=\frac{计算期完成货物周转量}{同期总行程载重量}\times 100\%$$

3. 运输质量指标

运输质量可以从安全性、直达性、可靠性、一票运输率以及客户满意度等方面选择衡量指标。

（1）安全性指标

安全性指标包括运输损失率、货损货差率、事故频率和安全行驶间隔里程等。

运输过程中的货物损失率有两种表示方式，一种是以损失货物总价值与所运输货物的总价值进行比较，这种方式主要适用于货主企业的运输损失绩效考核；另一种方式是用运输损失赔偿金额与运输业务收入总额的比率来反映，此方式更适用于运输企业或物流企业为货主企业提供运输服务时的货物安全性绩效考核。

$$运输损失率=\frac{损失货物总价值}{运输货物总价值}\times 100\%$$

$$运输损失率=\frac{损失赔偿金额}{运输业务收入总额}\times 100\%$$

货损货差率指标是指在发运的货物总票数中货损货差的票数所占的比重。

$$货损货差率=\frac{货损货差票数}{办理发运货物总票数}\times 100\%$$

事故频率指标是指单位行程内发生行车安全事故的次数，一般只计大事故和重大事故。该指标反映车辆运行过程中随时发生或遭遇行车安全事故的概率。

$$事故频率（次/万千米）=\frac{报告期事故次数}{报告期总运输里程数（千米）\times 10\,000}$$

安全间隔里程指标是指平均每两次行车事故之间车辆安全行驶的里程数，该指标是事故频率的倒数。

$$安全间隔里程=\frac{报告期总运输里程数（千米）\times 10\,000}{报告期事故次数}$$

（2）直达性指标

对于有些运输方式（如铁路、航空等）不能直接将货物运至最终目的地的情况，可以用直达性指标来评价企业提供多式联运服务的水平。直达性指标对于评价来往于机场、铁路端点站、港口之间的运输，特别是在评价外部运输与厂内运输的衔接状况时，显得更有意义。

$$货物直达率=\frac{直达票号数}{同期票号数}\times 100\%$$

（3）可靠性指标

可靠性指标是反映运输工作质量的指标，它可以促进企业采用先进的运输管理技术，做好运输调度管理，保证货物流转的及时性。相对来说，厂内运输对于运输的可靠性要求更高。正点运输率是评价运输可靠性的主要指标。

$$正点运输率=\frac{正点营运次数}{营运总次数}\times100\%$$

（4）一票运输率指标

一票运输是指货主经一次购票（办理托运手续）后，由承运企业全程负责，提供货物中转直至将货物送达最终目的地的运输服务。一票运输率指标反映了联合运输或一体化服务程度的高低。

$$一票运输率=\frac{一票运输票号数}{同期票号数}\times100\%$$

（5）客户满意率指标

客户满意率指标是对运输服务质量的总体评价指标，它用满意客户数与被调查客户数的比率来表示。满意客户是指在对货主进行满意性调查中，凡在调查问卷上回答“对运输服务感到满意”及以上档次的客户。

$$满意客户率=\frac{满意客户数}{被调查客户数}\times100\%$$

4. 运输成本与效益指标

（1）单位运输费用指标

单位运输费用指标可用来评价运输作业效益高低以及综合管理水平，一般用运输费用总额与同期货物总周转量的比率来表示。运输费用主要包括燃料、各种配件、养路工人工资、修理、折旧及其他费用支出。货物周转量是运输作业的工作量，是车辆完成的各种货物的货运量与其相应运输距离的乘积。

$$单位运输费用（元/吨千米）=\frac{运输费用（元）}{报告期货物总周转量（吨千米）}\times100\%$$

（2）燃料消耗指标

评价燃料消耗的指标主要有单位实际油耗、燃料消耗定额比，它反映了运输活动中燃料消耗的情况，可以促进企业加强对燃料消耗的管理。

$$单位实际油耗（升/百吨千米）=\frac{报告期实际油耗}{报告期运输工作量（吨千米）/100}\times100\%$$

$$燃油消耗定额比=\frac{百千米燃料实际消耗量}{百千米燃料定额量}\times100\%$$

（3）运输费用效益指标

运输费用效益指标表示单位运输费用支出额所带来的盈利额。

$$运输费用效益=\frac{经营盈利额}{运输费用支出额}\times100\%$$

（4）单车（船）经济收益指标

单车（船）经济收益指标表示从单车（船）运营收入中扣除成本后的净收益。

单车（船）经济效益=单车（船）运营总收入-单车（船）成本合计

若计算结果为正值，则说明运营盈利；若计算结果为负值，则说明运营亏损。

5. 社会效益指标

该指标主要反映运输活动对环境污染的程度以及对城市交通的影响程度等。可以用专业性的环境评价指标对运输活动进行社会效益评价，也可以用定性的指标进行评价，如对企业具体的运输活动评价，可以考察运输活动中采用清洁能源车辆情况、运输时间是否考虑避开城市交通高峰时段、运输活动对周围环境污染情况等。在实际运输活动中，可综合考虑运输活动的目标与任务、运输货物特点、运输环境、运输能力、客户要求等方面的因素，具体确定各项评价指标及其主次顺序，形成完整的、相互衔接的指标体系，以获得相对良好的评价效果。

应用新知 1

由于每年发往苏锡常杭的钢材量较大，A 企业在苏锡常杭地区设立了钢材集散地，此批钢材可先由马鞍山发往常州集散地，再发往上海、武汉、宁波、合肥四个销售点，在该供应链网络中，马鞍山为一级供应商，常州集散地为一级节点，上海、武汉、宁波、合肥为二级销售点。

查阅相关资料，获取不同运输方式的各节点之间的运距及各种运输方式的运输费率。由于钢材属于大宗物资，不适宜空运，因此不考虑空运。

各节点之间不同运输方式的运距见表 4-1 至表 4-3。

表 4-1　各节点之间公路距离　　单位：千米

	马鞍山	常州（一级）	上海	武汉	宁波	合肥
马鞍山	0	174	333	562	446	163
常州	174	0	171	686	302	295
上海	333	171	0	840	240	462
武汉	562	686	840	0	891	394
宁波	446	302	240	891	0	553
合肥	163	295	462	394	553	0

表 4-2 各节点之间铁路距离 单位：千米

	马鞍山	常州（一级）	上海	武汉	宁波	合肥
马鞍山	0	196	379	870	693	179
常州	196	0	165	656	479	331
上海	379	165	0	821	341	457
武汉	870	656	821	0	1 170	364
宁波	693	479	341	1 170	0	835
合肥	179	331	457	364	835	0

表 4-3 各节点之间水运距离 单位：千米

	马鞍山	常州（一级）	上海	武汉	宁波	合肥
马鞍山	0	252	440	685	596	165
常州	252	0	84	463	241	187
上海	440	84	0	548	173	249
武汉	685	463	548	0	731	850
宁波	596	241	173	731	0	778
合肥	165	187	249	850	778	0

1. 确定运输线路

可供 A 企业选择的运输方式及运输线路如图 4-2 所示。

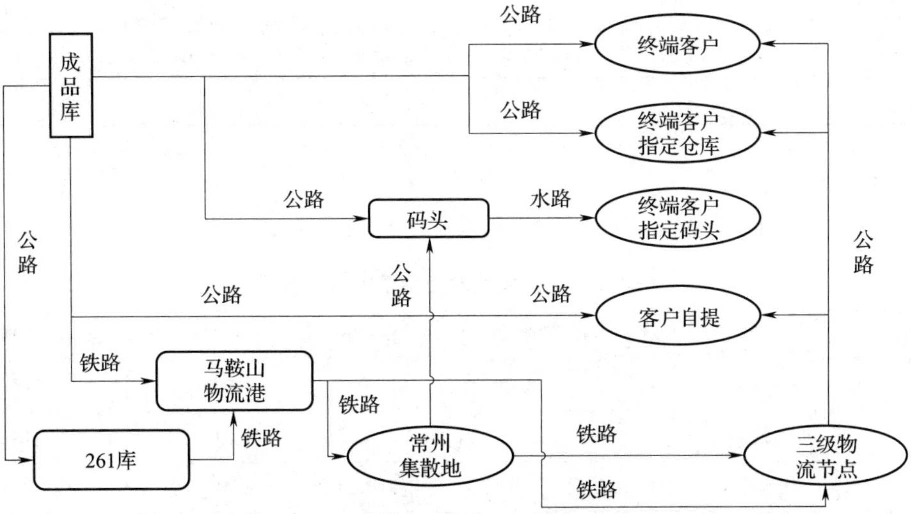

图 4-2 运输方式和运输线路

2. 选择合适的运输方式

（1）建立层次结构模型

对于此次钢材的运输，A 企业在选择运输方式时主要考虑的因素有运输成本、运输时间、运输安全性、运输直达性、运输准时率。根据主要因素建立系统的层次结构模型，如图 4-3 所示。

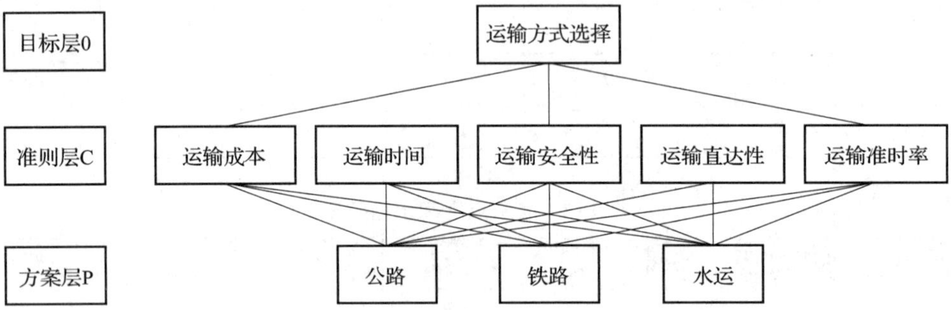

图 4-3　运输方式选择层次结构模型

（2）构造判断矩阵

针对准则层的五个要素构造判断矩阵，将准则层确定为五个要素，即运输成本、运输时间、运输安全性、运输直达性、运输准时率两两比较，得到判断矩阵，见表 4-4。

表 4-4　各要素之间重要性的比较矩阵

要素	运输成本	运输时间	运输安全性	运输直达性	运输准时率
运输成本	1	2	5	3	3
运输时间		1	3	2	2
运输安全性			1	1/2	1/2
运输直达性				1	1
运输准时率					1

（3）方案选择

通过计算得到各方案对目标层的权重及排序，见表 4-5。

表 4-5　各方案层对目标层的组合权重

方案	$\omega=[0.414\quad 0.241\quad 0.074\quad 0.135\quad 0.135]^T$					层次总排序
P_1	0.089	0.581	0.143	0.539	0.429	0.319 7
P_2	0.324	0.309	0.571	0.297	0.429	0.348 9
P_3	0.587	0.110	0.286	0.164	0.142	0.332 0

由表 4-5 可知，方案 P_2 权重最高，即综合考虑运输成本、运输时间、运输安全

性、运输直达性和运输准时率等各因素，A 企业应选铁路进行运输。

从表 4-2 中可看出，从马鞍山到合肥的铁路直达距离为 179 千米，而从常州集散地中转的总路程为 196+331=527 千米，远远多于直达距离，属于不合理运输。因此考虑合肥销售点的钢材单独运输，其他销售点的钢材先送到常州集散地，再从常州集散地运到上海、武汉、宁波销售点，计算出运输费用，见表 4-6。

表 4-6 优化后的运输费用

起点	终点	运距/千米	运量/吨	费率/（元/吨千米）	运费/元	总运费/元
马鞍山	合肥	179	500	0. 196	17 542	219 128
马鞍山	常州	196	1 500	0. 196	57 624	
常州	上海	165	400	0. 196	12 936	
	武汉	656	800	0. 196	102 860. 8	
	宁波	479	300	0. 196	28 165. 2	

由表 4-6 可知，A 企业此次的钢材运输经过调整与优化后，将合肥销售点的钢材通过铁路进行直达运输，其他销售点的钢材统一在常州集散地进行中转，计算得出 A 企业此次钢材运输的最终费用为 219 128 元。

情景描述 2

E 公司是位于北京的一家箱包生产公司。公司的分拨计划是将生产的成品先暂时存放在工厂，再由承运人运往公司的自有仓库。目前，E 公司使用铁路运输将工厂的成品运往公司的自有仓库。铁路运输的平均时间 $T=10$ 天，每个存储点平均储存 5 000 件货物，箱包的平均价值 $C=15$ 元，库存持有成本率 $I=20\%$/年。

公司希望选择总成本最小的运输方式。据估计，运输时间从目前的 10 天每减少一天，平均库存量可以减少 1%。每年由仓库售出 $D=40\,000$ 件箱包。公司可以利用的运输服务方式见表 4-7。

表 4-7 E 公司可选择的运输方式及相关数据

运输方式	运输费率/（元/件）	门到门运送时间/天	每年运输批次
铁路运输	0. 80	10	10
水路运输	0. 40	14	8
公路运输	1. 20	8	20
航空运输	1. 70	4	20

注：采购成本和运输时间的变化忽略不计。

应用新知 2

不同的运输方式会影响货物的在途时间。在途货物可以用年需求（D）的一定比例（$D/365$）表示。因此，在途库存的持有成本为 $I\times C\times D\times T/365$。其中，$T$ 表示平均运送时间。分拨渠道两端的平均库存大约是 $Q/2$，其中 Q 是运输批量。每单位货物的库存成本为 $I\times C$。但产品价值 C 在不同的分拨渠道的不同地点是不同的。如在工厂，C 是产品的出厂价；在自有仓库，C 是产品的出厂价加运输费率。运输批量为年需求量÷运输批次。用运输费率（R）乘以年需求量（D）就得到每年的总运输成本。针对每种运输方式计算相关成本，计算结果见表 4-8。

表 4-8　E 公司采用不同运输方式的总成本　　单位：元

成本类型	计算方法	铁路运输	水路运输	卡车运输	航空运输
运输成本	$R\times D$	32 000	16 000	48 000	68 000
在途库存	$I\times C\times D\times T/365$	3 287.67	4 602.74	2 630.14	1 315.07
工厂库存	$I\times C\times Q/2$	4 000	7 500	3 000	3 000
仓库库存	$1(C+R)Q/2$	6 320	7 700	3 240	3 340
总计		45 607.67	35 802.74	56 870.14	75 655.07
R=运输费率；D=年需求量；I=库存持有成本（%/年）； C=产品的出厂价；T=运送时间；Q=运送批量					

由表 4-8 可看出，采用水路运输时的运输成本最低，采用航空运输时库存成本最低，但水路运输的总成本最低。因此，E 公司可以采用水路进行运输，可使得总成本最低。

学习单元 2　配送及网络

配送是物流作业的末端作业，涵盖了物流活动的所有作业环节，完成配送作业，需要构建高效的配送网络，以保证配送作业高效完成。

情景描述 1

飞达机械公司

F 公司是一家以机械制造为主的企业，该企业长期以来一直以满足客户需求为宗旨。为了保证供货，该公司建立了500多个仓库。但是仓库管理成本一直居高不下，每年大约为2 000万美元。所以该公司聘请一家调查公司进行调查，结果显示，如果减少202个仓库，会使总仓库管理成本下降200万~300万美元，但是可能会造成供货紧张，致使销售收入下降20%。为了降低企业物流成本，企业总裁决定引入配送管理。

新知学习

一、配送概述

1. 配送的含义

配送（distribution）是在经济合理的区域范围内，根据客户的要求，对物品进行分拣、加工、包装、分割、组配等作业，并按时送达指定地点的物流活动。配送的目的在于最大限度地压缩流通时间、降低流通费用、提高客户服务水平、降低总成本，实现资源最优配置。

2. 配送的功能

配送本质上是运输，创造空间效用是它的主要功能。但配送又不同于运输，它是运输在功能上的延伸。

（1）完善运输系统

现代的大运载量运输工具可以提高效率、降低运输成本，但只适于干线运输。支线小批量运输频次高、服务性强，要求比干线运输具有更高的灵活性和适应性，而通过其他物流环节的配合可实现定制化配送服务，就能满足这种要求。因此，只有配送与运输的密切结合，使干线与支线运输有机地统一，才能实现运输系统的合理化。

（2）消除交叉输送

在没有配送中心的情况下，由生产企业直接运送货物到用户，即使采取直接配送方式交叉运输也是普遍存在的，从而导致输送路线长、规模效益差、运输成本高。如果在生产企业与客户之间设置配送中心，采取配送方式将货物运送到客户，则可消除交叉运输。因为设置配送中心后，将原来直接由各生产企业送至各客户的零散货物通过配送中心进行整合再实施共同配送，缓解了交叉运输，缩短了输送距离，降低了成本。

（3）提高末端物流的经济效益

采取配送方式，通过配货和集中送货，或者与其他企业协商实施共同配送，可以提高物流系统末端的经济效益。

（4）实现低库存

配送采用集中库存方式，使系统总库存水平降低，既减少了储存成本，也节约了运力和其他物流费用。尤其是采用准时制配送方式后，生产企业可以依靠配送中心准时送货而无须保持自己的库存，或者只保持少量的保险储备，实现生产企业的“零库存”或低库存，减少资金占用，改善企业的财务状况。

（5）简化手续，方便用户

由于配送可提供全方位的物流服务，采用配送方式后，用户只需向配送供应商进行一次委托，就可以得到全过程、多功能的物流服务，从而简化了委托手续和工作量，也节约了开支。

（6）提高供应保证程度

由于配送中心比任何单独供货企业具有更强的物流能力，采用配送方式有助于减少用户的缺货风险。

3. 配送的基本作业

配送实际是一个物品集散过程，这一过程包括集中、分类和散发三个步骤。这三个步骤由一系列配送作业环节组成，通常将这些作业环节称为配送功能要素，主要包括集货、分拣、配货、流通作业、配载、送货等。

（1）集货

集货是配送的首要环节，是将分散的、需要配送的物品集中起来以便进行分拣和配货。为了满足特定用户的配送要求，有时需要把用户从几家甚至数十家供应商处预订的物品集中到一处。集货是配送的前提，配送的优势之一是通过集货形成规模经济。

（2）分拣

分拣是将需要配送的物品从储位上拣取出来配备齐全，并按配装和送货要求进行分类，送达指定发货地点堆放的作业。分拣是保证配送质量的一项基础工作，它是完善送货、支持送货的准备性工作。成功的分拣能大大减少差错，提高配送的服务质量。

（3）配货

配货是将完成拣取分类的货品，经过配货检查，装入容器并做好标记，再运到发货准备区，待装车后发送的作业。

（4）流通作业

流通作业是在配送过程中，根据客户要求对物品进行套裁、打孔、简单组装、分装、贴标签等加工操作，以方便用户，进而提高顾客满意度的作业。

（5）配载

配载指充分利用运输工具（如货车、轮船等）的载重量和容积，采用先进的装载方法，合理安排货物的装载。在配送中心的作业流程中安排配载，把多个用户的货物或同一用户的多种货物合理地装载于同一辆车上，不但能降低送货成本、提高企业的经济效益，还能减少交通流量，改善交通拥挤状况。配载是配送系统中具有现代特点的功能要素，也是配送不同于一般送货作业的重要区别之一。

（6）送货

送货是将配好的货物按照配送计划确定的配送路线送达用户指定地点，并与用户进行交接。如何确定最佳路线，如何将配载和路线有效结合起来，是配送运输的要点和难点。

二、配送中心

1. 配送中心的概念

配送中心是从事配送业务的物流场所或组织。它应符合下列要求：主要为特定的客户服务；配送功能健全；有完善的信息网络；辐射范围较小；作业货物的品种多、批量小；以配送为主，储存为辅。

2. 配送中心的职能

配送中心的功能可以从经济和服务两个方面来考察。配送中心在物流系统中的价值体现在它对整个系统的贡献上，即配送中心是建立在成本-效益的基础上。

配送中心的基本功能主要有集中、整理分类、加工和储存。

（1）集中

原来供应商 A、B、C 分别将商品送至目标门店，现在通过配送中心接收供应商送到某一特定门店的商品，之后把它们整合成一次配送，其好处就是能减少配送费，同时减少门店收货时的拥挤现象。

（2）整理分类

大多数供应商对多个门店送货，这些门店可能属于同一家企业，也可能分属于不同企业。在没有配送中心的情况下，供应商只能小批量装载，分别将商品运至指定门店。如果设置配送中心，就可以将商品分类整理成个别的订货，并安排运输部门负责配送至门店。

（3）加工

一方面，配送中心通过对商品的加工，能够扩大经营范围和提高配送水平，满足广大消费者的需求；另一方面，流通加工可以提高商品的价值，从而提高客户获得的经济效益。

（4）储存

有些商品的品种有限或商品的生产具有季节性，商品储存是很重要的环节。例如，玩具是全年生产的，但主要在儿童节期间进行销售，为了防止缺货，常常在节日前就要开始储备。与此相反，农产品在特定的时间里收获，但却在全年消费。所以储存可以提供存货缓冲功能，使配送活动在受到采购和顾客需求的限制条件下提高效率。

3. 配送中心的类型

（1）按配送中心的经济功能分类，可分为供应型配送中心、销售型配送中心、储存型配送中心、流通加工型配送中心。

（2）按服务范围和服务对象分类，可分为城市配送中心和区域配送中心。

（3）按业务范围分类，可分为专业配送中心和柔性配送中心。

三、配送网络结构

配送系统是个网络结构系统，是由物流节点活动和线路活动构成的。节点活动的场所（节点）包括物流中心、配送中心、物品的供方和需方；线路活动是运输工具在运输线路上的运动，它反映了节点之间物品的传递关系。配送网络是配送作业的基本条件，不同类型的节点和不同的网络结构决定了配送的模式，从而产生不同的配送效果。

1. 集中型配送网络

集中型配送网络是指在配送系统中只设一个配送中心，所有用户需要的物品均由这个配送中心完成配送任务。在这种系统中，只能由这个配送中心做出配送决策，也只由这个中心进出配送的商品，这是一种集中控制和集中库存的模式。

集中配送的库存集中，有利于实现规模经济、减少管理费用，也有利于降低安全库存量，但存在着用户提前期增长、外向运输成本（从配送中心到客户的运输成本）增大的趋势。

2. 分散型配送网络

分散型配送网络是指在一个配送系统中设有多个配送中心，而将用户按一定的原则区分，归属下一级配送中心。其特点是配送中心离用户近，外向运输成本低，用户的提前期会相应缩短；库存分散，安全库存增大；内向运输成本（从供应商到配送中心的运输成本）大。

3. 多层次配送网络

多层次配送网络是在系统中设有两层或更多层次的物流中心和配送中心，其中至少有一层是配送中心靠近用户。大型第三方物流企业、大型零售企业或物流系统，它们的配送网络通常采用该种结构。随着企业规模的扩大，配送规模也随之扩大，经营品种增多，以高频率、小批量为前提的高水平配送需要使库存集约化，需要大量能将货柜、散货进行高效率快速处理的机械化、自动化、信息化的物流设施，同时也为了追求低成本物流战略，这种大型广域物流中心应运而生。

多层次配送的网络系统，由于与供应商和用户的距离都较近，内向运输成本和外向运输成本相对都有所降低，而且商品库存量也未必会增加，有助于降低总物流成本。

四、配送模式与配送服务方式

1. 配送模式

（1）自营型配送模式

自营型配送模式是当前生产流通或综合性企业所广泛采用的一种配送模式。企业通过独立组建配送中心，实现内部各部门、厂、店的物品供应的配送。虽然这种配送模式造成了社会资源的浪费，但是，在满足企业内部生产材料供应、产品外销、零售场店供货和区域外市场拓展等企业自身需求方面发挥了重要作用。当前，较为典型的企业内自营配送模式是连锁企业的配送。规模不一的连锁公司或集团基本上都是通过组建自己的配送中心，来完成对内部各销售点的统一采购、统一配送和统一结算。

（2）第三方配送

第三方配送是指由物流劳务的供方、需方之外的第三方完成物流配送服务的物流运作方式。第三方就是指提供配送交易双方的部分或全部配送功能的外部服务提供者，是配送专业化的一种形式。企业不拥有自己的任何配送实体，将商品采购储存和配送都交由第三方完成。

（3）共同配送

共同配送也称共享第三方物流服务，是指多个客户联合起来共同由一个第三方物流服务公司来提供配送服务。它是在配送中心的统一计划、统一调度下展开的。共同配送是由多个企业联合组织实施的配送活动。共同配送的本质是通过作业活动的规模化降低作业成本，提高配送资源的利用效率。共同配送是指企业采取多种方式，进行横向联合、集约协调、求同存异以及效益共享。

2. 配送服务方式

配送是直接面对用户的物流环节。为了满足不同用户和消费者的需求，应采用不同的配送服务方式。归纳起来，可供选择的配送服务方式主要有以下几种。

（1）定时配送

定时配送指按照与用户商定的时间或时间间隔进行的配送。每次配送的品种和数量既可以在协议中约定，配送时按计划执行；也可由用户在送货前以电话、传真、E-mail 等联络方式通知配送中心，配送中心根据通知的品种和数量安排配送。定时配送的典型形式是日配式，即按用户的要求每天送一次货，用户只需要有一天的库存量。适合日配式的用户主要有各种业态的零售店、生产情况比较稳定的企业等。

（2）准时配送

准时配送指按照双方约定的时间准时将货物配送到用户。这种方式的特点在于时间的精确性。它要求按照用户的生产节奏，在规定的时间将货物送达。采用这种方式，用户可以实现“零库存”。采取准时制生产方式的生产企业适合采用这种配送方式。准时配送方式既可以通过协议来实现，也可以通过看板方式来实现。与一般的定时配送相比，它需要有功能完善的信息系统和各种先进的物流设备作为支持。这种方式适合于连续、重复、批量生产的企业用户，特别是装配型企业。由于用户所需的物品是重复的、大量的，因而往往是一对一的配送。

（3）快递配送

快递配送是一种快速、便利、向社会广泛提供服务的配送方式。这种方式覆盖范围较广，服务承诺的时限随着地域的变化而变化。我国邮政系统的 EMS 就是运作成功的快递式配送企业。

（4）定量配送

定量配送指按照协议约定的数量实施配送。这种方式由于数量固定，在管理上可以增强备货的计划性；便于配送企业合理安排运力，实施科学管理；也便于用户安排人力、装卸搬运机具和储存设施。其不足之处在于有时会增大用户的库存量。

（5）定时定量配送

定时定量配送即按照约定的时间和数量进行配送。这种方式集上述定时配送、定量配送两种方式的优点于一身，是一种精密的服务方式。这种方式计划性很强，要求配送中心必须严格管理，适合于生产量大且稳定的用户，如汽车、机电产品制造业等。

（6）定时定路线配送

定时定路线配送是一种在约定的运送路线上，按照运行时刻表进行的配送方式，又称班车式配送。此方式要求用户预先提出供货的品种、数量、到货时间和到货地点，以便合理地配货、配载。

（7）即时配送

即时配送是为满足用户紧急需求进行的配送。这种方式是对其他配送服务方式的完善和补充，它主要是为了满足用户由于事故、灾害、生产计划突然改变等因素所导致的突发性需要，以及普通消费者的突发性需求，而采用的高度灵活的应急配送方式。

五、配送线路的确定——节约里程法

1. 节约里程法的核心思想

依次将运输问题中的两个回路合并为一个回路，每次使合并后的总运输距离减小的幅度增大，直到达到一辆车的装载限制时，再进行下一辆车的优化。优化过程分为并行方式和串行方式两种。

2. 运用节约里程法需要满足的条件

利用节约里程法确定配送路线的主要出发点是：根据配送中心的运输能力和配送中心到各个用户以及各个用户之间的距离来制定使总的车辆运输的吨千米数最小的配送方案。为达到高效率的配送，使配送时间最小、距离最短、成本最低而寻找的最佳配送路线，应满足以下条件。

（1）所有用户的要求。

（2）不使任何一辆车超载。

（3）每辆车每天的总运行时间或行驶里程不超过规定的上限。

(4) 用户到货时间要求。

3. 计算方法

如图 4-4 所示，假设 O 点为配送中心，它分别向地点 S 和 T 送货。设 O 点到地点 S 和地点 T 的距离分别为 s 和 t，地点 S 和地点 T 之间的距离为 d，现有两种运输方案。

(1) 两个地点单独运输，运输线路如图 4-4 所示。

(2) 两个地点合成一个回路运输，运输线路如图 4-5 所示。

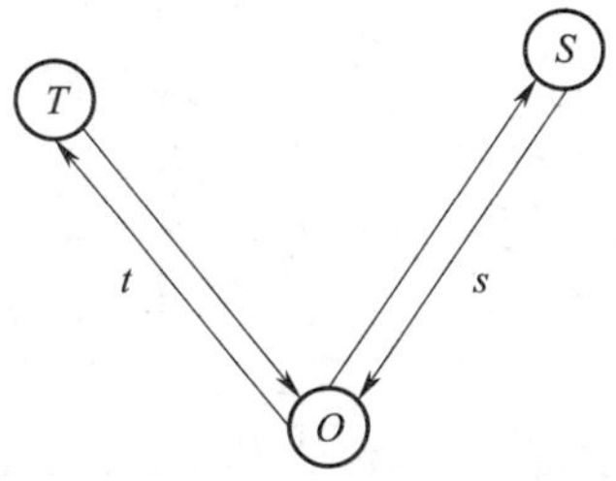

图 4-4 两点单独运输的运输线路

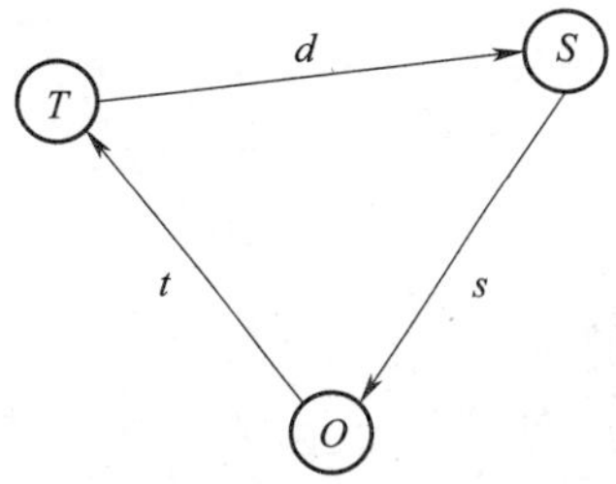

图 4-5 回路运输的运输线路

由图 4-4 可知，两个地点单独运输的运输距离为 $2(s+t)$。由图 4-5 可知，两个地点合成一个回路进行运输的距离为 $(s+t+d)$。

合并后的运输距离之差为：$2(s+t)-(s+t+d)=s+t-d$

$(s+t-d)$ 即为节约的距离。

情景描述 2

某物流中心的配送网络如图 4-6 所示，由配送中心 S 向 A、B、C、D、E 五个节点配送货物。图中连线上的数字表示两点之间的距离（千米），每个节点处的数字表示该节点的需求量（吨），配送中心有载重量为 3 吨和 5 吨的货车，且货车每次行驶的距离不能超过 30 千米，试用节约里程法求解该物流中心较优的配送方案。

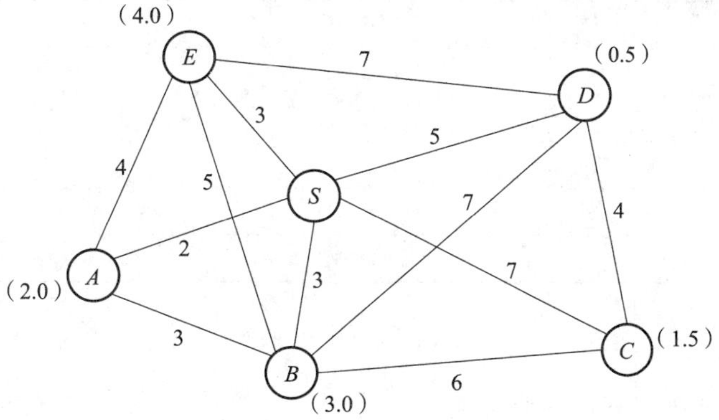

图 4-6 某物流中心配送网络

应用新知

1. 编制两点之间的最短距离表，见表 4–9。

表 4–9　两点之间最短距离表　　单位：千米

	S	A	B	C	D	E
S	—	2	3	7	5	3
A		—	3	9	7	4
B			—	6	7	5
C				—	4	10
D					—	7
E						—

2. 由表 4–9 得节约里程表，见表 4–10。

表 4–10　节约里程表　　单位：千米

	A	B	C	D	E
A	—	2	0	0	1
B		—	4	1	2
C			—	8	0
D				—	1
E					—

3. 将表 4–10 中的数据按降序排列，结果见表 4–11。

表 4–11　节约里程数据排序表　　单位：千米

序号	路线	节约里程
1	C—D	8
2	B—C	4
3	A—B	2
4	B—E	2
5	A—E	1
6	B—D	1
7	D—E	1

4. 配送路线

根据节约里程排序表，在满足用户的需求、车辆的最大容量及最大限制行驶距离的条件下，得出配送路线如图 4–7 所示，车辆分配及行驶距离见表 4–12。

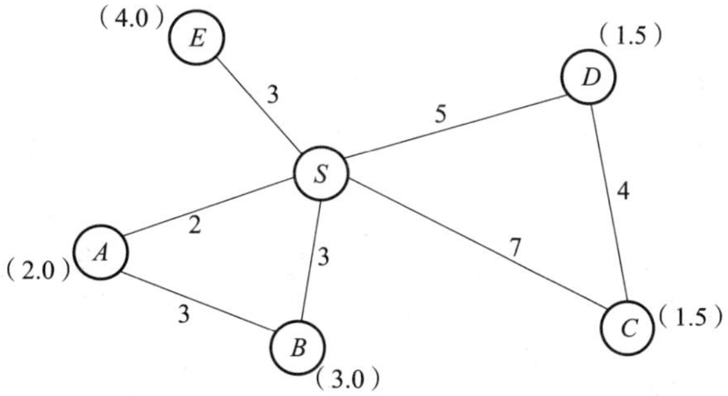

图 4-7　配送路线图

表 4-12　车辆分配及行驶距离表

序号	路线	车辆载重量/吨	行驶距离/km
1	S—A—B—S	5	8
2	S—C—D—S	3	16
3	S—E—S	5	6

由于配载车辆的载重量只有 3 吨和 5 吨，因此，将 A 点和 B 点的货物使用载重量 5 吨的车配送，C 点和 D 点的货物使用载重量 3 吨的车配送，E 点的货物使用载重量 5 吨的车单独配送，且每辆车的行驶距离不超过 30 km。

学习单元 3　仓储运营

仓储作业的顺利开展，需要设计合理的工作流程，通过掌握绘制仓储作业流程图，对现有的仓储流程方案进行不断的优化与完善。

对仓储业来讲，除了通过仓储价格和运营服务保证竞争能力外，还可以通过提供其他的增值服务保证其竞争能力，通常增值服务包含包装、质量监控等。增值服务对于公共仓库的经营人以及私有仓库的经营人来说至关重要，包装是仓储人员对无标签形式或散装形式的产品按照客户要求对产品进行定制化处理。质量监控是仓储人员对水果、蔬菜等产品在一定条件下进行保存或对某些水果产品（如香蕉）进行温控，按照市场状况控制其成熟时间，以使产品的价值增值。

情景描述

成立于 1998 年且总部位于北京的 GL 公司，是一家集科研、开发、生产、销售于一体的高科技生物制药企业。大李是GL公司仓储管理部门的一位仓库管理员，财务部门经理发现去年要求仓储部门对存储成本进行控制以及提高服务的要求未能达到预期效果，部门经理对仓储管理部门的大李下达了任务：检查仓储作业的流程，针对仓储作业现状改进流程从而达到减少成本、提高服务水平的目的；针对仓储作业流程进行改善；要求在一周后做出结果。大李面对经理的要求，着手自己的工作。

新知学习

一、仓储作业流程

仓储管理的仓储作业具体包括入库作业以及出库作业，仓储作业流程如图4-8所示。

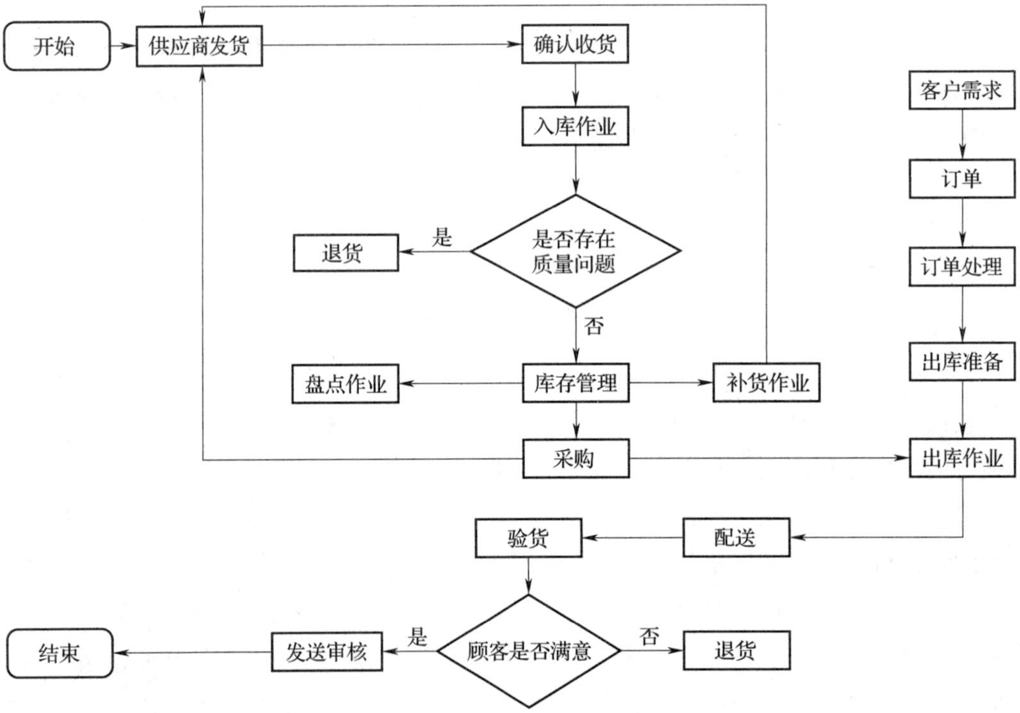

图4-8　仓储作业流程

1. 入库作业计划

（1）制订入库计划

入库计划的内容包括：了解货物入库的时间、数量、包装形式、规格；计划货物所需占用的仓容大小；预测车辆到达的时间和送货车型；为了方便装卸搬运，计划车辆的停放位置；计划货物的临时存放地点。

（2）入库准备

入库准备包括信息准备、场地准备、设备准备、人员准备、货位准备、作业工艺设定、单证准备和苫垫准备。

（3）货物接运

货物接运是入库作业的第一道作业程序，主要任务是及时而准确地向交通运输部门取货，包括接运前的准备、初验、接运过程中的各种作业和交接等环节。

（4）货物接收

货物接收指仓库保管员从接运员手中接收货物，是仓库内部的交接环节。货物接收的具体程序为：接收单据、核对、检查、签单和暂存待验。需要注意单据的合法性、真实性、有效性以及相符性。

（5）货物验收

在办理货物交接手续后、正式入库前需要对货物进行验收，若验收发现问题需填写在验收报告中。

（6）办理入库手续

办理入库手续包括登账、立卡、建立货物档案、签单等流程。登账主要是保证货物数量准确，反映进库、出库、库存的动态。立卡是指货物入库或上架后，将货物名称、规格、数量或出入状态等内容填写在料卡中。建立货物档案是指对商品出库、入库凭证和技术资料进行分类归档保存。签单是指货物验收入库后，及时按照“仓库货物检验记录”的要求签回单据。

（7）分配货位

分配货位即根据货物的性质和货位分配原则，为货物安排合适的存放位置。

具体入库作业流程图如图 4-9 所示。

2. 保管作业计划

（1）储存原则。根据储存原则分配货物储位，储存原则有面向通道原则、分层堆放原则、先进先出原则、周转频率对应原则、同一性原则、相似性原则，等等。

（2）给每个货物进行货物编码和货位编号。货物编码是指按分类内容对货物进行有序编排，用简洁的文字、符号或数字来代替商品的名称、类别。货位编号是指将库房、货场、货棚、货架按地址、位置顺序统一编列号码，并做出明显标志。

（3）采取合理的货物养护技术，防止货物因某些因素受到损坏，例如货物内在因素、存储时间、仓库温度和湿度。

（4）货物检查。货物检查指货物在经历检验、验收合格入库以后，为保证在库储存保管的货物质量完好、数量齐全，必须经常、定期针对数量、质量、保管条件、计量工具、安全等进行全面的检查工作。

（5）定期盘点仓库。定期盘点仓库是指对在库储存的所有货物分别进行数量清点的业务活动，检查账单和物资是否相符，若有不符则对盘点差异因素进行分析，针对盘点结果制定解决方法。具体保管作业流程如图 4–10 所示。

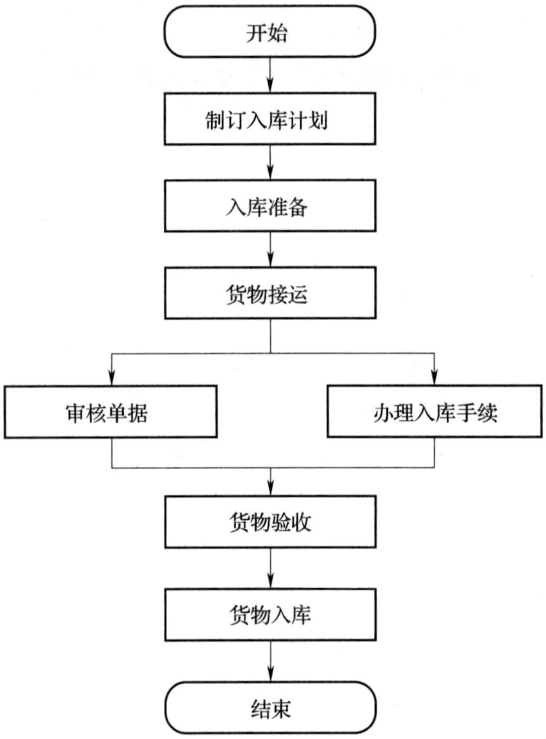

图 4–9　入库作业流程

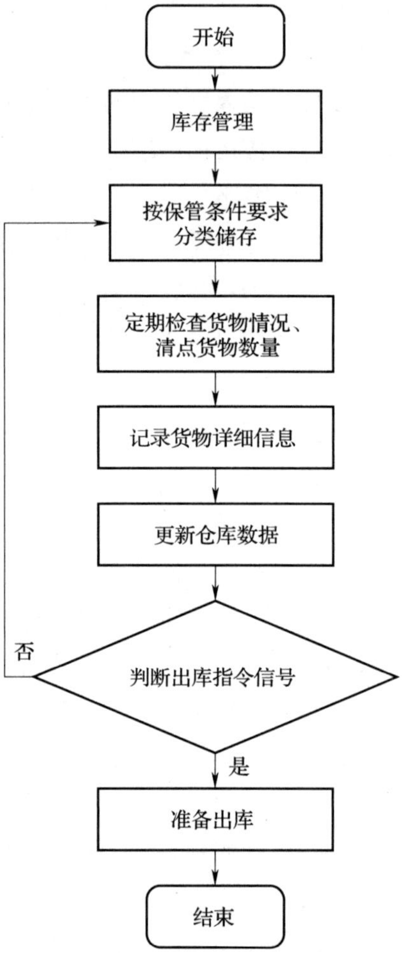

图 4–10　保管作业流程

3. 出库作业计划

（1）出库准备：为了准确、及时、安全、节约地做好出库准备，提高工作效率，应按照出库凭证要求做好准备工作，如选择发货的货区、货位，检查出库商品、拆除货垛苫盖物，安排好出库货物的堆放场地，安排好人力和机械设备，准备好包装材料等。

（2）审核出库凭证：审核货主开出提货单的合法性和真实性，审核货物的品名、型号、规格、单价，核对收货单位、到站、开户行和账号是否齐全和准确。

（3）备货：按出库凭证所列项目和数量进行货物准备。

（4）复核：为避免出库货物出错，备货后进行复核。

（5）包装：为避免货物在运输途中因外力造成损坏，对货物进行包装。

(6) 刷唛：包装完毕以后在包装上写明收货单位、到站、发货号、本批货物的总包装件数、发货单位等，字迹清晰规范，书写标准明确。

(7) 点交和结算：出库货物经复核、包装后，要向提货人员点交，对于某些重要货物需对提货人员交代清楚。货物移交清楚后，提货人员应在出库凭证上签字。

(8) 清理：货物出库后，保管员应按照储存规划要求，对剩下货物该并垛的并垛，该挪位的挪位，并及时清扫发货现场，保持场地清洁整齐，腾出新的货位、库房，以备新的货物入库。具体出库作业流程如图 4–11 所示。

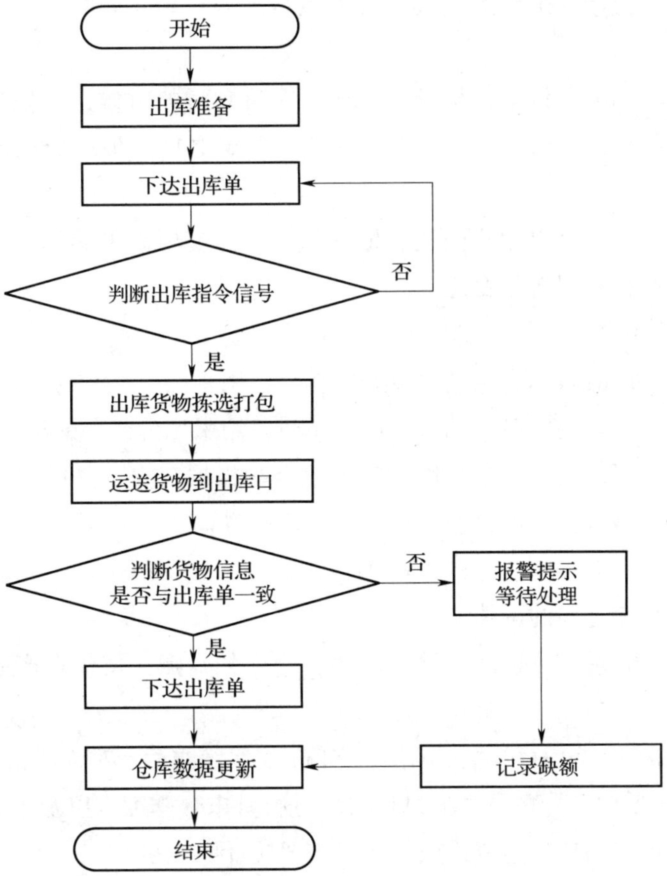

图 4–11　出库作业流程

4. 仓储管理系统

仓储管理系统（warehouse management system，简称 WMS）通常与自动识别技术（例如 RFID 技术）结合使用，通常是指将入库业务、出库业务、库存调拨、物料对应、库存盘点、即时库存管理等功能综合运用的管理系统，该系统能够监管仓库业务的物流过程和跟踪仓库业务的物流成本管理过程，实现企业对仓储信息进行管理的目的。WMS 能够独立执行仓库库存操作，当与其他系统的单据和凭证等信息结合使用时，可为企业提供较为全面的业务流程信息和财务管理信息。

（1）仓库管理系统功能模块

1）功能设定模块。设置整个系统的管理规则，包括定义管理员及其操作口令的功能。

2）基本资料维护模块。对进入仓库的产品按品类、批次生成唯一的条形码标签，每种型号的产品都有固定的编码规则，管理员可在该功能模块实现对数据库产品数据的添加、删除和编辑等操作。

3）采购管理模块

①采购订单：当需要采购的时候，可以填写采购订单，此时并不影响数据库中的库存数量。

②采购收货：当采购订单被批准，完成采购后到货的时候，首先在货物上贴上条形码标签，其次扫描采购收货单上条形码，点击确定之后，最后数据库中的库存数据自动增加。

③其他入库：包括借出货物归还、退货等，只需要填写采购收货单，进行条形码标签扫描之后，库存数据自动变化。

4）仓库管理模块

①产品入库：产品入库时自动生成入库单号，用来区分产品的入库方式。

②产品出库：销售出库时自动生成出库单号，用来区分产品的出库方式。

③库存管理：当产品入库或出库时，系统自动根据每类产品的出库单号或入库单号修改数据库的库存数据，以方便管理员进行库存查询。

④调拨管理：针对不同仓库的产品调拨，自动生成调拨单号，系统根据调拨单号完成产品在不同仓库之间的调拨。

⑤盘点管理：管理员可以通过该模块进行仓库的盘点，使盘点产品数量等工作较为方便。

⑥库存上限报警：当库存数量不满足设定值时，系统在后台对管理员进行报警提示。

5）报表生成模块。管理员可通过该模块进行月末、季度末以及年末销售报表、采购报表以及盘点报表的自动生成，或自定义需要统计的报表。

6）查询功能模块。管理员通常通过该模块进行采购单查询、销售单查询、单个产品查询、库存查询等。

（2）仓库管理系统的运作

仓库管理系统的运作是通过无线终端指导操作员进行收（发）货物。当无线终端指示即将有货物入库时，告诉操作员具体货物的数量、具体存储仓库、具体的货架号，进行货物条形码标签的打印，录入入库单号，完成入库任务。当无线终端指示货物出库时，会提示操作员到具体的货物存储仓库和货位取出指定数量的商品，需要扫描货架和商品条码核对是否正确，最后送到接货区，录入运输单位信息，完成出库任务。

在此期间，出入时间、操作员、货物种类、数量、产品序列号、承运单位等信息会上传至 WMS，具体流程如图 4-12 所示。

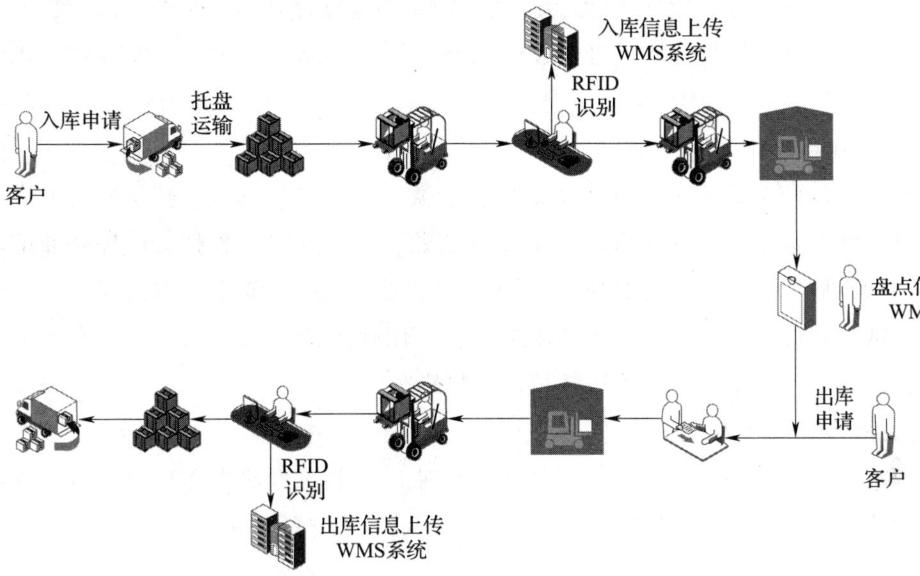

图 4-12　WMS 工作流程

二、仓储作业优化

仓储作业优化涉及仓库规划、货物性质、存储作业自动化和员工操作规范制定几个方面。其中，仓储规划包括仓库选址、仓库布局，货物性质包括产品流动、周期货物盘点。

1. 仓库选址

利用地理空间分析技术进行仓库选址。完成选址后，确定确切的建设地点。选址分析时考虑的首要因素是服务成本以及服务可得性。其中，采购所对应的获取成本对选址影响最大。此外，还必须对作业费以及设备安装费进行评估，上述费用具有地区差异性，可据此适当调整仓库位置。

2. 仓库布局

仓库的总平面布局是否合理，对仓库储运质量、盈利水平、储运成本、作业效率等都有很大影响。在新仓库建设中应当对仓库总体布置予以重视，同时，适当调整老仓库。仓库在布局上应当与仓库作业流程相互配合，这由材料搬运以及预算的地面配送计划共同决定，以更好地服务于产品流程。应根据需要对仓库布局进行适当优化。

3. 产品流动

仓库中产品需要保证流动顺畅。因此，必须对需要配送的产品进行精确研究，确定物资在仓库进出时的平均重量、总容积、总规模等。

4. 货物周期盘点

采取 ABC 分类法模式的库存分类，编制货物周期盘点计划，减少企业库存，掌握物品分布情况，准确掌握哪些物品处于超储状态、哪些物品已经过期、哪些物品周转缓慢等情况。

5. 存储作业自动化

仓库作业中使用条码技术，自动化采集仓库调拨、入库、移位、到货检验、库存盘点、出库等相关数据；保证所有环节都能够高效、准确地输入数据；保证企业能够准确、及时地掌握库存中的实际数据。条码识别准确、快速、易于操作，在供应物资的配送中心或者仓储配送、出入库中使用条码，可以达到节省人力的目的，有效避免人为差错，保证工作效率，使商品运转得以顺畅进行。

6. 员工操作规范制定

制定标准化作业流程，加强对员工的培训，使员工能够准确操作先进设备、提高仓储作业效率，最后可以通过绩效考核的方式评价员工操作的规范性。

三、仓储作业优化方法

1. EIQ 分析

EIQ 分析法的实质是基于订单（entry）、物资种类（item）和数量（quantity）这三个物流关键要素，运用各种分析工具对订单资料进行统计分析。EIQ 分析的项目主要有 EQ（每张订单的订货数量分析）、EN（每张订单的订物资项数分析）、IQ（每个单品的订货数量分析）、IK（每个单品的订货次数分析）。分析不同项目获得不同结果，例如：IQ 分析是指对每种商品出货总数量的分析，通过 IQ 分析可了解各种物资的出货数量及其分布情况，分析物资的重要程度与运量规模。IK 分析是对每一种商品出货次数的分析，统计各种物资被不同客户重复订货的次数，分析物资的出货频率。IQ 分析的结果可用于指导商品分类储存，以及确定各种物资的库存数量和库存水平，IK 分析结果则作为进行储区划分及储位位置分配的依据。

2. EIQ 图表的分析

数据统计结果的分析和应用以及获得的图表是整个 EIQ 分析过程中的重点。尤其是分析后的结论可解决现实中的货位优化问题，获得合理的仓储空间规划。除了数据采集和数据分析的科学性，在很大程度上取决于分析者自己的经验和能力。

（1）订单量（EQ）分析

订单量分析主要体现单个订单中订购的货物数量状况。

1）确定分拣设备。决定使用什么分拣设备，需要知道 EQ 的最小值、最大值和平均值，以及货物的体积、重量等物理特征。

2）划分订单类别。订单能够根据 EQ 的数量划分类别，并且可知每个类别中订单的分配比率。假如某个 EQ 数量范围类别中订单的比率超过订单总数的 50%，则此类订单需要作为特殊类别进行处理。同时有必要结合 EK 分析来选择使用订单拣货策略或者批量拣货策略。

3）物品分区仓储。分析 EQ 的最小值和最大值两者之间的差距与 EQ 分布的情况，越显著的订单量分布，使用分区仓储就越容易。

（2）单品订购数量（IQ）分析

单品订购数量分析主要是用来体现各种物资的数量情况，通过单品订购数量分析，可直观地观察物资的周转率与销量。

1）确定仓储空间。在决定能否采用分区仓储，仓储空间需要多少，应该使用什么仓储设施时，需要得到物资的 ABC 分类结果、物资的物流特征以及物资的出货数量等信息。这些信息都能通过单品订购数量分析得到。

2）确定库存水平。合理的库存水平由物资的 ABC 分类情况决定。

3）划分功能区域。通过对一天出库物资和全年出库物资的交叉分析以及逐一了解新的交叉分类情况，能够更加准确地规划仓储区域和分拣区域。

（3）订单品项数（EN）分析

订单品项数分析主要是用来体现单个订单中所有物资的分配情况。当需要对分拣设备和分拣方法进行选择时，需要以订单品项数分析的数据为依据。

1）分拣设备选型。通过分析订单中物资种类的平均值、最小值和最大值，并结合订单数量分析，确定该用哪类分拣设备。

2）确定分拣策略。超过十个种类物资的订单，一般采取单订单分拣策略。不足五个种类物资的订单，一般采取批量分拣策略。当拣选路径相隔较远时，一般采取分割订单分拣策略。当拣选需要跨库区时，一般采取接力分拣策略。因此，选择何种分拣策略就需要用到订单品项数分析的数据。

（4）物资订购次数（IK）分析

物资订购次数分析主要是用来体现各种货物的出库次数。当判断货物是否畅销时，需要用到物资订购次数分析的数据。物资订购次数分析结合单品订购数量分析，利用 ABC 分类法确定仓储形式和仓储设备，并将其作为计算仓储区域和货位数量的数据基础。

（5）EIQ 分析的步骤

EIQ 分析法的实施步骤包含收集订单的基本数据、订单数据的分解、数据分析与绘制相关数据图表、分析结论的实施和应用。

1）收集订单基本数据。通过分析具有一般性的订单数据，理解物流系统的特征。一般情况下，分析仓储企业每月最大出库量当天的数据，如果可以完成最大出库量的作业，其他时间的出库作业也一定会完成。一般情况下，仓储企业根据最大出库量作业能力的 70%分配资源，以避免在其他货物出库时浪费资源。

2）订单数据分解。将企业的订单数据收集整理，做成适合 EIQ 数据分析的相关文件格式。

3）数据分析与绘制相关数据图表。

4）分析结论的实施及应用。EQ 分析决定使用什么分拣设备；IQ 分析决定能否采用分区仓储，仓储空间需要多少，应该使用何种仓储设备；EN 分析决定该用哪类分拣策略等。

3. ABC 分类法

在绘制 EQ、IQ、EN、IK 等统计分析图时，如果要对订单进行更深入的分析和要点管理，除了可以通过次数分布图进行趋势分析之外，还可以通过 ABC 分类法识别一定百分比内的其他订单或货物。ABC 分类法的要点是通过对商品分类找出物流运作中哪些商品是重要的少数，哪些商品是次要的多数。A、B、C 类货物划分的比例没有明确的规定。ABC 分类法是根据研究对象在技术或经济方面的主要特征，按顺序进行分类排队的方法。ABC 分类法将管理对象按照所占主要特征值累计百分比的多少进行分类，并在此基础上制定不同物资具体管理方法。在仓储管理中运用 ABC 分类法有利于优化库存结构、压缩库存总量、减少库存资金，最终实现效率效益的提高。

四、仓储管理的作用与价值

仓储活动是推动生产发展、满足市场供应不可缺少的一个环节。仓储成本是物流成本中较易控制和管理的成本，随着物流活动中技术水平和仓储效率的提高，仓储成本也在发生着变化。仓储管理在物流活动中的作用与价值体现在：仓储管理是现代物流中不可缺少的重要环节；仓储管理对货物进入下一个环节前的质量起保证作用；仓储管理是保证社会再生产过程顺利进行的必要条件；仓储管理是加快流通、节约费用的重要手段；仓储管理可为货物进入市场做好准备。

应用新知

一、情景分析

经理要求对仓储流程进行改善，大李通过查阅资料，学习了仓库管理的不同方法及改善仓储作业流程的方法。他以上一个季度的数据为基础数据，研究现有仓库在仓储作业过程中存在的问题。大李将第一季度的数据整理详细到每个月，这样得到了 GL 公司的仓储货物订购数据表，见表 4-13 至表 4-18。

表 4-13　2020 年第一季度 1 月 GL 公司仓储货物订购数量

名称	订购数量/箱	占比/%	品项数占比/%
A 类药	850	42.5	9.5
B 类药	580	29	13.2
C 类药	300	15	31.5
D 类药	170	8.5	17.8
E 类药	100	5	28
合计	2 000	100	100

表 4-14　2020 年第一季度 2 月 GL 公司仓储货物订购数量

名称	订购数量/箱	占比/%	品项数占比/%
A 类药	900	47.1	12
B 类药	490	25.7	12.5
C 类药	300	15.7	29.8
D 类药	120	6.3	16.2
E 类药	100	5.2	29.5
合计	1 910	100	100

表 4-15　2020 年第一季度 3 月 GL 公司仓储货物订购数量

名称	订购数量/箱	占比/%	品项数占比/%
A 类药	700	42.4	10.2
B 类药	480	29.1	12.2
C 类药	270	16.4	29.6
D 类药	120	7.3	16.8
E 类药	80	4.8	31.2
合计	1 650	100	100

表 4-16　2020 年第一季度 1 月 GL 公司仓储货物订购频次

名称	订购频次/次	占比/%	品项数占比/%
A 类药	100	26.3	9.5
B 类药	90	23.6	13.2
C 类药	80	21.1	31.5
D 类药	55	14.5	17.8
E 类药	55	14.5	28
合计	380	100	100

表 4-17　2020 年第一季度 2 月 GL 公司仓储货物订购频次

名称	订购频次/次	占比/%	品项数占比/%
A 类药	95	28.8	12
B 类药	80	24.2	12.5
C 类药	70	21.2	29.8
D 类药	45	13.7	16.2
E 类药	40	12.1	29.5
合计	330	100	100

表 4-18　2020 年第一季度 3 月 GL 公司仓储货物订购频次

名称	订购频次/次	占比/%	品项数占比/%
A 类药	105	28.8	10.2
B 类药	90	24.7	12.2
C 类药	65	17.8	29.6
D 类药	60	16.4	16.8
E 类药	45	12.3	31.2
合计	365	100	100

二、数据处理

1. 数据分析

大李对第一季度各类药品订购数据进行汇总，应用 Excel 制作可视化报表，绘制第一季度药品订购数量条形图、一季度药品订购频次条形图，如图 4-13 和图 4-14 所示。大李发现这些数据有一定的规律存在：数据存在周期性波动。第一季度的不同月份，数据呈现出规律性变化。分析线下客户需求，特别对 2020 年第一季度药品销售进行分析，研究货物的 ABC 分级以及仓库的布局优化。

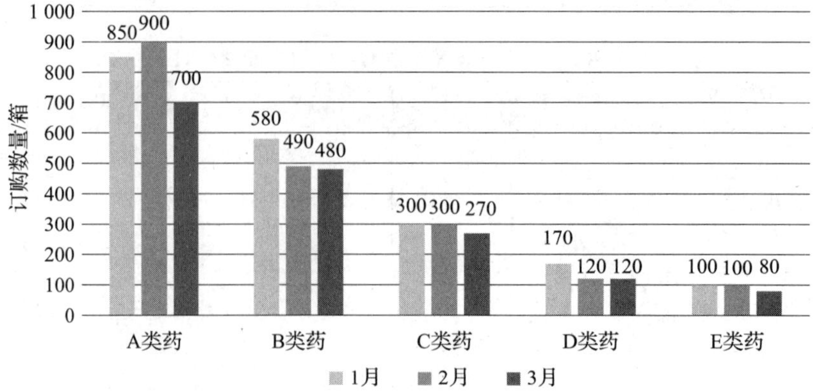

图 4-13　第一季度药品订购数量

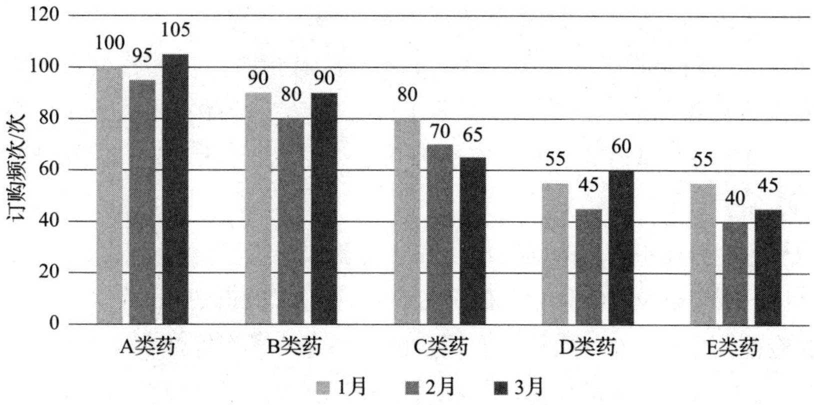

图 4-14 第一季度药品订购频次

2. 仓库布局改进

大李学习了不同类型仓库的优缺点，使用 EIQ 分析法和 ABC 货物分类法研究仓库布局的合理性。

3. 仓储流程的改善

大李针对现有仓储流程研究思考是否可以改善流程。

三、优化过程

1. 出入库作业流程优化

大李整理了 GL 公司现有货物的入库作业流程，如图 4-15 所示。

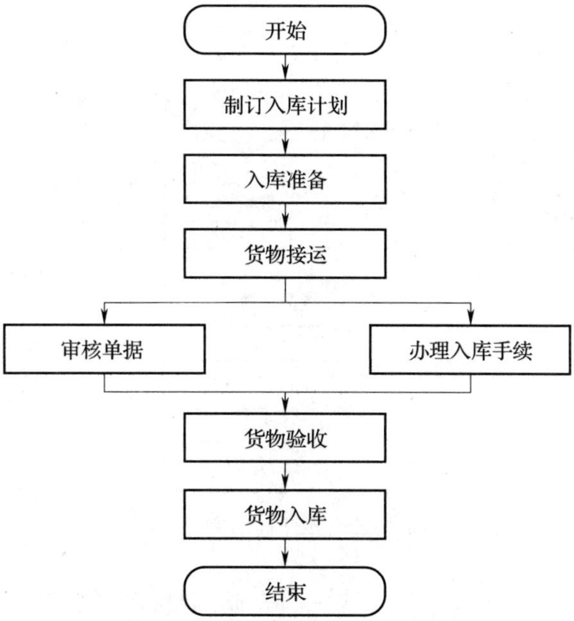

图 4-15 GL 公司入库作业流程

大李研究了近一个季度的药品不达标数据，发现货物从入库、出库到最终送达客户手中，这段时间内的货损率约为0.8%。大李认真检查了药品在仓库的保管作业流程以及出库作业流程，它们都符合储存要求，大李认为药品在进入仓库后的货损率应低于0.8%，但事实却是药品的损失率达到0.8%。因此，大李对药品的入库作业流程进行了仔细调查。

大李发现入库作业中最大的问题出现在货物验收这一步骤，仓库工作人员只对货物的数量、货物的破损以及货物外包装的完好情况进行了检查，并未针对其中的货物性质进行特定的检查，造成了部分质量含有瑕疵的药品进入了仓库储存，最终在药品出库后到达顾客手上的时候查出药品质量不合格，造成了客户退货，对公司造成经济损失并导致客户满意度下降。在药品入库流程中，首先需要与质检部联系确认入库请求，之后质检部才会通知仓储部统计员相关客户的入库信息，作业流程存在冗余环节。质检部在这一流程中只起到信息传达的作用，增加了时间成本、浪费了人力资源。出库流程中，客户的出库请求需要先传递到质检部，再由质检部传达给仓储部统计员，部门执行力不高。

于是大李针对入库作业中的货物验收和入库信息传递两个环节进行了改善，以期达到减少不合格药品送到客户手中的数量的目的，具体作业流程如图4-16所示。

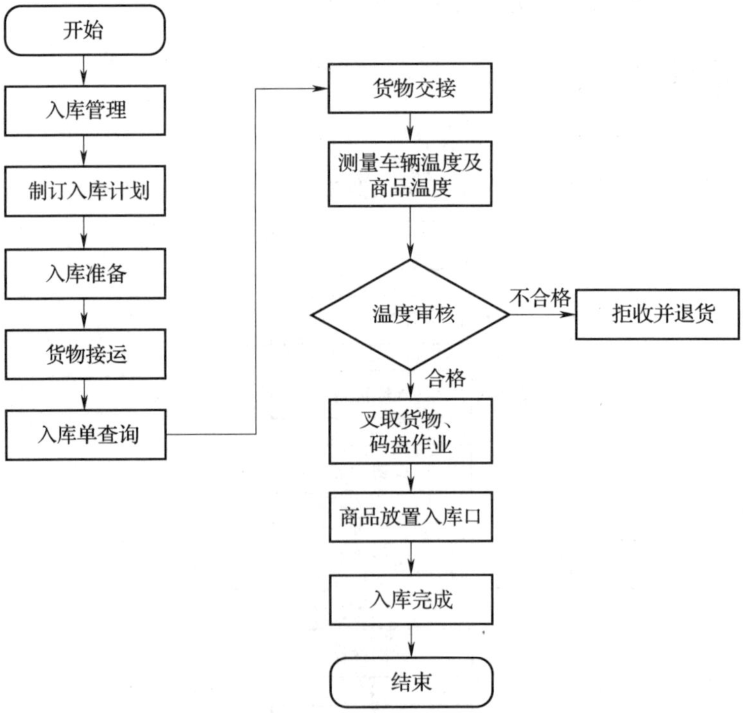

图4-16　改善后的GL公司入库作业货物验收与入库信息传递流程

药品出入库流程中，质检部位于客户与仓储部统计员之间，承担入库信息传递的工作，增加了时间成本。因此，在货物出入库流程上，应将“质检部”的环节去掉，客户提前 5~7 天与仓储部统计员联系。运用仓储信息系统，改善后入库流程、出库流程分别如图 4-17 和图 4-18 所示。

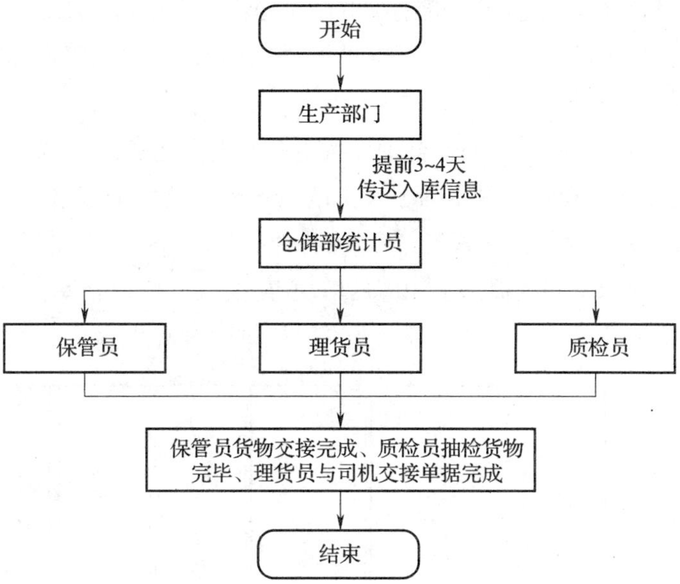

图 4-17 改善后的 GL 公司入库作业流程

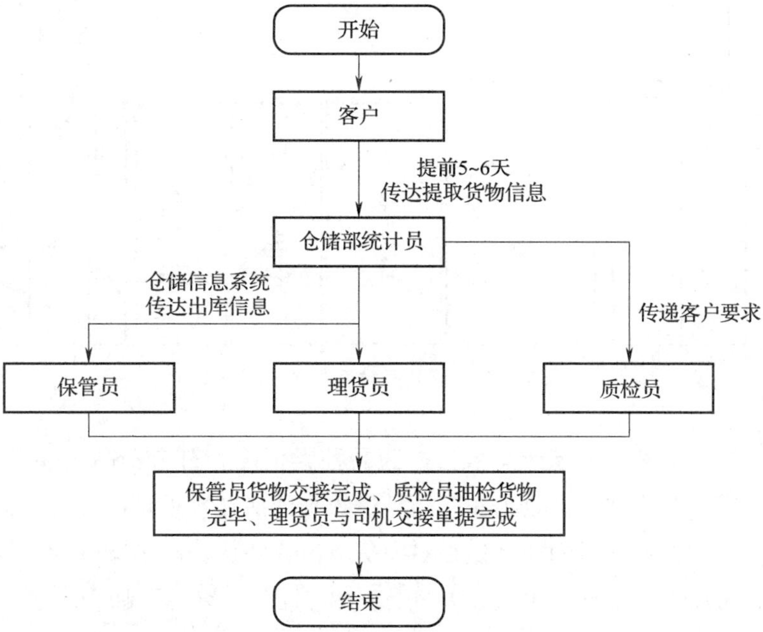

图 4-18 改善后的 GL 公司出库作业流程

2. 保管作业流程优化

大李研究 GL 公司仓储部门的财务支出，发现其中的大部分成本支出都在保管作业流程，因为GL公司主营业务是药品的生产制造，药品的保管必须符合《中华人民共和国药品管理法》《药品经营质量管理规范》的规定，其保管作业水平关乎药品的质量好坏。因此大李对现有仓储保管作业中存在的不足进行如下总结。

（1）随着现代科学技术的发展，过时的硬件设施带来的是高额成本支出，例如能源费用支出、人工费用等。

（2）GL公司现有仓库布局的不合理导致更多的能源耗费，提高了仓储成本。

（3）随着人工费用和管理成本的上升，以及自动化技术的逐步成熟，陈旧的仓储管理理念不能适应现有的货物保管工作。

因此，大李针对以上问题提出了相应的解决办法，GL公司仓库初始布局如图4-19所示。

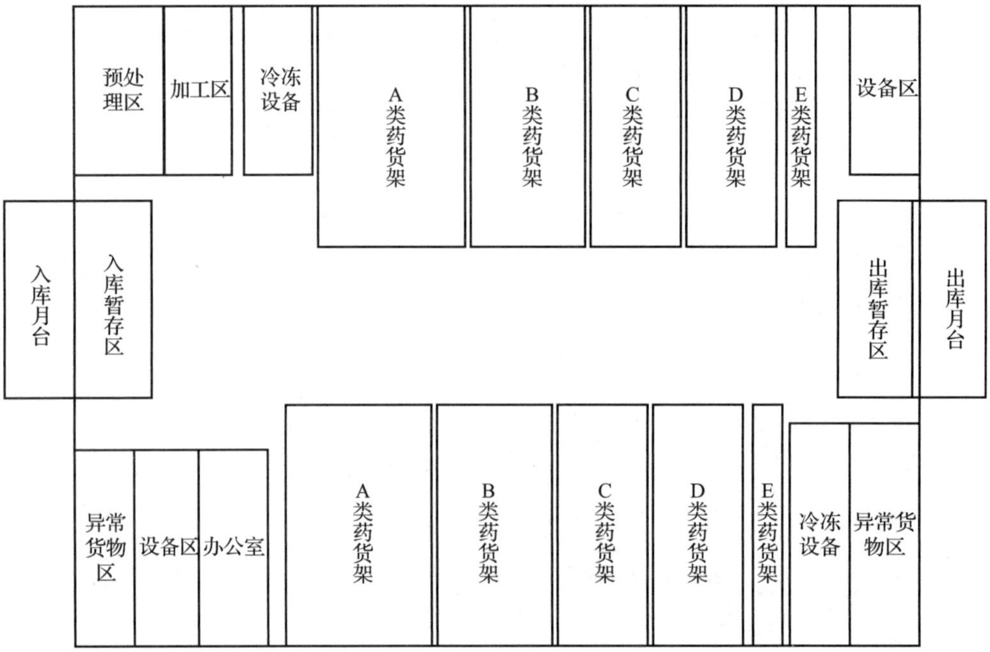

图4-19　GL公司仓库初始布局图

当药品经过入库检查确定药品数目、药品种类正确和符合药品运输温度要求，即在入库暂存区完成对药品的接收工作。药品进入仓库后在预处理区和加工区进行处理，工作人员驾驶叉车将处理后的药品运往对应货架区，完成药品上架作业。

仓库初始布局为直线型。出入口在仓库的相对面，无论药品订单大小和药品品项多少，均要全程通过仓库。随着GL公司近年来科研水平的提高和科学技术创新，公司生产的药品种类越来越多，但仓库仍按照最初规划的固定位置摆放药品，未从实际的订货数量、订货次数、订物资项出发考虑摆放药品的货架位置，造成工作人员工作效率低下以及仓储空间的浪费。

仓库药品存储应按不同药品的温湿度要求，将其分类存放于相应的库中，各类药品储存库均应保持恒温。对每类药品须根据药品标示的储存条件要求，分别储存于冷库（2~8 ℃）、阴冷库（20 ℃以下）或常温库（0~30 ℃）内，各库房的相对湿度均应保持在45%~75%之间。由于冷库的制冷机组需要长期工作，但由于仓库制冷机组布局不合理，造成设备需要加大功率才能满足整个仓库的低温要求。

针对以上两个问题，大李打算对仓库布局进行改善，解决储位布局不合理导致的人员工作效率低下和设备的能源消耗过高问题。

大李运用EIQ-ABC分析法，对GL仓库的出库数据从IQ、IK两个指标进行分析，了解公司的几种药品在出货量中所占的比重，得到ABC分类结果。通过IQ分析可以了解各物资的出货数量及其分布情况，分析物资的重要程度与数量规模。通过IK分析统计各种物资被不同客户重复订货的次数，分析物资的出货频率。将IQ分析结果用于指导商品分类储存，并作为确定各商品的库存数量和库存水平的依据；将IK分析结果作为储区划分及储位位置分配的依据。

（1）基于订购数量的IQ-ABC分析

为保证快速响应客户需求，将受订数量多的商品应作为仓库的重点库存商品进行管理。基于订购数量的ABC分类法是传统ABC分类法的一种延伸，以商品的订购数量的占比作为商品分类标准，将库存分为A、B、C三类。划分标准见表4-19。

表4-19　基于订购数量的ABC库存分类标准表

商品类别	受订购数量占比	品项数占比
A	65%~80%	20%~25%
B	15%~30%	25%~35%
C	5%~15%	50%~55%

根据IQ-ABC分类的原则，对5类药品的第一季度订购数量进行了查询，得出基于订购数量的ABC分类情况，制作了药品基于订购数量的ABC分类表（见表4-13至表4-15），并使用Excel绘制了药品基于订购数量的ABC分类柱形图，如图4-13所示。结合表4-13至表4-15、表4-19和图4-13，针对第一季度的药品销售情况可进行ABC分类，见表4-20。

表4-20　基于订购数量的第一季度药品ABC分类

月份	商品类别	名称	订购数量占比	品项数占比
1月	A	A类药、B类药	71.5%	22.7%
	B	C类药	15%	31.5%
	C	D类药、E类药	13.5%	45.8%

续表

月份	商品类别	名称	订购数量占比	品项数占比
2月	A	A类药、B类药	72.8%	24.5%
	B	C类药	15.7%	29.8%
	C	D类药、E类药	11.5%	45.7%
3月	A	A类药、B类药	71.5%	22.4%
	B	C类药	16.4%	29.6%
	C	D类药、E类药	12.1%	48%

根据“帕累托法则”，结合表4-20研究第一季度的药品IQ-ABC分类。A类药和B类药在第一季度1月、2月和3月订购数量占总量比例分别为71.5%、72.8%和71.5%，在第一季度1月、2月和3月品项数占总品项数比例分别为22.7%、24.5%和22.4%的A类药、B类药记为A类。C类药在第一季度1月、2月和3月订购数量占总量比例分别为29%、25.7%和29.1%，在第一季度1月、2月和3月品项数占总品项数比例分别为15%、15.7%和16.4%的C类药记为B类。D类药和E类药在第一季度1月、2月和3月订购数量占总量比例分别为13.5%、11.5%和12.1%，在第一季度1月、2月和3月品项数占总品项数比例分别为45.8%、45.7%和48%的D类药、E类药记为C类。

（2）基于订购频次的IK-ABC分析

受订频次高的商品应作为仓库的重点库存进行管理。基于受订频次的ABC分类法也是传统ABC分类法的一种延伸，将商品的订购频次的累计占比和商品总订购频次的累计占比作为商品分类的标准，并将库存商品分为A、B、C三类，划分标准见表4-21。

表4-21　基于订购频次的ABC库存分类标准表

商品类别	订购频次占比	品项数占比
A	45%~70%	20%~25%
B	15%~45%	25%~35%
C	5%~15%	35%~55%

根据IK-ABC分类的原则，对5种药品类商品的第一季度订购频次进行了查询，得出基于订购频次的ABC分类情况，制作了药品类商品基于订购频次的ABC分类表（见表4-16至表4-18），并使用Excel绘制了药品类商品基于订购频次的ABC分类柱形图，如图4-14所示。结合表4-16至表4-18、表4-21和图4-14，针对第一季度的药品订购频次情况可进行ABC分类，见表4-22。

表 4-22　基于订购频次的第一季度药品 ABC 分类

月份	商品类别	名称	订购频次占比	品项数占比
1 月	A	A 类药、B 类药	49.9%	22.7%
	B	C 类药	21.1%	31.5%
	C	D 类药、E 类药	29%	45.8%
2 月	A	A 类药、B 类药	53%	24.5%
	B	C 类药	21.2%	29.8%
	C	D 类药、E 类药	25.8%	45.7%
3 月	A	A 类药、B 类药	53.5%	22.4%
	B	C 类药	17.8%	29.6%
	C	D 类药、E 类药	28.7%	48%

根据“帕累托法则”，结合表 4-22 研究第一季度的药品 IK-ABC 分类。A 类药和 B 类药在第一季度 1 月、2 月和 3 月订购数量占总量比例分别为 49.9%、53% 和 53.5%，将在第一季度 1 月、2 月和 3 月品项数占总品项数比例分别为 22.7%、24.5%和 22.4%的 A 类药、B 类药记为 A 类。C 类药在第一季度 1 月、2 月和 3 月订购数量占总量比例分别为 21.1%、21.2%和 17.8%，将在第一季度 1 月、2 月和 3 月品项数占总品项数比例分别为 31.5%、29.8%和 29.6%的 C 类药记为 B 类。D 类药和 E 类药在第一季度 1 月、2 月和 3 月订购数量占总量比例分别为 29%、25.8% 和 28.7%，将在第一季度 1 月、2 月和 3 月品项数占总品项数比例分别为 45.8%、45.7%和 48%的 D 类药、E 类药记为 C 类。

（3）基于 IQ-IK 的药品交叉分析

由于第一季度 1 月、2 月、3 月有关药品订购数量与药品订购频次的分布大致相同，选取 1 月数据进行基于 IQ-IK 的药品交叉分析。由于 IQ-ABC 和 IK-ABC 是从不同角度梳理药品等级的，为了使药品分类与库位存储更具全面性、客观性，在结合两种分析的基础上进行综合分析，如图 4-20 所示。

由图 4-20 可了解药品出库量与出库次数，出库量大的药品，出库频率也较大，因此 IQ-IK 交叉分析更偏重 IQ-ABC 分析。结果划分为：A 类药、B 类药确定为 A 类货物；C 类药为 B 类货物；D 类药、E 类药为 C 类货物。

（4）仓库布局规划

依据以上图表数据分析，在确定药品分类后进行仓储布局优化。随后进行如下储位规划：A 类药品应布置在靠近出库区范围，B 类药品应紧挨 A 类药品布置，C 类药品应布置在仓储区里端位置，布局图如图 4-21 所示。

U 形仓库布局可以根据进/出货频率大小，将流量大的物品安排在靠近进/出口的储存区域，缩短物品的拣货、搬运路线。另外，将储存区设置在靠里的位置，比较集中，易于控制与实施安全防范。

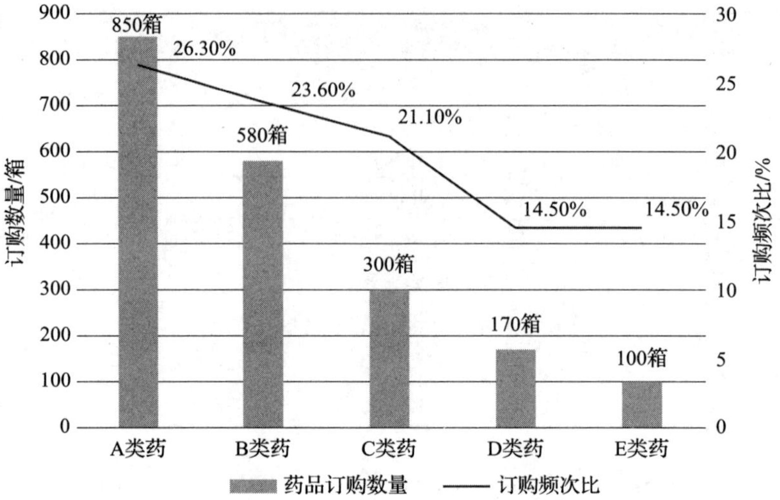

图 4-20　IQ-IK 交叉检验分析图

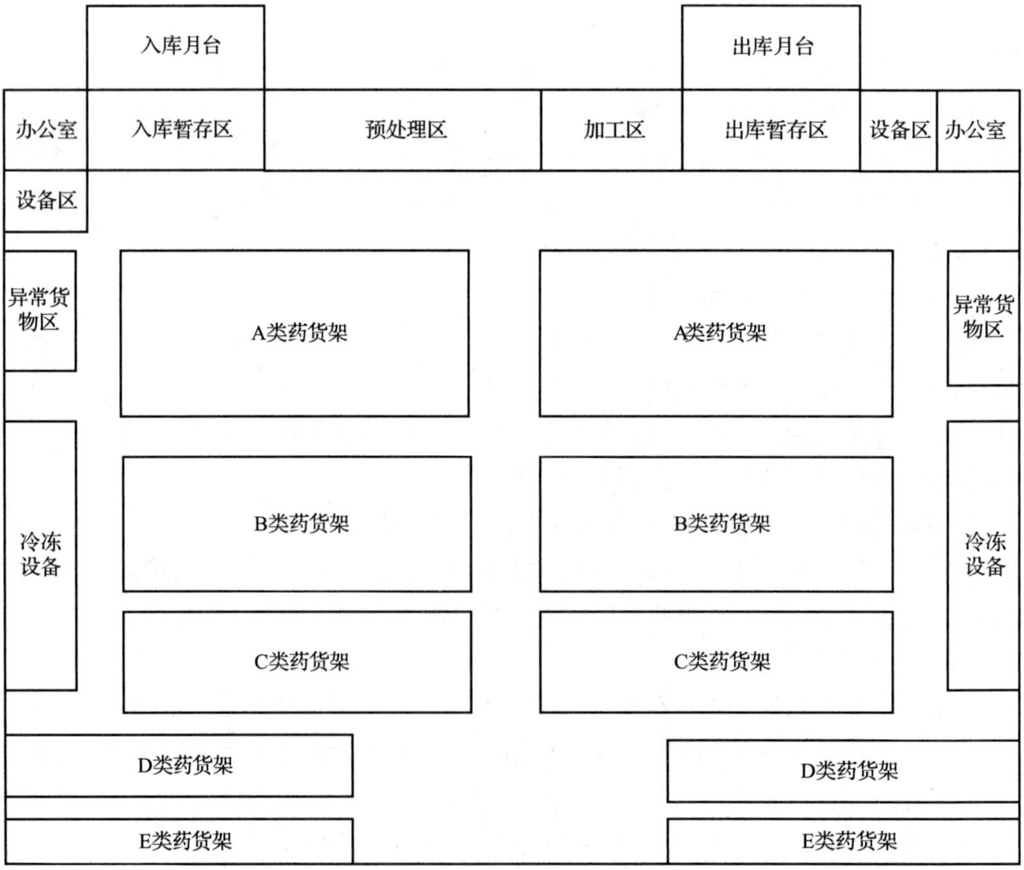

图 4-21　GL 公司仓库优化布局图

培训课程 2 物流外包与逆向物流运营

西尔斯公司的物流副总裁坦言：“逆向物流也许是企业能够实现低成本、高收益的最后一块处女地了。”一般情况下，企业重点关注正向物流。然而，从供应链角度出发，只有考虑了逆向物流这一环节，才能保证整个供应链网络的完整性。目前，我国正在积极地实施推动逆向物流发展的各项举措，如大力推进静脉产业发展、投建环保产业园区、大力实施推进逆向物流发展的各项政策。

学习单元 1　物流成本分析

通过对物流成本相关内容的学习，分析物流成本的构成，掌握物流成本计算的基本方法。

情景描述

M 公司是从事国内外货物储备运输业务的专业化公司，集仓储、运输、包装、装卸、配送于一体。在 2020 年之前，该公司一直采用传统的物流成本核算方法。由于间接成本分摊不合理，无法对客户进行有效的营利性分析，企业无法为客户提供具有竞争力的报价，导致客户的流失量较大、维护费用较高，公司的利润水平一直无法提高。自 2020 年开始，公司以作业成本法等新的核算理论作为指导，对成本核算的方法进行改进。根据客户的物流作业活动，准确地计算出物流成本，不仅为物流服务的报价提供依据，而且可以对具体的物流作业过程进行更准确的成本控制，进而使企业获得成本上的优势。

新知学习

一、物流成本的概念及内容

1. 物流成本的概念

国家标准《企业物流成本计算与构成》（GB/T 20523—2006）中指出："物流成本是企业物流活动中所消耗的物化劳动和活劳动的货币表现，包括货物在运输、储存、包装、装卸搬运、流通加工、物流信息、物流管理等过程中所耗费的人力、物力和财力的总和以及与存货有关的流动资金占用成本、存货风险成本和存货保险成本。"

2. 物流成本的内容

物流成本按流通环节可分为运输成本、流通加工成本、配送成本、包装成本、装卸与搬运成本和仓储成本。

（1）运输成本

运输成本指通过运输过程完成客货运输所支出的各项费用的总和。主要包括：1）人工费用，如工资、奖金、补贴等；2）营运费用，如车辆运营的燃料费、维修费、过路费、保险费等；3）其他费用，如差旅费、因事故产生损失的费用、相关税金等。

（2）流通加工成本

流通加工成本指在商品从生产者到消费者的流动过程中，为了促进销售、维护商品质量，实现高效物流所采用的使商品发生形状和性质的变化而产生的成本。主要包括：1）流通加工设备费用，即购置流通加工设备产生的费用；2）流通加工材料费用，即在流通加工过程中消耗材料产生的费用；3）流通加工劳务费用，即在流通加工过程中，对从事加工活动的管理人员、工人及相关人员的工资、奖金等费用；4）流通加工其他费用，即在流通加工中耗用的电力、燃料、油料以及管理费用等。

（3）配送成本

配送是指企业在客户指定的时间内，将符合要求的货物送达指定地点的一种商品供应方式。主要包括：1）配装费用，即配装环节产生的材料费用、人工费用；2）包装费用，即对配送货物进行包装作业产生的费用；3）配送运输费用，即配送过程中使用车辆和车辆运营产生的费用；4）流通加工费用，即设备使用费、材料费、人工费用等。

（4）包装成本

包装成本指企业为完成货物包装业务而发生的全部费用。主要包括：1）包装材料费用，即购买包装材料产生的费用；2）包装机械费用，包括设备折旧费、低值易耗品摊销、维修费等；3）包装技术费用，为充分发挥包装的功能、达到最佳的包装效果，须针对不同货物性质采用不同包装技术，如缓冲包装、防潮包装、防伪包装等，包装技术费用指技术使用所产生的费用；4）包装辅助费用，包括包装标记、标志的设计费用、印刷费用、辅助材料费用等；5）包装的人工费用，即从事包装工作的工人与其他有关人员的工资、奖金、福利费等。

（5）装卸与搬运成本

装卸与搬运成本是指在指定的地点以人力或机械设备装入或卸下物品，物品在装卸搬运过程中所支出费用的总和。主要包括：1）人工费用；2）营运费用，如固定资产的折旧费、设备的维修费、能源消耗费、材料费等；3）装卸搬运合理损耗费用，如装卸搬运中发生的货物破损、散失、损耗等费用；4）其他费用，如办公费用、保险费、税金等。

（6）仓储成本

仓储成本是物流总成本的重要组成部分，对物流成本的高低有着直接影响，是仓储业务活动中各种要素投入费用的总和。主要包括：1）仓储持有成本，这是指企业为保持适当的库存而发生的成本，如设备的折旧费、维修费、存储仓储商品产生保管费用等；2）装卸搬运费，指货物入库、堆码和出库等环节发生的装卸搬运费用，包括搬运设备的运行费用和搬运工人的成本；3）仓储工作人员工资和福利等费用；4）管理费用，包括仓库设备的保险费、办公费、营销费、水电费等；5）仓储损失，因在保管过程中货物损坏而需要仓储企业赔付的费用。

二、物流成本分析

“物流成本管理”的概念比“管理物流成本”更加广泛，具体含义是通过成本这一核算结果来管理各项物流作业，进而对整个物流系统进行管理、优化，即通过成本目标管理物流。物流成本管理的目的主要包括以下几个方面：1）把握物流成本的总额，根据企业历年物流成本数据资料认识企业物流成本发展的趋势，还可以通过物流成本统一核算标准与行业内其他企业进行横向比较，弥补企业不足；2）借助企业历年物流成本数据资料和与标杆企业的比较结果，评估企业物流经营的绩效，针对物流作业进行管理；3）正确评估企业物流部门或相关部门对企业的作用，为企业发展战略的制定提供依据。

1. 物流成本核算对象

根据物流成本计算的目的及企业物流活动的特点而确定的成本。

（1）以某一物流成本项目为对象。把一定时期的物流成本，从财务会计的计算项目中抽出，按照成本费用项目进行分类计算。

（2）以某种物流功能为对象。以包装、运输、仓储等物流功能为对象进行计算，以物流功能为核算对象的成本信息见表 4–23。

（3）物流成本的核算对象分类还有以某一服务客户为核算对象，以某一产品为核算对象，以企业生产的某一过程为核算对象，以某一物流部门为核算对象，以某地区为核算对象，以某一物流设备和工具为对象，以企业全部物流活动为核算对象。

表 4–23　以物流功能为成本核算对象的物流成本汇总信息

成本项目＼功能		运输	保管	装卸搬运	包装	流通加工	物流信息	物流管理	合计
企业内部物流成本	材料费								
	人工费								
	维修费								
	一般经费								
	特别经费								
小计									
委托物流费									
合计									

2. 物流成本核算方法

物流成本的计算可使用会计核算方法和统计计算方法。

（1）会计核算方法

这是一种通过凭证、账户、报表，对物流耗费进行连续、系统、全面记录的计算方法。该方法需提供系统、全面、连续、准确和真实的成本信息，较为复杂。

（2）统计计算方法

物流成本核算不需要设置完整的凭证、账户、报表，而是通过对企业现行的成本核算资料的解析，从中抽出物流耗费，再加上一部分现行核算成本没有包括但需要归入物流成本的费用，最后按物流管理要求将费用重新归类、分配、汇总、加工成物流管理所需的成本信息。与会计核算方法的物流成本计算比较，统计方法的物流成本计算没有对物流耗费进行连续、全面、系统的核算，导致据此得来的信息精确程度受到影响，但方法运用较为简单、方便。

小贴士

成本核算方法还有会计和统计相结合的成本核算方法，其要点为对一部分物流成本通过会计核算方法进行计算，对其余部分采用统计方法进行反映。但随着现有成本管理技术的不断发展，作业成本法被越来越多的公司所采用。

3. 物流作业成本法概述

作业指在企业为了某一目的而进行的耗费资源的工作，是作业成本管理的核心要素。作业成本法是评价作业业绩和资源利用情况的成本计算和管理方法，其指导思想是产品消耗作业，作业消耗资源并导致成本的产生。以作业为中心，对所有作业活动进行追踪，将作业产生的直接成本和间接成本根据产品和服务所耗用的作用量分配到产品与服务中。作业成本法将成本核算深入到作业层次，以作业为单位收集成本，并把成本或作业成本池的成本按作业动因分配到产品。作业成本法与传统成本计算法的比较，如图4-22所示。

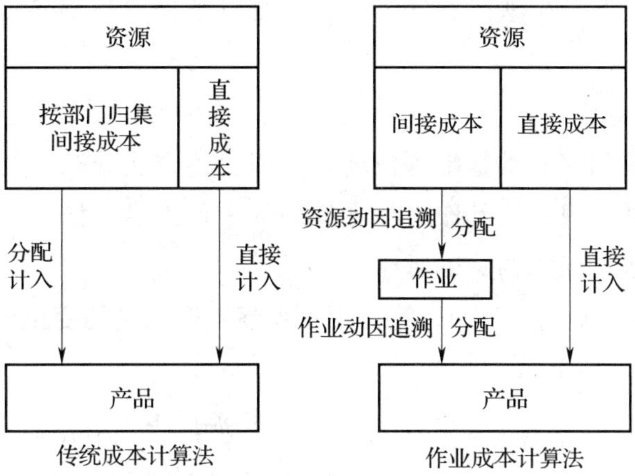

图4-22 作业成本法与传统成本计算法的区别

4. 作业成本法的步骤

（1）获得物流成本信息

企业物流项目可能未将物流成本从产品中分离出来，而是混在产品成本内。这些成本在一般企业可以依照下列方式抽取出来。

1）人工成本：有关仓储作业人员的工资。

2）仓储费用：仓库的租金或设备的折旧费用，货架、仓储设备折旧等。

3）仓储设备的折旧费用。

4）车辆相关成本：包括车辆折旧费用、车辆租赁费用等。

5）其他费用：包装材料费用、标签费用等。

（2）作业和成本分摊

成本的归属或积累是以作业活动为中心，将各作业的成本归属或分摊到成本标的。如果成本标的是产品，可算出各产品的成本；如果成本标的为客户，可算出为服务不同的客户所投入的成本。这种分摊方式就是“二阶段分摊”，即先分摊或直接归属到作业，再将作业成本分摊到成本标的。

将资源成本归属至作业的方法有三种：直接归入法、估计归入法、武断分摊法。在这些方法中，直接归入法最能正确提供信息。如果直接归入法无法完成时，则应该以与成本变动有因果关系的动因来归属（估计归入法）。如果再得不出动因，则只能采取武断分摊法来完成。

（3）选定成本标的

一般来说，企业可以将其经销或制造的所有产品作为产品类别，但是当企业产品品种很多时，则须对产品进行必要的合并。产品合并原则是将使用共同作业的产品进行合并。

（4）将作业成本归属至成本标的

对成本标的进行作业成本分摊的方法与将资源分摊至作业相似，可选择直接归入法、估计归入法或武断分摊法。在实务上，很难有数据作为直接归入的依据，所以往往只能使用估计方法。

（5）分析物流成本

一般企业在没有物流成本基础的情况下可依上述方法分离出物流成本。取得物流成本信息并不是目的，只是将其作为加强管理的一种工具，如何根据分离出的物流成本信息加强物流管理是问题的关键所在。

1）单位营业额物流成本率的计算，用于观察数据比例的变化趋势，即可观察物流成本占营业收入的变化趋势。

$$单位营业额物流成本率=\frac{物流成本}{总营业收入}\times 100\%$$

2）单位成本物流成本率的计算，用于分析物流业务的重点以及需要改善的重点，作为企业内部的物流合理化目标或检查企业是否达到合理化目标。

$$单位成本物流成本率=\frac{物流成本}{总物流成本}\times 100\%$$

3）物流功能成本率的计算，用于明确包装费、运输费、保管费、装卸费、流通加工费、信息流通费、物流管理费等各物流功能成本占物流总成本的比率。

$$物流功能成本率=\frac{物流功能成本}{总物流成本}\times 100\%$$

4）单位产品的物流成本计算，有助于通过历史数据的比较，相对准确地反映物流成本的实际变动情况和趋势。

$$单位产品的物流成本=\frac{物流成本}{产品数量}$$

（6）管理物流成本

物流成本的高低受许多因素影响，良好的事前作业规划能够达到降低物流成本的目的，降低物流成本的基本方向有：客户的特殊需求、订单的特性、加工及处理要求、产品特性。

应用新知

目前，M 企业有三个重大客户 A、B、C，将其他较小量的客户分类为 D，见表 4-24，描绘了用于维护装卸部门的资源和费用。

表 4-24　维护资源和费用　　单位：元

资源	管理层	验单人员	装卸人员	叉车	栈板	标签	合计
费用	40 000	8 000	45 000	20 000	9 000	1 000	123 000

由表 4-24 可见，与装卸部有关的成本都是间接成本，它们不能以经济上可行的方法明确确认服务的客户类型。传统的成本计算方法是以公司从各个客户所获取的收入为基础分析所有的作业成本。经了解，A 客户的产品是螺蛳粉，B 客户的产品是白酒，C 客户的产品是牛奶，白酒装卸需要轻拿轻放，牛奶由于质量大，入库堆码既费时又费力。由于作业的复杂性，各客户实际消耗的作业成本（见表 4-25）并不相同，采用单一的收入方法来分配全部的作业成本，结果是完全扭曲了成本分摊，因此，需要以作业成本计算法来准确追溯各个客户真正需要承担的作业成本。

表 4-25　传统物流成本分摊　　单位：元

客户	物流公司收入	分摊装卸费
A	1 000 000	49 200
B	800 000	39 360
C	650 000	31 980
D	50 000	2 460

首先，了解装卸的具体业务，按作业成本计算的步骤，确定装卸部的作业中心及相关成本动因，见表 4-26。

表 4-26　装卸部的作业中心及相关成本动因

作业中心	验单	装载、卸载	检验	入库堆码
成本动因	验据表	人工小时数	货物数量	货物质量

其次，对各项作业收集其关于成本和成本动因的相关数据。数据来源包括合计记录、专门研究，还须管理者做出最佳的评估，进而求出各项作业的动因分配率，见表 4-27。

表 4-27　各项作业的动因分配率

作业中心	验单	装载、卸载	检验	入库堆码
成本库	10 000 元	53 000 元	12 000 元	48 000 元
成本动因	单据数	人工小时数	货物数量	货物重量
成本动因量	1 400 张	2 500 小时	16 000 箱	2 200 吨
分配率	7.14	21.2	0.75	21.82

最后，对每个客户的装卸费用进行成本收集，其中成本 = 分配率×成本动因，见表 4-28。

表 4-28　各客户在装卸的费用收集成本　　单位：元

作业中心	分配率	A		B		C		D	
		成本动因量	成本	成本动因量	成本	成本动因量	成本	成本动因量	成本
验单	7.14	700	4 998	350	2 499	250	1 785	100	714
装载、卸载	21.2	400	8 480	800	16 960	600	12 720	700	14 840
检验	0.75	8 000	6 000	1 500	1 125	2 500	1 875	4 000	3 000
入库堆码	21.82	100	2 182	500	10 910	1 500	32 730	100	2 182
成本总额	—	—	21 660	—	31 494	—	49 110	—	20 736

结果分析，从表 4-25 和表 4-28 比较可以看出，客户 A 的装卸成本由原来的 49 200 元降至 21 660 元，客户 B 的装卸成本由原来的 39 360 元降至 31 494 元，客户 C 的装卸成本由 31 980 元升至 49 110 元，客户 D 的装卸成本由原来的 2 460 元升至 20 736 元。作业成本计算法与传统的成本计算法下对成本的分摊具有明显的差异，作业成本计算法是按作业成本动因进行分摊的，有着合理的成本基础；而传统的成本计算并不能为物流企业产品的定价提供依据，更不可能为公司的决策提供信息支持。M 公司属于第三方物流，其利润来源是成本与服务收费间的差额，若无法取得准确的物流服务成本数据，M 公司的物流成本控制将无从谈起。

学习单元 2　物流外包管理

企业在经营过程中都存在薄弱环节，为了发挥企业的核心竞争力，需要将其不擅长的物流业务实现外包，针对企业现状研究物流外包的决策方法就成为一个重要研究课题，重点在于企业如何获取物流外包指标数据。

情景描述

FL 公司设有一个全球物流部门，负责全球子公司与船公司的签约问题。此物流部门集中旗下所有子公司的出口量，要求统一同船公司议价，统计一条航线的船公司数目，按运量将这些船公司分配给旗下不同的子公司，保证旺季订舱情况。

由于 FL 公司全球物流部门的协助，FL 公司旗下的中国 CH 扬声公司（以下简称

CH 公司）的物流相对简单，加之扬声系统本身不参与采购与生产，它的物流主要是控制旗下合作工厂的出货、安排订舱及运输。对于国外订单部分，由于 FL 公司全球物流部已同船公司谈好航线及价钱，所以 CH 公司本身只负责向船公司订舱及安排拖车将货物从工厂拖到码头（约占 90%），或将几家工厂的货物集中在一个仓库，重新包装和拼箱后再拖到码头（约占 10%）。对于国内订单部分，CH 公司负责将货物从不同的工厂运到一个仓库，再从仓库分拨到各地的分销商或客户手中，或从工厂直接送到客户手中。因此在 CH 公司成立初期就决定将货运外包出去。在搜集了几家供应商的报价并参观了他们的公司后，CH 公司决定将这部分业务外包给 ZY 物流。ZY 物流派一名工作人员到 CH 公司的办公室工作，负责操作所有工厂的货运及安排订舱。

新知学习

一、物流外包

物流外包是指企业把内部业务的一部分承包给外部专门机构。其实质是企业重新定位，重新配置企业的各种资源，将资源集中于最能反映企业相对优势的领域，塑造和发挥企业自己独特的、难以被其他企业模仿或替代的核心物流，构筑自己的竞争优势，获得使企业持续发展的能力。

1. 物流外包划分

（1）根据物流活动的完整性，将物流外包分为整体外包和部分外包

部分外包是指企业根据战略目标将物流各组成部分分别外包给该领域的优秀服务供应商。一般来说，部分外包主要是企业将与自身核心业务无关的业务进行外包，如临时性服务等。整体外包是指企业将物流的所有流程，从计划、安排、执行，到物流分析全部外包，由外包供应商来管理整个物流流程，并根据企业的需要进行调整。该外包模式下，企业必须与外包供应商签订合同，内容包括产品质量、交货期、技术变动以及相关设备性能指标的要求。整体外包强调企业之间的长期合作，长期合作关系将在很大程度上抑制机会主义行为的产生。

（2）根据物流业务的职能，将物流外包划分为生产外包、销售外包、供应外包、人力资源外包、信息技术服务外包，以及研发外包。

物流外包理论强调企业专注于自己的核心能力，如果某一物流业务职能不是市场上最有效率的，并且该物流业务职能又不是企业的核心能力，那么就应该将其外包给外部效率更高的专业化厂商去做。根据核心能力观点，企业应集中有限资源强化其核心业务，对于其他非核心职能部门则应该实行外购或外包。

2. 物流外包优缺点

（1）物流外包的优点

1）专注核心业务。外包可以使企业获得自身无法提供的物流服务。企业内部的物流系统并不能满足客户的所有要求，因为客户需要的物流服务往往要求具有特别的专业知识和技能，由企业自身完成往往不够经济，而外包公司拥有比本企业更有效、更经济地完成某项业务的技术和知识。

2）提高资源利用率。企业能够将自身资源集中到核心业务的发展上，能最大限度地发挥企业的有效资源，能够增强企业的竞争优势。

3）客户服务优势。由于外包公司在信息网络和配送节点上具有资源优势，所以在提高顾客满意度上具有独到的优势，例如缩短对客户需求的反映时间、进行点对点的配送，实现商品的快速交付等。

4）降低企业风险。有效的外包可以节省资金和物流投资风险，企业物流投资风险可转接到物流企业。

（2）物流外包的缺点

1）企业员工责任感不足。物流外包会影响部分员工的利益，当得知自身工作有可能会被外包后，员工的工作热情和职业道德标准会降低，还会失去对公司的信心和工作的原动力，导致工作业绩下降。

2）外包公司的忠诚度不高。外包公司在利益的驱动下可能从一个企业转移到另一个企业，导致企业相关业务的短暂中断，甚至造成财务损失。

3）外包商选择问题。如果企业挑选了与自身战略目标不匹配的外包公司，则会导致关键技术的失败，失去竞争的领先地位。

二、物流外包的决策方法

1. 物流业务分类

针对企业物流业务的“战略性”，将公司业务划分为核心业务、关键业务、新兴业务与一般业务。“战略性”是通过该业务占公司经营收入的比重情况、该业务在行业间的竞争优势情况，以及该业务未来的发展潜力大小三方面因素来评估的，以判断该业务对公司竞争力贡献的大小，具体类别划分见表 4–29。

表 4–29　业务类别划分

序号	业务类型	业务说明	衡量标准
1	核心业务	占企业经营收入比重较高，且在产品市场中具有较强竞争优势的业务，是企业大部分利润和流动现金来源，对企业的近期业绩关系重大	经营收入占比和市场竞争优势

续表

序号	业务类型	业务说明	衡量标准
2	关键业务	指现阶段营业收入比重不及核心业务，但是已经具备了清晰的商业模式，能够为公司带来一定收益，具备发展潜力的业务。该类业务具有快速发展和创业性的特征，代表了公司的未来战略发展方向，需要公司持续进行投资。该类业务有潜力在未来发展成公司的核心业务	业务收入和增长速率
3	新兴业务	作为目前市场试点的业务，是企业为研究未来市场和行业发展趋势所做出的尝试性业务。这类业务目前尚不具备清晰的商业模式，也不能为公司带来实质性的盈利，但这些业务有可能具备在未来领先市场运营并发展成为关键业务甚至核心业务的潜力，因此必须持续在这方面进行投资和培育	国际、国内技术发展趋势，公司发展战略趋势，领先市场运营经验
4	一般业务	企业必不可少但无法带来竞争优势的业务	

2. 外包决策方法

当对物流业务按照“战略性”分类之后，以自营能力为标准选择业务适用的外包模式。“执行力”指根据业务的难易复杂程度以及与其他业务之间的合作程度，来判断公司是否拥有完整的产业链，是否能完成所有流程。根据物流业务的战略性高低及其执行力大小，对不同业务采取不同的经营方案。具体的业务外包决策方法如图 4-23 所示。

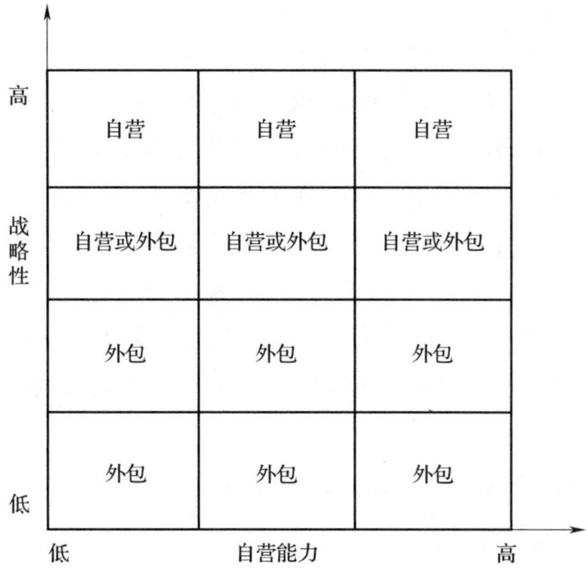

图 4-23　物流业务外包决策方法

3. 外包指标研究

制定物流外包战略时，应从供应链出发，分析企业的驱动力影响因素，驱动力影响因素分析包含外部驱动因素和内部驱动因素。外部驱动有技术因素、政策因素、市场环境因素等。内部驱动因素有供应链因素、成本因素和竞争力因素等。物流外包的驱动力影响因素如图 4-24 所示。

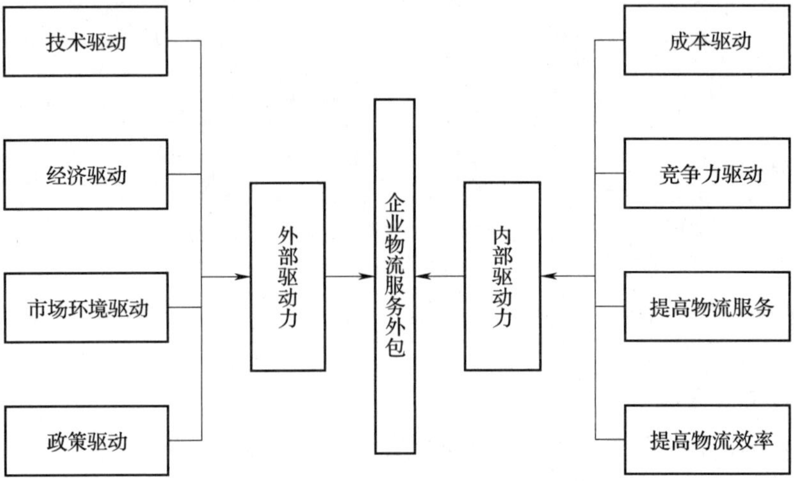

图 4-24　企业物流外包驱动力影响因素

（1）技术驱动因素：指第三方物流公司的新技术对公司物流服务外包的影响。

（2）政策驱动因素：不同的行业定位导致企业受国家资金、资源以及政策优惠的影响不同。

（3）市场环境驱动因素：市场环境处在一种日益变化的过程中，企业必须制定长期发展战略和抵御措施，以适应市场的需求和环境的变化。

（4）经济驱动因素：社会经济受到全球经济变化的影响，企业进行某些物流服务外包，增强供应链的灵活性，进行内部资源的优化配置。

（5）成本驱动因素：物流服务外包可使企业在物流方面的成本和风险降低。

（6）竞争力驱动因素：企业可以根据业务战略对自身业务进行分类，某些业务只是企业的附带业务，应针对本企业的核心业务、关键业务进行资源配置。

（7）物流因素：企业采用物流外包通常会有利于提升物流效率和物流服务水平。

4. 物流外包服务流程设计

进行物流外包服务流程设计，如图 4-25 所示。

5. 外包指标数据获取方法

（1）关键绩效指标 KPI（key performance indicator，简称 KPI）

根据 KPI 指标体系，建立相应的数据收集体系，以支撑 KPI 的有效运行，包括针

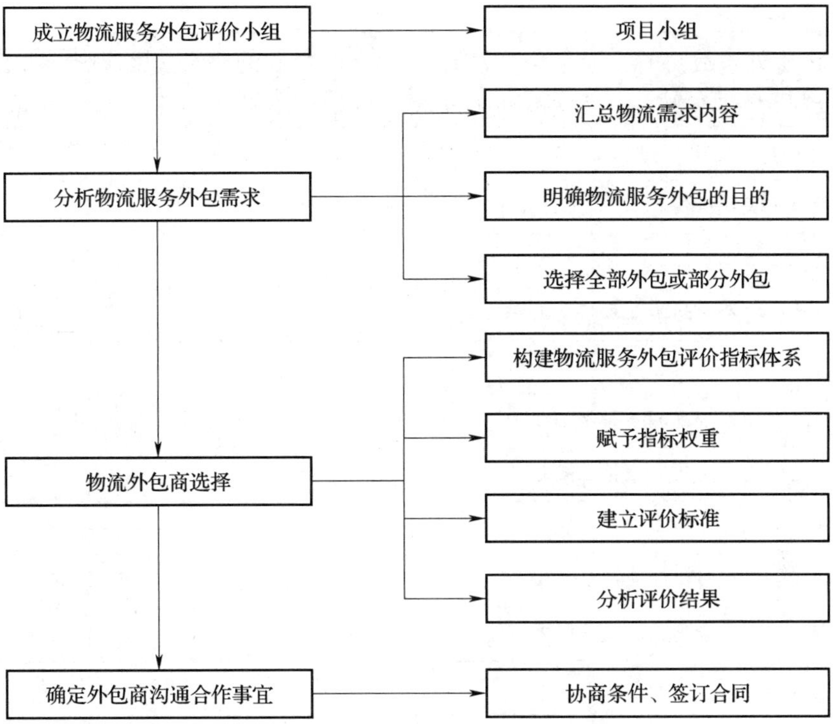

图 4-25　物流服务外包流程设计

对各个指标的计算公式、统计时间、责任单位、责任人等必要元素。此外，针对每项指标还需要制定相应的实施细则、奖罚标准，每个周期统计结束后，履行对应的签批程序，以达到明确目标、查找差距、改善绩效的目的。

（2）半结构化访谈法

将初始访谈的对象选取为外包公司的总经理、创始人等。首先，确定接受访谈的企业家；其次，梳理、确定访谈内容和逻辑；最后，采用半结构化面对面的访谈方式。访谈内容通常包含企业的成长历程、规模、现状以及企业战略等，同时针对企业对外包公司业务能力的相关要求进行调查。除了企业家之外，也应该与企业的其他人员进行沟通，从而对访谈结果做一个佐证，并对访谈内容进行完善。

应用新知

一、建立外包决策模型

建立外包决策模型，可以解决对运输业务进行企业类别划分和确定运输业务自营能力水平的问题，模型需要讨论的几个问题见表 4-30。

表 4-30　外包决策问题选项

目前情况＼答案	是	否	不知道
运输业务是公司的核心业务吗？			
运输业务对公司关键吗？			
公司内部有此专长吗？			
与竞争对手比较，公司运输业务有优势吗？			
运输业务是否给公司带来差异化？			
公司在运作过程中能否发挥规模经济？			
公司是否有足够的资金进行运输业务运作？			
公司能否规避风险？			
公司是否担心会丧失对核心业务的控制权？			
外包是否会给公司带来更大的灵活性？			
我们是否有足够丰富的市场知识？			
外包是否影响公司形象？			
我们能否处理公司内部的劳资关系？			
能否找到合适的供应商？			
综合的市场知识对公司重要吗？			
外包是否有约束条件？			
我们的运输业务是否非常复杂？			
外包是否存在技术问题？			
外包物流是否存在保密和安全问题？			
我们能否找到文化契合的供应商？			
如果外包，服务水平是否会下降？			
如果外包，成本是否会增加？			

二、外包决策模型的运用过程

根据外包决策问题选项表的“是”与“否”问题的答案，听取所给建议，对某些部分进行行业标杆测试，以评估当前运输业务的运行情况，检查物流外包的可行性，具体外包决策过程设计如图 4-26 所示。

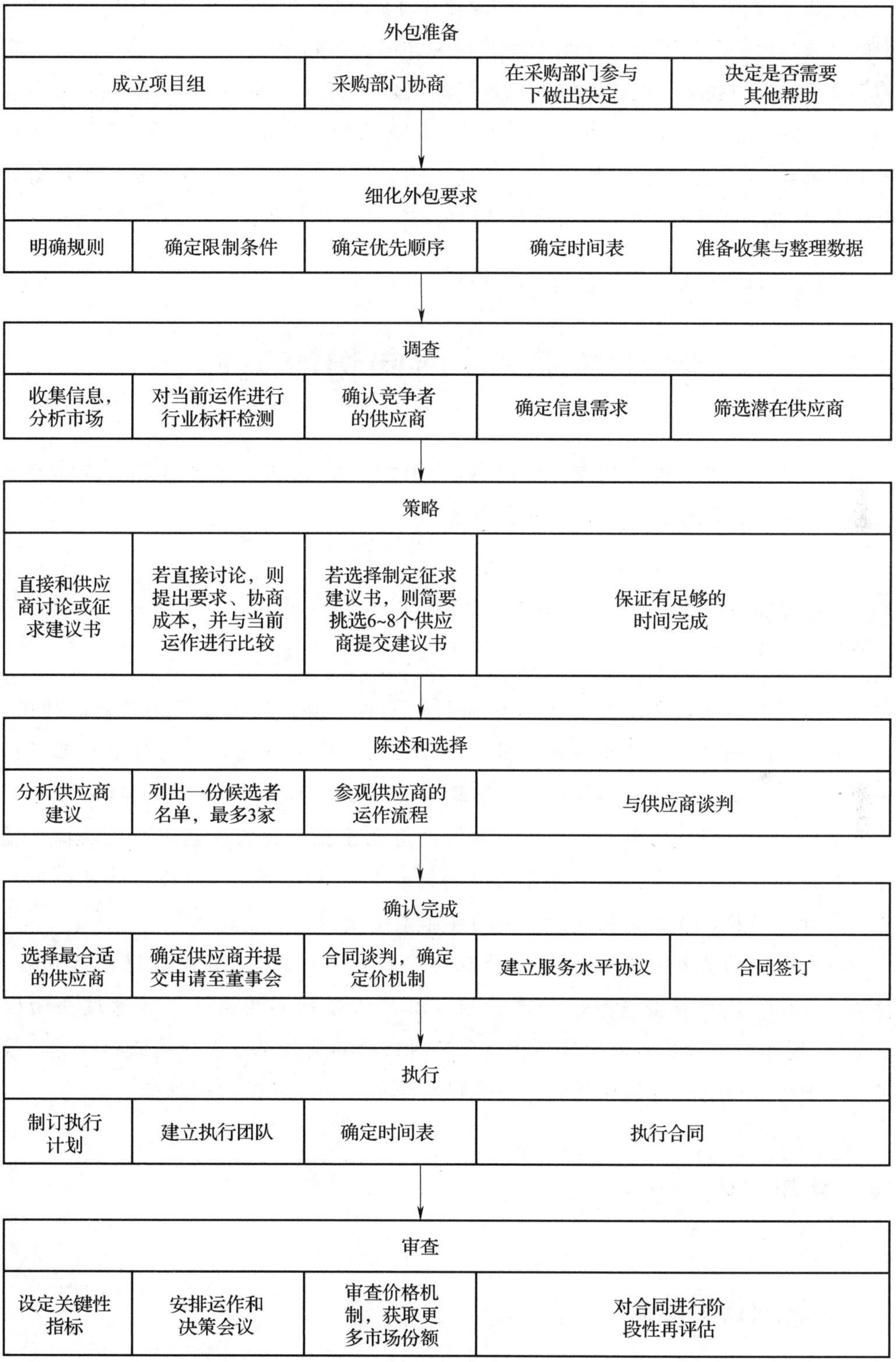
外包准备
成立项目组
采购部门协商
在采购部门参与下做出决定
决定是否需要其他帮助
细化外包要求
明确规则
确定限制条件
确定优先顺序
确定时间表
准备收集与整理数据
调查
收集信息，分析市场
对当前运作进行行业标杆检测
确认竞争者的供应商
确定信息需求
筛选潜在供应商
策略
直接和供应商讨论或征求建议书
若直接讨论，则提出要求、协商成本，并与当前运作进行比较
若选择制定征求建议书，则简要挑选6~8个供应商提交建议书
保证有足够的时间完成
陈述和选择
分析供应商建议
列出一份候选者名单，最多3家
参观供应商的运作流程
与供应商谈判
确认完成
选择最合适的供应商
确定供应商并提交申请至董事会
合同谈判，确定定价机制
建立服务水平协议
合同签订
执行
制订执行计划
建立执行团队
确定时间表
执行合同
审查
设定关键性指标
安排运作和决策会议
审查价格机制，获取更多市场份额
对合同进行阶段性再评估

图 4-26　外包决策过程

首先成立外包工作项目组，通过与采购部门协商确定企业业务是否外包，在协商过程中可以通过相关部门了解外包供应商的相关详情。在确定业务外包以后，需要制定详细的、确定的外包要求，例如外包项目人员的组成、实施业务的外包的准确时间以及收集外包公司的行业数据。企业可以通过调查、制定策略、分析外包公司的条件完成对外包公司的选择。其次，按计划执行业务外包，例如制订执行计划、建立执行团队等。最后企业需要制定一个确定的周期针，对外包公司的业务执行情况进行测试和审查。

学习单元 3　逆向物流运作

本学习单元介绍了逆向物流作业流程，通过学习，读者可掌握绘制逆向物流流程图的方法，并能编制逆向物流作业改善方案。

情景描述

长期以来，企业为了迎合市场的发展和竞争的需要，将重点集中在产品的生产、销售和服务上，而将废弃产品的处置排除在企业的经营战略之外，对这些产品沿供应链逆向渠道的收集、运输和再制造——即逆向物流活动没有引起足够的重视。

随着逆向物流实践的不断开展，尤其是针对电子废弃物回收利用相关法律法规的出台，我国涌现出一批专门从事电子废弃物回收和处理的企业。G 公司就是一家集技术开发、资源回收和资源再利用于一体的环保型企业。

G 公司践行的循环产业文化是“消除污染、再造资源”，开发先进的循环技术，由循环而经济，实现社会责任、经济价值与环境价值的和谐统一。其通过全面实施 ISO 14001 国际环境管理体系管理循环过程，对回收物进行生态设计、低碳制造、最大限度地对回收废旧物进行循环再利用，实现节能减排和环境保护的目标。

新知学习

一、逆向物流的概念

1. 逆向物流的含义

美国物流管理协会将“逆向物流”定义为：“物流在产品回收、废物处置、危险原料管理过程中的作用；广义上，逆向物流包括了与资源缩减、再循环、物料替代、再使用以及废物处置过程相关的所有物流活动”。

狭义的逆向物流是指对那些已经废弃的产品再制造、再生以及物料回收的过程。参与逆向物流的企业通常不属于原来的物流系统。广义的逆向物流除了包括狭义的逆向物流的含义之外，同时还能够使正向和逆向物流更有效率。

逆向物流不仅强调从原物料取得的产源减量、物料替代，还强调产品完成其生命周期时所伴随的再生、物料再利用、废弃物清理以及有害物质的管理等活动。逆向物流管理除提供系统性的管理方法之外，还可形成完整的供应链循环，并且能达到获利的目标。

例如，国外知名 Motormaster 公司发展出了一套很强的逆向物流能力，以重建机车引擎和设备的替代零部件，由于重型设备产品的生命周期可达数年甚至数十年，Motormaster 公司在售出产品之后的很长时间里，还为顾客提供备品、备件服务。为了做到这一点，公司与一家再制造商成立了一家合资企业，专门管理其产品、再制造零部件和引擎。再制造零部件相比于新获取的零部件来说，公司的采购和存货成本可以削减一大半，这种方法还可以通过多年的高水平顾客服务，来构筑更加坚实的顾客忠诚度。这样，Motormaster 公司就实现了以赢利的方式管理其返品。

2. 逆向物流的特征

与正向物流相比，逆向物流有着明显不同的特点。

（1）不确定性

逆向物流中产品回收系统相关问题的难点主要是由其本身的不确定性引起的，体现在以下几个方面。

1）逆向物流终端的不确定性。逆向物流的产源来自数以万计的最终消费者，也来自零售终端、分销端、制造末端和制造过程中，只要有退货、损耗和过期，就会产生逆向物流。因此，逆向物流产生的地点、时间和数量难以预见，而正向物流与之相反，按量、准时和指定的发货点是其基本要求。

2）回收产品数量的不确定性。使用后的产品回收数量是由产品的质量、产品的寿命、使用时间、使用环境等多种因素决定的。

3）回收产品损坏情况的不确定性。回收产品的损坏程度有轻有重，损坏的方式也各不相同。损坏情况只有通过检测才能确定。

4）回收产品处理方法的不确定性。根据回收产品损坏情况的不同，需要对其进行不同的操作。同时，回收产品情况的不确定性造成产品加工时间不确定和原材料需求不确定。

5）回收产品再利用需求的不确定性。回收产品再利用需求市场远没有普通市场成熟，存在更大的随机性和不可预测性。如果不能主动订购废旧产品，只能被动接受消费者报废的产品，就会导致返回废旧产品的数量和时间具有不确定性。废旧产品中零部件的回收率是随机的，给逆向供应链材料计划带来高度不确定性，回收零部件的性能在未检测之前是未知的，会导致准备时间、来料和需求关系的不稳定。

（2）复杂性

逆向物流的处理系统与方式复杂多样，不同处理手段对恢复资源价值的贡献差异显著。逆向物流中的再制造是使报废产品经过拆卸、清洗检验、翻新修理和再装配后，恢复到或者接近于新产品的性能标准的一种资源再利用方法。再制造体现了良好的环保性，是符合可持续发展要求的生产方式。从产品再制造的流程可知，产品由“旧”到“新”的过程也是较为复杂的。这些流程经过了路径选择、库存控制等程序，这其中的任何一环出问题都将直接影响到再制造的效益和产品质量。是否重视逆向物流的特点和质量，是企业逆向物流管理能力和水准高低的分界线。

（3）分散性

逆向物流产生的地点、时间、质量和数量是难以预见的。废旧物资可能产生于生产领域、流通领域或生活消费领域，涉及所有领域、所有部门、所有人，正是这种多元性使逆向物流具有分散性。

（4）缓慢性

不难发现，开始时逆向物流所涉及的物资数量少、种类多。只有在不断汇集的情况下才能形成较大的流动规模。废旧物资的产生往往不能立即满足人们的某些需要，它需要经过加工、改造等环节，有的甚至只能作为原料回收使用，这一系列过程的形成需要较长的时间。

3. 企业逆向物流的形式及其来源

（1）企业逆向物流中回流的产品包括：1）产品加工过程中产生的边角料；2）产品积压库存；3）包装材料；4）顾客退回的产品；5）达到使用寿命的产品；6）返修品；7）生产中出现瑕疵导致企业回收的产品。

（2）逆向物流回收品处理方法

1）重新整修和再次制造。重新整修和再次制造不是一个新的概念，越来越引起人们的注意；对于缺乏最新功能、但是仍处于可用状态并且可以恢复功能的设备，可以重新制造并放到仓库中以备再次使用；设备功能再生的生产制造成本低于制造新品的制造成本；企业运用有效的整修过程，可以最大限度地降低整修成本，并且将整修后的成品返回仓库。

2）维修。如果产品无法按照设计要求工作，企业就需要将其回收并维修。返回的物品有两种类型，保修和非保修的物品。客户需要自行付费解决非保修产品的维修问题，所以对企业来说，真正的问题在于保修期物品的回收。维修的目标是减少维修成本、节约产品维修时间和延长产品使用寿命。

3）再利用。产品的再利用主要针对零部件，到达使用寿命的设备可以分解为部件和最终零件，其中的部分零部件状态良好，无须重新制造和维修就可以再次使用，它们会被放置在零件仓库中供维修使用。

4）再销售。有些返还产品状态良好，可以进行再次销售。它们很可能是那些没有售出的商品，有些顾客买了之后就把它退回，有些则是使用后才退回的，一些在逆向物流方面领先的高科技企业，正在积极地再次利用自己的售出返还产品。

5）回收。无法进行整修、修理或者再销售的返还商品将被分解成零件之后进行回收，直到现在，人们仍认为回收是一件费时费力、不值得做的事情，然而当企业面对越来越多的废品管理账单时，它们就开始重新研究替代废品处理的方法了。

6）废料。如果企业没有找到合适的替代方法对回收产品进行处理，这些回收物品要么在垃圾场被掩埋处理，或者被焚化。即便如此，这也不再是一个简单的处理方法。在大多数工业化国家里，被认作危险品的产品必须与其他物品区别开来，并由企业进行负责任的处理，否则会导致高额的处罚。

二、逆向物流的基本作业流程

1. 回收物品类型

回收在逆向物流中包括两种类型：退货产品回收和废弃物回收。退货是指下游顾客将不符合订单要求的产品退回给上游供应商，如顾客由于质量原因退货、零售商的季节性退货、过量库存退货等。废弃物回收是将顾客所持有的生命末期产品通过有偿或无偿的方式返回销售商或回收机构。这里的销售方可以是供应链上的任何一个节点，如供应商、制造商，也可能是下游的经销商、零售商。在市场上收集物品时，经常涉及种类多、批量小的运输，因而运输费用较高。同时，收集物品的运输往往会对环境产生不良影响。因此，物品回收是逆向物流的重要内容。

2. 回收物品检测与分类

回收物品的种类繁多，价值也不尽相同，必须要进行有效的检测、分类才能进行后续处理。检测与分类环节是对回收物品的功能进行测试分类，并根据产品的结构特点以及产品及产品零部件的性能确定可行的处理方案，包括直接再销售、再加工后销售、分拆后零部件再利用和产品或零部件的报废处理等。

3. 回收物品仓储

仓储是物流活动的重要组成部分，在处理回收物品时，需要对回收的物品进行储存，由于回收物品种类较多，因此需要占据较大的仓储面积。

4. 回收物品再加工

再加工是把回收产品或其零部件进行处理，以重新获取价值的过程，其中主要有再使用、再制造和再循环（即 3R）。再使用针对只需清洗或少量维修工作即可直接再使用的包装产品或零部件，如玻璃瓶、托盘等包装容器，复印机和打印机的墨盒等；再制造是指保留废旧零部件的结构和功能特性，通过必要的拆卸、检修和替换，使其恢复如新，如飞机和汽车的发动机，计算机、复印机和打印机的部件等；再循环是指循环利用废旧物品里的原材料，如废旧金属、纸、玻璃、塑料等。此外，由于专业的再处理设备需要高昂的投资，要求回收产品的总量要足够大且能够集中处理，从而形成规模经济效应。

5. 回收物品再分销

再分销是指将可以再次利用的产品投放到潜在市场并送到有此类需求的客户手中。对那些没有经济价值或严重危害环境的回收品或零部件，通过机械处理、进行地下掩埋或焚烧等方式进行报废销毁处理；对那些有使用价值的、经过再制造的产品进行再销售处理。由于逆向系统输出物品多样化，当流量较大时必须进行统一配送以提高配送效率。运输方面也可利用原有正向物流的车辆（即回程车）对于不同分类的物品应给予不同的优先级，选取不同的运输方式。

6. 回收物品废弃处理

废弃处理针对的是那些由于技术或经济上的原因而不能再利用的产品或零部件，这类产品的拆分或修复对设备或技术的要求太高，或者是由于产品过时而没有令人满意的再利用市场。报废处理的产品可作为材料回收再利用，实在无法再利用时可通过掩埋或焚烧方式进行处理。

三、逆向物流回收模式

1. 生产商自营回收模式

自营回收模式是指生产企业建立自己的逆向物流体系，自己管理所生产产品的回收处理业务。在该模式下，企业建立了遍及本企业产品所有销售区域的逆向物流网络以回收回流物品，并将其送到企业的回流物品处理中心进行集中处理。

在政府管制的条件下，此种模式是外部社会成本的内部化，是 EPR 制度的主要形式。企业从以下两个层面建立回收网络。

（1）面向特定产品的独立回收网络。针对特定产品，生产商自己构建独立的电子废弃物逆向物流体系，并根据产品的规模和属性，寻求电子废弃物从收集、运输到最终处理的最优模式。

（2）面向供应商功能拓展的回收模式。这里的供应商是指供应链中除生产环节之外其他环节的功能提供商，如原材料供应商、产品批发商、零售商等，在现有正向物流功能的基础上拓展废弃产品的回收功能，实现正向物流和逆向物流的系统集成，构建一体化的物流体系。

由此可见，生产商自营回收模式可以由生产商自己直接负责回收项目终止/停产 EOL（end of life，简称 EOL）产品，也可以由分销商（包括零售商和批发商）回收并转交生产商进行处理。在这种模式下，生产商能够根据市场销售渠道掌握产品的流向，并通过直接从顾客手中回收产品的方式及时获得产品质量及特征方面的第一手信息反馈。由于该模式下的回收处理设备一般只针对特定生产商的产品，这种专业化的方式有助于提高逆向物流的处理效率。

2. 生产商外包回收模式

逆向物流的外包回收模式，即第三方回收模式，是指生产企业在销售产品后，自己并不直接参与 EOL 产品的回收工作，而是通过协议形式将其产品回收处理中的部分或者全部业务，以支付费用等方式，交由专门从事逆向物流服务的企业处理。第三方物流企业回收 EOL 产品后，既可以转交给原生产商进行相应的处理，也可以转交给第三方生产商进行处理。

3. 生产商联营回收模式

逆向物流的生产商联营模式是指生产相同产品或者相似产品的同行业企业进行合作，以合资等形式建立共同的逆向物流系统（包括回收网络和处理企业），成立联合责任组织，由该组织为各合作企业甚至非合作企业提供逆向物流服务。处理回流物品并回收其中的资源，不仅需要先进的技术，而且需要大量资金，单个企业难以承担，因此作为生产相同或相似产品的相关企业可以通过合资等方式，建立面向各合作方甚至整个行业的逆向物流系统。一般来讲，建立联合逆向物流系统的行业，其集中度都比较高，行业内的领先企业具有较大影响力，可以推动多家企业进行合作。

生产商联营回收模式相对于自营模式来说，最明显的优势在于其可以形成规模经济，只需建立少数回收处理中心，减少产品回收的中间环节，节约了回收成本。与此同时，生产商联合体可以在行业内做到真正的回收处理专业化，发展适用于整个行业的专门技术。这种回收模式还能很好地解决“孤儿产品”问题，使其有家可归，在某些制造厂倒闭的情况下，仍然可以由生产商联合体完成相应的物品回收处理工作，在一定程度上解决了小规模生产商进入逆向物流领域的高门槛问题。但生产商联营回收模式同样具有缺陷：首先是成本分担问题；其次是生产商联营回收模式较难形成产品的闭环回收网络，因为 EOL 产品被联合责任组织回收后，不太可能进入该产品的闭环再循环，只能进入其他产品的再利用和再制造环节。

四、逆向物流成本的构成

按照逆向物流的功能划分，成本可分为运输成本、仓储成本、回收成本、处理成本等。

1. 运输成本

运输成本贯穿逆向物流网络的始终。逆向物流企业的运输流程主要包括废旧物回收企业将收集到的废旧物品送到回收处理中心进行处理，处理后产生的再生材料及废弃物被运往相应的下游处理中心。运输费用主要包括物资消耗，如燃料费、车辆耗损等；人力成本，如工资奖金、员工福利、培训费等。

2. 仓储成本

仓储成本是指货物在仓库中存储所产生的费用。废弃物回收处理中心需要回收大量的废旧物品，同时，处理设备也占用仓储面积。回收物品种类较多，因此所占据的仓储面积和空间较大，导致仓储设施的周转率和利用率不高。另外，仓储设备的维护费用也属于仓储费用。因此，需要综合考虑仓库租赁费用、设备购置费用、设备折旧费用以及相关的管理费用等问题，这些因素均影响了回收中心的仓储费用。

3. 回收成本

逆向物流的回收成本是在废旧物品聚散过程中，存放于回收点所产生的费用。回收处理中心的回收成本是指回收处理中心回收废旧物品所支付的费用和回收过程中产生的费用。回收成本包括：人工成本，如工资、福利、培训等；物资耗损，如电力、工具消耗、固定消耗等；其他费用，如办公费。

4. 处理成本

废弃物回收处理中心的处理费用主要由处置费和管理费构成。废旧物品逆向物流处理过程中涉及的主要环节包括分类、检测、拆卸、清洗、再利用、再生和废物处理等过程，由此所产生的成本主要包括检测分类成本、拆解成本、再利用成本、再生成本和废弃物处理成本。

五、逆向物流绩效指标的构成

逆向物流绩效指标主要包含如下几种。

1. 效用指标

效用指标即客户服务水平指数、运输效率指数、成本指数等等具体指标。

2. 运营指标

运营指标即管理水平指数、企业影响力指数、企业声誉指数等指标。

3. 环保指标

环保指标即资源再利用指数、循环经济指数、污染降低指数等指标。

应用新知

一、国内电子产品回收现状

据调查，部分废旧电子产品涌向了两个渠道：收废品的小贩和拆解作坊（见图 4-27）。小贩收购来的废旧电子产品一般有两条出路：能用的改装之后再卖到低层次用户，这样的电子产品既有安全隐患，又对家电市场形成冲击；对于不能用的，把玻璃、塑料、金属等能卖掉的材料卖掉，其余的当作垃圾扔掉，这些含有大量有害物质的废弃物最终会被当作普通垃圾掩埋或者焚烧。拆解作坊则把“电子垃圾”中含有的金、银、铜、铂、锡、铬等贵重金属分离出来。

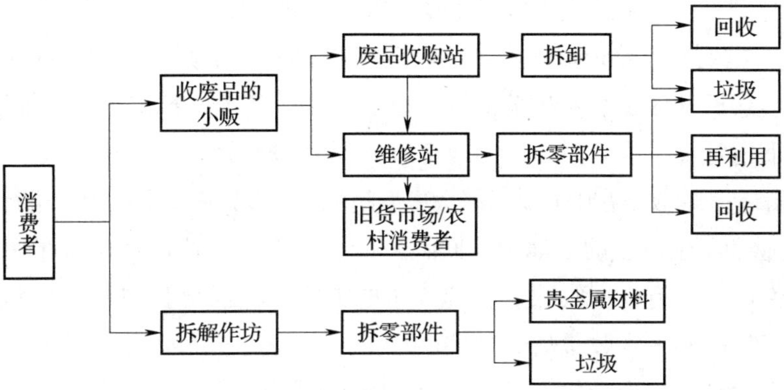

图 4-27　废旧电子产品回收过程

二、G 公司逆向物流方案

1. 自建回收体系

G 公司推行的是覆盖我国主要城市的废弃资源社会体系，通过开采无限的“城市矿山”扩大循环工厂的规模。以深圳、武汉等我国 20 多个中心城市为资源收集中心构建“城市矿山”，建设覆盖我国主要城市的资源收集体系，在珠三角、长三角、武汉城市圈、西南和北方地区建设废弃资源收集与分拣中心，以湖北荆门为资源处理中心，实现年处理再生钴镍资源、电子废弃物 100 万吨以上的目标。电子废弃物逆向物流的主要流程如图 4-28 所示。

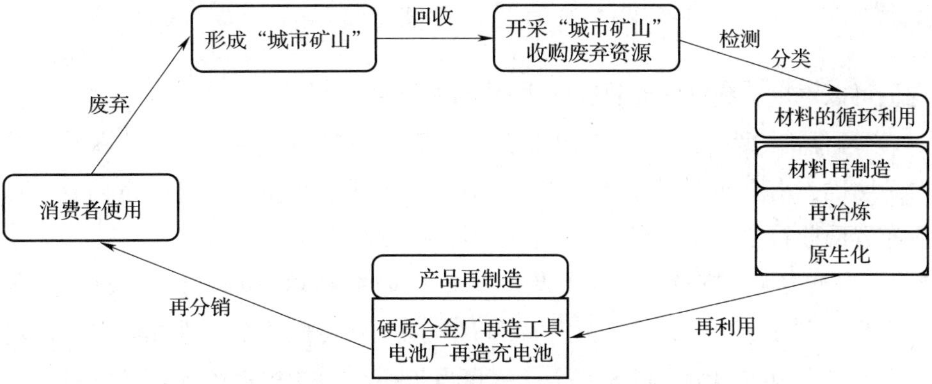

图 4-28　电子废弃物逆向物流流程图

基于目前废旧电子产品回收网络不健全、无序发展的问题与运输批次多、批量小的问题，G 公司作为我国废旧电池回收利用的发动单位和国家循环经济试点企业，先后在深圳、武汉、南昌、广州、中山等 20 多个城市建立了废旧电池回收网络，布置了 15 000 多个废旧电池回收箱，辐射 10 万平方千米，覆盖 1 000 多万人群，年回收废旧电池 3 300 吨以上，使我国小型废旧电池回收率从 2006 年的不到 1%提升到现在的 5%以上。

以武汉为例，G 公司的收集模式主要有如下几种。

（1）废旧电池回收箱定点收集：在武汉安装 30 000 个废旧电池回收箱，布点覆盖大中小学校、居民社区、政府机关部门、事业单位、商场、超市，以及街道、广场等，市民可将废旧电池随手投入附近的回收箱，武汉 G 分公司负责集中回收。

（2）超市有偿回收：在中心城区的大中型超市设立废旧电池回收点，进行有偿回收。

（3）企业和单位产生的电池独立回收：针对企业和单位产生的大量废旧电池，免费回收一次性电池，有偿回收镍氢及锂离子电池等。武汉分公司将收集到的废旧电池暂存到仓库，累积到一定数量后转运到循环工厂，经过技术处理，实现回收过程的安全收集、安全存储、安全运输，回收渠道如图 4-29 所示。

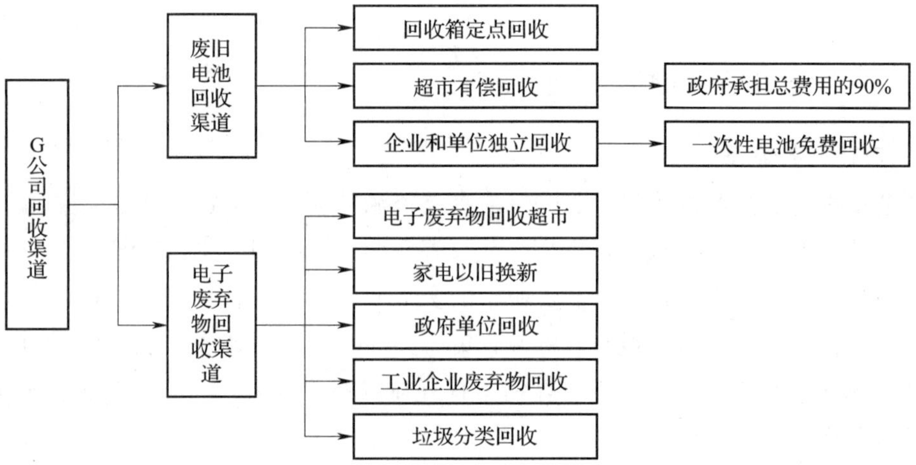

图 4-29　G 公司废弃物回收渠道

综上可以看出，武汉的回收模式主要有以下特点。

1）以环保部门为主导、多个政府企业职能部门参与、城市圈整体联动；政企联合、分工明确，由上而下、分级、分层次展开；形成了企事业单位批量回收、针对居民社区布置回收箱、同便民超市有偿合作等多渠道回收模式；

2）政府财力大力支持。武汉市政府发文：按照“武汉市政府出资 90%、负责回收的 G 公司承担 10%”，武汉市财政局和商务局负责专款管理，在 200 多个商场设置了回收点，日回收废旧电池近 5 万个，这相当于一个中等规模电池厂的产量，从而减轻了因废旧电池直接丢弃而造成的环保压力。

G 公司对废弃物回收渠道的建设较为成功，多样化的形式覆盖了城市圈的各类人群，而且广泛的回收点也方便了大家对废弃物的及时处理，政府的积极参与和大力支持更是促进了回收网络的整体建设。

2. 建立全程处理体系

G 公司将收集的废弃物暂存到仓库，累积到一定数量后转运到循环工厂进行处理。为此，G 公司建立了一套比较完整的处理体系，如图 4-30 所示。

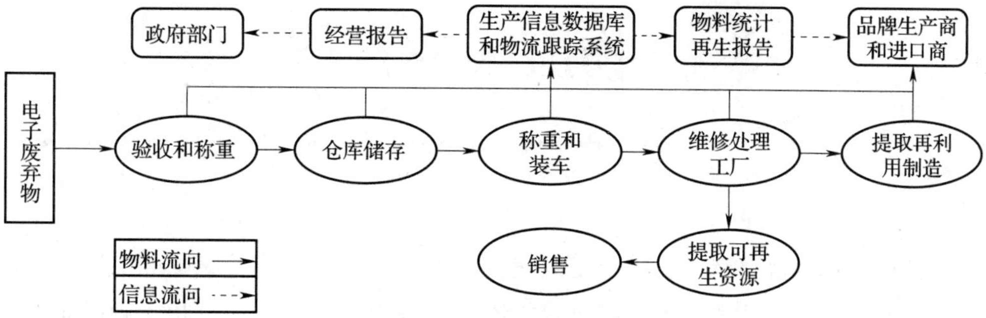

图 4-30　逆向物流作业流程图

3. 拆解与无害化同步

针对我国现有废旧电子产品回收处理不规范、大量难以回收的有用资源被丢弃造成资源浪费、废旧电子产品中含有的有毒有害物质没有被专门处理而造成环境污染等问题，G 公司创建了一套电子废弃物拆解分类的标准，按照标准组织流水线分类拆解生产，按照标准流程进行分类，形成中国电子废弃物分类拆解的标准化作业流程。

G 公司还自主开发了 30 多项专利技术，覆盖电子废弃物快速分类、快速分离的专利技术与工装设备体系，实现了冰箱、电视机等家电分类拆解、自动化拆解，为中国电子废弃物的绿色循环和资源化提供了一种示范模式。G 公司实现电子废弃物绿色循环模式如图 4-31 所示。

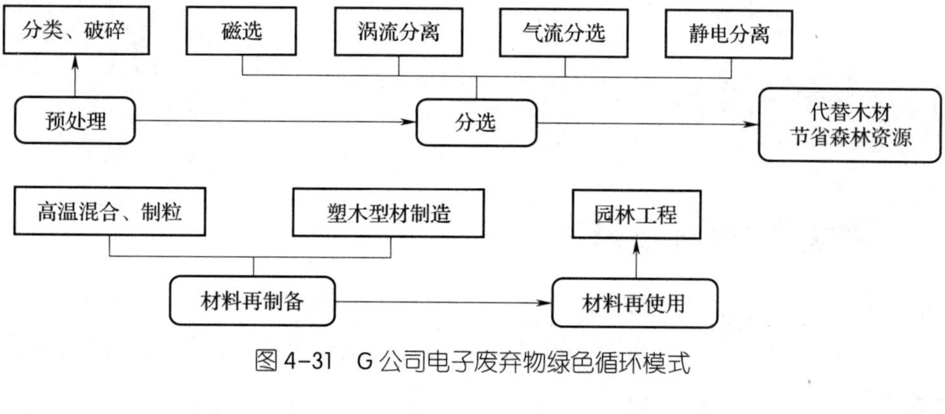

图 4-31　G 公司电子废弃物绿色循环模式

其现有技术与装备可将电子废弃物完全资源化，实现无废水、废渣和废弃物排放的绿色拆解和电子废弃物中各种金属与塑料的有效快速分离，资源分离率达 95% 以上，资源综合利用率达 98% 以上。

培训课程 3 物流绩效管理

物流作为提高经济竞争力的重要因素，要想使其健康发展，必须对物流网络规划、顾客服务水平、运输质量、库存控制等物流活动进行绩效评价与分析，判断企业的实际经营水平，提高企业的经营能力，进而增强企业的整体效益。快速发展中的企业物流，实时进行绩效评价，对不断完善、提高物流管理水平和使其成为企业的“第三利润源泉”具有重要意义。因此，科学、系统评价企业物流的绩效，已成为企业物流的迫切需要。

学习单元 1 物流绩效概述

通过学习物流绩效的概念和意义，理解物流绩效评价的重要性，读者可以了解物流绩效的评价体系并掌握相关评价方法。

新知学习

一、物流绩效的基本概念

企业物流绩效是指在一定的经营期间内企业的物流经营效益和经营者的物流业绩，是企业根据客户要求在组织物流运作过程中的劳动消耗和劳动占用与所创造物流价值的对比关系。

绩效评价指运用一定的评价方法、量化指标和评价标准，在规定要求下，按照评价的内容和标准对评价对象的工作能力、工作业绩进行定期和不定期的考核和评价。绩效评价的信息有利于企业进行战略决策，使管理者了解企业物流构成因素，控制企业物流成本。

二、物流绩效评价的意义

统一而客观的参考标准，有利于消除或减少因个人主观而带来的绩效评价的不公正、不全面和不客观现象。有利于发现企业物流业务运营过程中的疏漏、缺陷，对物流业务的管理提供依据。有利于帮助管理人员及其他员工树立正确的价值观和行为取向。有利于降低物流运营成本，提高经济效益。有利于发挥物流管理的作用，引导企业对物流管理工作进行监督。

三、物流绩效评价的复杂性

财务指标通常被作为绩效评价的关键指标，但是，该指标不能反映当前进行的具有创造价值的活动。传统的财务指标不能体现出顾客满意度、质量、周期和员工激励状况，但物流绩效的改善有效与否通常与财务指标相关联，这种关联脆弱且不稳定，是一种非线性关系。在具有复杂性和动态性的供应链环境下，利用财务指标来测量物流绩效过于简单，因为物流服务系统的产出并不总是明显的，它与整个管理系统交织在一起，难以从整个管理系统中分离出具体的物流绩效的贡献。

四、物流绩效评价原则

1. 整体性原则

整体性原则指物流企业不能仅仅是对某个部门或某个人进行绩效评价，而是针对整个企业所有部门和所有员工进行绩效评价，这样才能客观准确地反映企业的发展状况。

2. 系统性原则

系统性原则指物流活动由许多环节或过程组成，它会受到来自人、财、物、信息、服务水平等因素及其组合效果的影响，因此选择绩效评价指标必须系统地、全面地考虑所有影响物流绩效的因素，以保证评价过程的全面性和评价结果的可信度。

3. 经济性原则

经济性原则指进行物流管理绩效评价的过程中考虑企业物流管理绩效评价体系构建的成本等经济因素。应将企业的规模与绩效评价的工作量相对应，结合企业自身情况进行绩效评价，切勿生搬硬套其他企业的绩效评价体系。

4. 定性指标与定量指标相结合的原则

由于物流活动具有复杂性、动态性，绩效评价指标应该既包括易于定量表示的技术经济指标，如企业的收益、成本等，也需要使用难以量化表示的社会环境指标，如安全、快速、舒适、便利等方面的指标。实际的评价活动将定量指标与定性指标相结合，这样既可利用两者的优势，又能弥补二者的不足，以保证绩效评价的全面性、客观性。

5. 可操作性原则

可操作性原则决定物流管理绩效评价工作是否能顺利实施，各项指标尽量含义清晰，操作规范、简便，同时，能够符合物流活动的实际情况，确保操作过程符合标准。

五、物流绩效评价方法

1. 数据包络分析法（DEA）

数据包络分析法考虑多种投入的运用和多种产出的形成，用以比较提供相似服务的多个服务单位之间的效率。这种方法的主要优点是能够直接快速地计算出多个决策单元间效率的相对有效性，并且能够适应多输入多输出的复杂结构系统，有效快捷地进行综合目标评判。缺点主要是在模型的建立过程中，因为指标选择的不适当，则很有可能求解无解导致结果不准确，并且其实际操作的难度较大，不易在大多数分析者中普及。

2. 关键绩效指标法（KPI）

关键绩效指标是通过对组织内部流程的输入端、输出端的关键参数进行设置、取样、分析，以衡量流程绩效的一种目标式量化管理指标，是把企业的战略目标分解为可操作的工作目标的工具，是企业绩效管理的基础。通常根据 SMART（S = specific、M = measurable、A = attainable、R = relevant、T = time-bound，即具体、可测、可达、相关、时限）原则来确定关键绩效指标。

3. 平衡计分卡法（BSC）

平衡计分卡法 BSC（balanced score card，简称 BSC）的关键在于将企业战略目标进行逐层分解转化。BSC 设置了客户、内部运营、财务、学习与创新四个方面的绩效考核指标体系，针对该指标体系进行考核，为企业实施战略建立可靠的执行基础。平衡计分卡法作为全面评价公司经营业绩的一种评价系统，分别从多个方面入手，即内部评价指标（内部业务、创新、成长）和外部评价指标（股东和客户）的平衡，动因评价指标和成果评价指标的平衡，主观评价指标和客观评价指标的平衡，长期评价指标和短期评价指标的平衡，它是一种超越数字的动态与静态相结合的一种全新绩效评价系统。

4. 模糊综合评价法

模糊综合评价法是一种基于模糊数学的综合评价方法。该综合评价法根据模糊数学的隶属度理论把定性评价转化为定量评价，即用模糊数学对受到多种因素制约的事物或对象做出一个总体评价。它具有结果清晰、系统性强的特点，能较好地解决模糊的、难以量化的问题，适用于解决各种非确定性问题。

（1）基本思想：用属于程度代替属于或不属于。

（2）基本原理：首先，确定被评价对象的因素（指标）集合评价（等级）集；其次，分别确定各个因素的权重及它们的隶属度矢量，获得模糊评判矩阵；最后，把模糊评判矩阵与因素的权矢量进行模糊运算并进行归一化，得到模糊综合评价结果。

（3）模糊综合评价的步骤如图 4-32 所示。

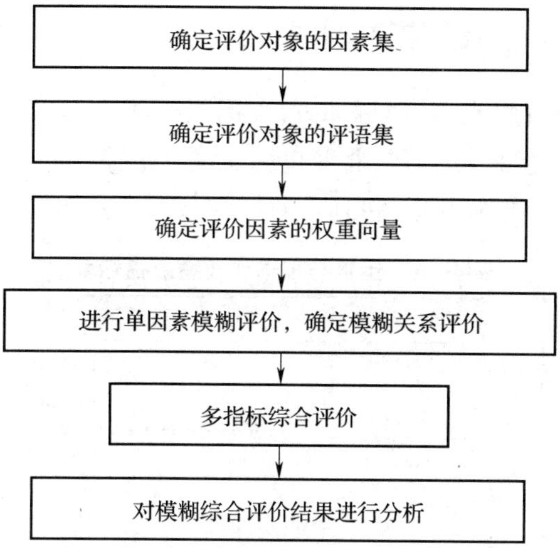

图 4-32　模糊综合评价步骤

学习单元 2　运输、仓储和逆向物流绩效评价

通过学习相关知识和方法，读者可掌握企业物流绩效评价体系的构建，并能运用 BSC 标杆法进行基本的绩效评价。

情景描述 1

A 企业是我国的大型钢铁联合企业，具备 2 000 万吨的钢材生产规模。苏锡常杭地区是其钢材销售主要的集散地，每年从马鞍山发往苏锡常杭地区的钢材超过 150 万吨。预计年内将有总计 2 000 吨分别发往上海、武汉、宁波、合肥销售点，各发 400 吨、800 吨、300 吨、500 吨，试问作为该企业运输部门的员工应如何着手工作（具体解决方法见培训课程 1 的学习单元 1）。

经过计算分析，A 企业运输部门决定采用铁路运输这批钢材。A 企业上层领导要求对这批钢材进行运输配送作业绩效考核，并对绩效不合格的指标进行改善，该员工着手开展工作。

应用新知 1

一、运输配送作业绩效指标体系的构建

案例主要从运输质量和成本与效益的角度出发来考虑运输与配送作业的绩效。运输质量包括安全性、可达性、准时性及客户满意度，成本与效益包括单位运输成本与运输费用效益，主要绩效指标见表 4–31。

表 4–31　运输与配送作业绩效指标表

	一级指标	二级指标
运输与配送作业绩效指标	运输质量	安全性指标
		可达性指标
		准时性指标
		客户满意度指标
	成本与效益	单位运输成本
		运输费用效益＝经营盈利额÷运输支出费用

二、绩效评估方法应用于案例

对案例采用模糊综合评价法进行绩效评价。

1. 判断一级指标相互重要性

确定评价体系后，设计调查表，选取企业内相关负责人对一级指标相对重要性进行判断，处理调查结果后，得到一级指标判断矩阵，见表 4–32。

表 4–32　准则层指标判断矩阵

	运输质量	成本与效益
运输质量	1	1
成本与效益	1	1

得到运输质量指标下相关的四个二级指标重要性判断矩阵，见表 4–33。

表 4–33　运输质量指标重要性判断矩阵

	安全性指标	可达性指标	准时性指标	客户满意度指标
安全性指标	1	1/2	1/2	1/3
可达性指标	2	1	2	1/2
准时性指标	2	1/2	1	1/2
客户满意度指标	3	2	2	1

得到成本与效益指标下对应的二级指标重要性判断矩阵，见表 4-34。

表 4-34 成本与效益重要性判断矩阵

	单位运输成本	运输费用效益
单位运输成本	1	1
运输费用效益	1	1

2. 求各项指标所占权重

通过计算得到运输与配送作业绩效各项评价指标权重，见表 4-35。

表 4-35 运输与配送作业绩效各项评价指标权重

一级指标		二级指标	
指标	指标权重	指标	指标权重
运输质量	0.5	安全性	0.123
		可达性	0.227
		准时性	0.227
		客户满意度	0.423
成本与效益	0.5	单位运输成本	0.333
		运输费用效益	0.667

3. 进行模糊综合评价

继续选取该公司 20 位专家及相关人员，通过调查问卷的方式对定量指标和已经量化的典型指标进行评判打分，得出相应的各因素判断矩阵及指标权重，该案例将采用四等级评语集，即 V={很好，较好，一般，差}，这些数据确定了各子因素隶属度并建立各项指标的模糊评价矩阵，见表 4-36。

表 4-36 运输与配送作业绩效评价各项指标的模糊评价矩阵

一级指标	二级指标	判断矩阵
运输质量	安全性	(0.3，0.4，0.2，0.1)
	可达性	(0.2，0.4，0.3，0.1)
	准时性	(0.3，0.4，0.2，0.1)
	客户满意度	(0.2，0.4，0.3，0.1)
成本与效益	单位运输成本	(0.2，0.4，0.3，0.1)
	运输费用效益	(0.3，0.5，0.1，0.1)

三、绩效评价结果与分析

将运输与配送作业绩效评价结果进行汇总，得到运输与配送作业的评价结果，见

表 4-37。

表 4-37 运输与配送作业评价总结果

	很好	较好	一般	差	评价结果
运输质量	0.235	0.4	0.265	0.1	较好
成本与效益	0.266 7	0.466 7	0.133 3	0.133 3	较好
总体	0.250 9	0.433 4	0.199 2	0.116 7	较好

根据最大隶属度原则可知，此次运输与配送作业的综合评价等级为“较好”，从运输质量、成本和效益两个指标来看，评价等级均为“较好”，整体的评价结果比较理想，说明此次提出的运输方案合理可行。

情景描述 2

深圳市 A 公司就是一家集技术开发、资源回收和资源再利用于一体的环保型企业。A 公司在进行电子废弃物回收时，会产生运输费用、仓储费用、回收处理费用等物流费用，这些将会影响到企业的综合经济效益，因此，企业领导要求其工作人员针对电子废弃物进行回收时每一环节产生的物流成本，找出影响逆向物流成本的关键环节，提出相应的控制策略，并进行绩效评价。

应用新知 2

逆向物流评价方法——平衡计分卡

1. 基于平衡计分卡的逆向物流绩效评估模式

借鉴平衡计分卡建立与现代公司组织和战略相适应的公司逆向物流绩效评价体系，从经营者角度出发，从公司组织效率、竞争能力、盈利能力、职工工作效率等各方面全方位、综合地评价公司的核心竞争力。依照平衡计分卡的分析架构，从财务绩效评价、客户业绩评价、内部流程绩效评价和学习创新绩效评价四个方面进行评价。针对逆向物流企业，其企业愿景、使命和经营理念的重点需要从下面几个方面进行考量：提高顾客满意度、延长产品的生命周期、创造产品二次价值、加强与消费者及供应链伙伴的关系、为企业带来正面价值、通过资源回收降低对环境的危害等。在确认公司逆向物流的愿景陈述后，将愿景反映到经营策略，集合该物流公司的内部成员和相关专家，针对所拟定的经营策略，以头脑风暴法依据平衡计分卡的四个角度来选取绩效评价指标。

（1）财务绩效层面

在财务绩效方面，该企业首要愿景是带动逆向物流环境与品质的提升，为达此愿景，公司则要提高其获利，让股东和员工有实质的回报，才能投入更多的财力和物力促进企业的经营与成长。在强调改善投资回报之外，公司仍必须对预期的回报进行风险管理和控制。所以，公司财务方面的经营策略可归纳为：营收成长、获利成长、股东利益最大和资金安全风险四个方面，并在四个方面选取了相关的绩效评价指标，见表 4–38。

表 4–38　财务绩效评价指标

财务层面	营收成长	库存周转率
		营收成长率
		总资产成长率
		总资产周转率
	获利成长	资产报酬率
		营业利润率
		营业毛利率
		净益率
		税前净利成长率
	股东利益最大	股东权益报酬率
	资产安全风险	现金周转率
		流动比率
		负债比率

（2）顾客层面

公司的利润源自客户，客户是公司的消费者和服务对象。公司既需要保持旧客户，提高客户满意度，同时也要吸引新客户。要达到这些目的，最关键的是维护好企业形象，主要包括提升品牌形象、满足客户需求、开发逆向物流市场、加强与顾客联系。顾客绩效评价指标见表 4–39。

表 4–39　顾客绩效评价指标

顾客层面	提升品牌形象	社会责任
		公司品牌知名度
	满足顾客需求	顾客满意度
		合作伙伴满意度
		配送平均速度
		准时送达率
		服务项目多样化

续表

顾客层面	开发逆向物流市场	新市场占有率
		新顾客争取率
		技术合作支援
		市场情报的收集与预测
	加强与顾客联系	顾客延续率
		服务据点数量
		顾客抱怨率
		员工服务态度

（3）内部流程层面

在内部流程方面，针对逆向物流市场中顾客的需求，该公司希望通过内部流程的改善，为顾客提供更好的服务。逆向物流为物流活动中的一环，在确定内部流程的经营策略时，要考虑逆向物流的关键要素和正向物流的关键要素。该公司内部流程的经营策略可归纳为：良好的配送能力、足够的仓储空间、足够的人力及车辆资源、环境保护与社会责任和提高信息科技竞争力等五项内容，具体指标见表4-40。

表4-40　内部流程绩效评价指标

内部流程层面	良好的配送能力	配送便利程度 配送安全程度
		配送延迟率
		空车率
	足够的仓储空间	储存面积率
		可供保管面积
		单位面积保管量
	足够的人力及车辆资源	每人时处理进/出货量
		每人时平均拣货能力
		平均每人配送量
		每天可支援的人员数
		每天可支援的车辆数
	环境保护与社会责任	环保支出费用
		逆向物流规划程度
	提高信息科技竞争力	内部作业自动化程度
		软硬件设备投入程度

（4）学习创新层面

与多数公司相同，回收中心的经营成败主要取决于人才因素，为了达成财务目标、顾客的需求和内部流程的顺畅，需要有高满意度、高活力和高生产力的员工。就物流业而言，人员的素质相当重要，若能提升员工素质、激励员工士气并建立完整的教育培训规划，则可以提高员工的生产力和满意度，员工忠诚度也会提高。根据调查结果，可将该公司的学习和成长方面的经营策略归纳为：激励员工士气、提高员工生产力、提高人力资源素质和完整的教育训练规划等四项内容。该公司电子废弃物逆向物流作业绩效指标见表 4-41。

表 4-41　学习创新绩效评价指标

学习创新层面	激励员工士气	员工福利满意度
		员工间互动合作程度
		员工平均薪资
		绩效奖励制度规划
	提高员工生产力	员工生产力
		员工忠诚度
		员工授权程度
		员工配合度
	提高人力资源素质	员工高学历比率
		管理人员的经验
		员工平均年龄
	完整的教育培训规划	员工培训教育次数
		员工技术水平

2. 运用因子分析法筛选关键绩效指标

上述步骤建立的绩效评价指标涵盖了平衡计分卡四个方面的较多绩效指标，但在实际运用时并不会全部使用，过多的绩效指标会使其中较重要的指标被重要性较小的指标干扰，从而降低对运营绩效的评估能力，因此必须对指标进行筛选，筛选目的在于将多个角度的变量缩减成少数几个具有代表性的变量，且能保留原始资料的大部分信息。

3. 关键绩效指标权重的确定

确定每个层面的关键绩效指标之后，结合 AHP 等方法，进行关键绩效指标权重的确定。在这一环节中，可以通过设计、填写、发放调查问卷，建立成对比较矩阵、专家偏好整合和一致性检验，得到四个方面的经营策略的关键绩效指标的权重。

4. 物流绩效改善方案

得出绩效评价结果，对评价结果进行分析，对绩效评价较低的要素进行改善，提出改善方案。

情景描述 3

AM 公司是一家服装制造公司，其公司战略发展研究部门将全球的企业分成胜利者、生存者和失败者，有 50%的企业都处于平均水平，它们既能满足顾客的需求，也能获取相当的利润。然而，要想成为胜利者，企业不能满足于平均水平，必须瞄准处于前 10%的世界一流企业。实施标杆管理能确保企业运营能力的持续改善和不断优化。简单地说，标杆就是榜样，榜样可以是同行业的，也可以是其他行业的，这些榜样在业务流程、制造流程、设备、产品和服务方面处于领先地位。

应用新知 3

仓储作业评价方法——标杆管理法

1. 标杆管理法原理

标杆管理法，指详细了解企业的关键业务流程和管理策略，从构成这些流程的关键节点切入，找出企业的运营瓶颈，研究本行业中的几家领先企业的业绩，剖析行业领先者的共性特征，构建行业标杆的基本框架。深入分析标杆企业的经营模式，从系统的角度剖析与归纳其竞争优势的来源（包括个体行为标杆、职能标杆、流程标杆与系统标杆），总结其成功的关键要领。将标杆企业的优秀业绩行为与本企业的业绩行为进行比较与分析，找出存在的差距，借鉴其成功经验，确定企业成功的关键领域，通过各部门及全体员工持续不断地学习与绩效改进，缩小与标杆企业之间的差距。

2. 标杆管理法的实施

（1）何时使用标杆管理法

使用标杆管理方法是在充分了解企业经营现状的基础上，使用的时间点应考虑下述因素：当需要了解公司业务绩效时；当需要确认改进公司某些业务时；当企业在竞争中处于劣势，需要了解竞争对手在哪些方面做得更好时；需要对公司内部进行管理或加快变革时；在企业设定绩效目标，证明绩效目标能实现时。

（2）标杆管理法实施步骤

标杆管理法实施的步骤：决定关键成功因素或需要改进领域；需选择对企业影响

较大的业务；熟悉企业业务的操作过程和业务流程，收集足够数据，以便能与标杆企业进行对比；将本企业与标杆企业进行对比，选择更优且适合自身的 KPI 体系，如图 4-33 所示。

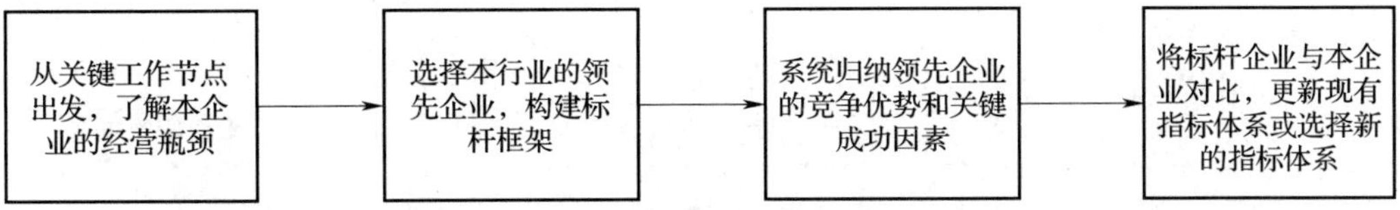

图 4-33　标杆法实施步骤

（3）标杆管理法实施阶段（见表 4-42）

表 4-42　标杆管理法实施阶段

阶段	解释
定义	选择作为标杆的同类优秀企业或其他行业的优秀企业
选择研究领域	考虑客户能从公司业务中得到什么，哪些方面能够保持今天和未来的业务
定义标杆对比的过程	考虑那些真正能对企业产生影响的业务，考虑那些能够给客户增值的业务部分，且拥有竞争优势
识别潜在的作为标杆的公司	在该行业中谁是最好的，在该领域谁被公认为是世界一流的，在其他行业中是否也有一些卓越的企业
确定需要的数据、来源和收集数据的恰当方法	通过头脑风暴想出能够收集到的数据类型，以便测量公司和标杆公司的绩效
分析	—
收集数据并选择作为标杆的公司	根据定义阶段所产生的想法，评价不同的选择
决定绩效的差距	在公司和作为标杆的公司之间进行真实的比较。需要确认那些有足够改进空间的领域，这些领域应该能促进公司业务的成功
确立过程中的差异	仔细研究作为标杆的公司。对数据进行深度挖掘，以便了解标杆公司在实际中哪些方面做得优秀，更重要的是它们是如何做到的
确定未来的绩效目标	一旦了解可以改进的潜力，需要为内部改进项目设定切实可行的目标
实施	—
沟通并投入	通过分析阶段收集的数据找出问题所在以及改进的潜力

续表

阶段	解释
调整目标，制订改进计划	确立需要改进的项目，说明需要改进的领域，让项目运营者制订项目的计划和目标
实施和监督	若企业不进行改进，标杆管理就没有意义。项目运营者需要实施一些手段，监督业务变化情况，以确保取得预期的成果
检查	标杆管理法推进过程中的监督性检查，督促部门推进进度
检查进展情况以及进行适度的调整	检查改进业务的变动情况，针对具体情况调整业务，直至完全满意

AM公司收集了其他服装制造公司的数据资料，并根据这些资料进行标杆管理法的实践，见表4-43。

表4-43　标杆管理实例——AM公司

关键因素	公司A	公司B	公司C	公司D	公司E	公司F	公司G
库存周转/天	7	8	15	11	5.2	7	7
物流成本在销售中所占百分比/%	6.04	7.2	8.5	—	—	5.2	7.4
仓库成本在销售中所占百分比/%	3.15	2.9	2~5	2.8	4.25	5.2	4.8
每小时拣货的生产线/条	12	21	50	9.3	20	13	19
每分钟拣货数量/件	79.4	52	49	41	62	42	68
运输准确度/%	99.89	99.2	98	97.2	99	98.6	96
库存准确度/%	95.42	92.2	93.82	96.9	94	95.6	96.7

从表4-43可以看出，大多公司都提供了比较全面的信息，AM公司可以根据标杆公司的数据测量自家公司绩效，从而关注到自身比较薄弱的领域，例如库存周转、物流成本在销售中所占百分比等，了解现有先进行业的绩效评价方法，选择最适合现有公司体系的绩效评价方法，制定具体改进方案，推进部门的绩效改革。

学习单元3　外包物流绩效评价

企业实施外包效果的好坏，需要依据外包物流绩效评价指标，运用KPI进行外包物流绩效评价，分析外包物流的合理性。

情景描述

EL 公司的主业为药品生产，年末，EL 公司供应链总监张先生坐在办公桌前，思考着即将召开的有关公司明年发展前景的研讨工作会，这次会议上不仅需要总结一年来的工作成绩，还需要向公司的高层汇报下一年的工作计划。在半年前召开的公司物流战略分析会上，董事长提出了“整合和优化运输资源，提高服务效率”的发展战略目标。张总监整理了半年来公司的情况，针对下一年的公司物流战略发展，思考物流外包对公司的影响……

新知学习

一、外包物流评价方法——关键绩效指标

1. 关键绩效指标内涵

将组织战略目标经过层层分解可以获得关键绩效指标（KPI）。KPI 是具有可操作性的、可用来衡量组织战略实施效果的指标体系，其目的是将组织战略转化为组织内部流程和活动，从而使得组织能够保持竞争优势。

（1）关键绩效指标是衡量组织战略实施效果的指标体系。关键绩效指标以组织战略为导向，是对组织战略的更深层次的分解和细化。当组织战略目标发生变化时，关键绩效指标体系也必须随着组织战略目标的变化进行变化，特别是当组织进行战略转型时，关键绩效指标必须及时反映有关组织战略新的关键领域和关键绩效要素。

（2）关键绩效指标针对组织战略目标有重大影响，能引导管理者将精力聚集在对组织管理具有最大驱动力的运营活动中，并及时判断组织运营过程中是否出现问题，及时采取提高绩效水平的改进措施。

2. 关键绩效指标原理

关键绩效指标的核心思想是“二八”原则，找到有关组织战略目标的关键成功领域（key result areas，KRA），在影响关键成功领域的要素集合中确定关键绩效要素（key performance factors，KPF），在影响关键绩效要素的指标集合中确定有效的能够管理的关键绩效指标（KPI），就能以点带面地实现组织战略目标，进而保持企业竞争优势。其中，关键成功领域是为了实现组织战略目标企业必须进行的经营领域，关键绩效要素是对关键成功领域的细化和定性描述，关键绩效指标是对关键绩效要素的具体实施。关键成功领域、关键绩效要素和关键绩效指标始终保持着战略导向性，三者的

关系如图 4-34 所示。

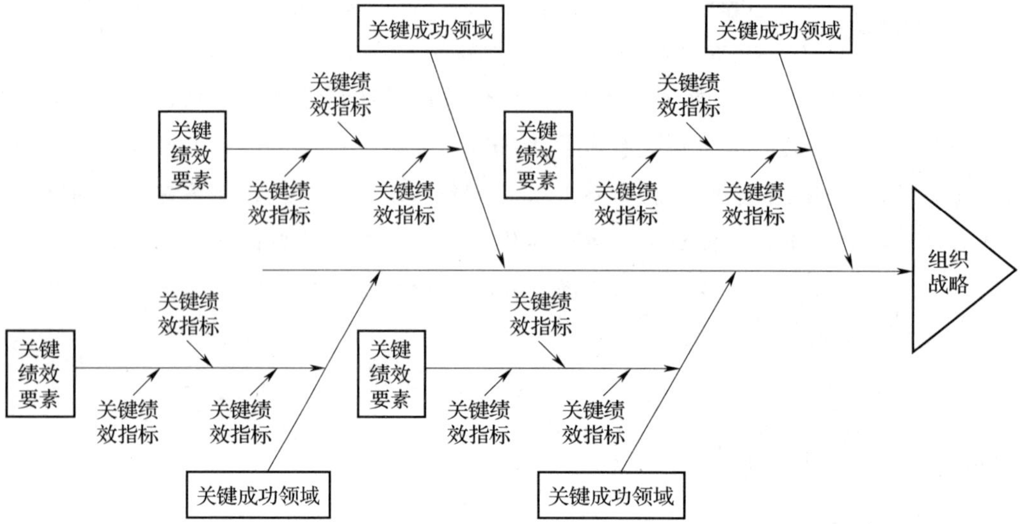

图 4-34　基于组织战略的 KRA、KPF 和 KPI 的关系鱼骨图

二、关键绩效指标的标准

根据不同的标准，将关键绩效指标分为不同的类型。目前，其分类的依据主要为关键绩效的指标层次和指标性质。

1. 按照关键绩效指标的层次划分

关键绩效指标体系根据层次划分为组织关键绩效指标、部门关键绩效指标和个人关键绩效指标三个层次。其中，组织关键绩效指标来自对组织战略的分解，部门关键绩效指标来自对组织关键绩效指标的承接和分解，个人关键绩效指标则来自对部门关键绩效指标的承接和分解。

2. 按照关键绩效指标的性质划分

根据指标性质的不同，将关键绩效指标分为财务指标、经营指标、服务指标和管理指标。其中，财务指标侧重衡量组织创造的经济价值，经营指标侧重衡量组织经营运作流程的绩效，服务指标侧重衡量利益相关者对企业及其所提供的产品和服务的态度，管理指标侧重衡量组织日常管理的效率和效果。

应用新知

一、关键绩效指标的实施

关键绩效指标体系中各个指标之间的联系通常采用画鱼骨图表示。基本思路为：

首先，通过对组织战略的分析，找出影响组织战略目标实现的关键成功领域；其次，将关键成功领域层层分解为关键绩效要素；再次，针对这些要素进行量化和分析；最后，细分为各项指标，即关键绩效指标。一个完整的关键绩效指标体系建立包括五个步骤，即确定关键成功领域、确定关键绩效要素、确定关键绩效指标、确定部门 KPI 和 PI 以及确定个人 KPI 和 PI，如图 4–35 所示。

图 4–35　基于 KPI 的绩效指标体系的建立步骤

1. 确定关键成功领域

建立关键绩效指标体系的第一步就是根据组织的战略，通过鱼骨图分析，寻找使组织实现战略目标或保持竞争优势所必需的关键成功领域，即对组织实现战略目标和获得竞争优势有重大影响的领域。

确定组织战略目标的关键成功领域，必须明确三个方面的问题：一是组织战略目标可依靠什么因素获得成功；二是组织追求的未来发展目标是什么；三是哪些因素能够使组织在未来持续保持竞争优势，从而获得成功。EL 公司通过访谈法和头脑风暴法，寻找并确定了该企业能够有效驱动物流外包战略目标的关键成功领域：服务质量、技术能力、外包企业实力、外包条件、物流能力，如图 4–36 所示。

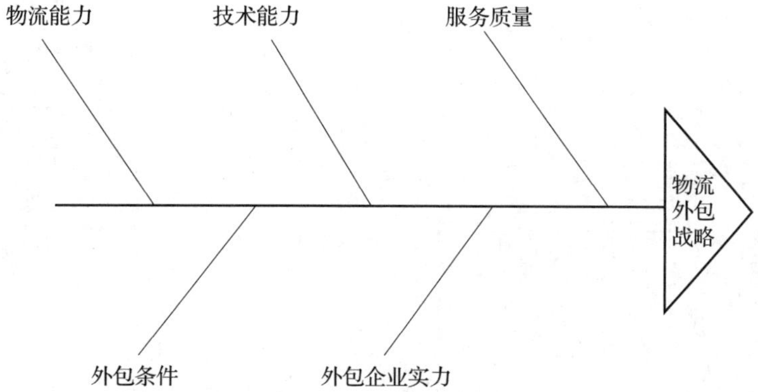

图 4–36　EL 公司物流外包关键成功领域的确定

2. 确定关键绩效要素和关键绩效指标

对关键成功领域进行分析和细化，针对以下几个问题进行研究后可确定关键绩效要素：第一，每个关键成功领域包含的内容；第二，通过何种方法和措施能够在该领域获得成功；第三，是否有具体标准来衡量该领域的成功。

对关键绩效要素进一步细化和筛选，就能确定影响关键绩效要素的关键绩效指标。

选择关键绩效指标通常应遵循以下原则。

（1）指标的有效性，即所设计的指标能够客观地、最为集中地反映要素的要求。

（2）指标的重要性，通过对组织整体价值创造业务流程的分析，找出对其影响较大的指标。

（3）指标的可操作性，即指标必须有明确的定义和计算方法，尽量避免凭感觉主观判断。

综上所述，EL 公司物流外包的关键绩效要素和关键绩效指标见表 4-44。

表 4-44　EL 公司关键绩效指标汇总表

关键成功领域	关键绩效要素	关键绩效指标
服务质量	订单完成度	订单完成率
		物资完整率
		服务满意度
	交货	准时发货率
		准确到达率
		准时交付率
技术能力	技术支持	运输技术
		仓储技术
		信息技术
物流能力	物流网络的有效性	物流网点覆盖率
		库存准确率
		仓储利用率
		弹性满足能力
	信息传递	物流信息及时性
		物流信息准确性
外包企业实力	品牌	行业经验
		品牌与信誉
		企业规模
	市场占有	市场份额
	利润	市场增长率
		营业利润率
外包条件	成本	服务价格
	合作	信息共享程度
		合作程度

二、关键绩效指标的计算

1. 服务质量

（1）订单完成率，反映第三方物流服务公司的物流订单处理能力。

$$订单完成率=\frac{发货数量}{订单数量}\times 100\%$$

（2）物资完整率，反映第三方物流服务公司的物资存储质量。

$$商品完整率=\frac{期内商品完整量}{期内商品总数}\times 100\%$$

（3）服务满意度，客户服务的满意来源于对物流服务外包商物流业务的评价，通过相关评价来对公司物流服务质量进行分析。若客户满意度越高，则说明公司物流服务质量越好。

$$服务满意度=\frac{满意度好评次数}{订单次数}\times 100\%$$

（4）准时发货率，反映第三方物流服务公司的物流订单处理的及时性。

$$准时发货率=\frac{准时发货次数}{总发货次数}\times 100\%$$

（5）准确到达率，反映第三方物流服务公司的物流订单处理准确性。

$$准确交付率=\left(计算期内吞吐量-\frac{出现差错总量}{计算期内吞吐量}\right)\times 100\%$$

（6）准时交付率，反映第三方物流服务公司的物流速度。

$$准时交付率=\frac{准时交货次数}{总交货次数}\times 100\%$$

（7）服务人员素质，第三方物流服务公司员工素质主要包含高学历员工占比、服务态度、管理层职业经验等。

2. 技术能力

物流服务公司技术能力的关键绩效指标主要包括运输技术、仓储技术和信息技术。

（1）运输技术，包含保养技术、拼装技术、配送优化技术和运输设备的性能等。

（2）仓储技术，指第三方物流服务公司对于商品的仓储保管技术，例如仓储环境和仓储设备是否较好和完善等。

（3）信息技术，指第三方物流服务公司在信息管理系统和信息技术在物流业务方面的运用熟练程度等。

3. 物流能力

物流服务公司物流能力的关键绩效指标主要包括物流网点覆盖率、库存准确率、仓储利用率、弹性满足能力、物流信息及时性和物流信息准确性等。

（1）物流网点覆盖率：是衡量第三方物流服务公司的物流能力最直接的指标，网点覆盖率越高，表明第三方物流服务公司的物流效率越高。

$$物流网点覆盖率=\frac{第三方物流服务公司的服务网点覆盖城市数量}{城市个数}\times 100\%$$

（2）库存准确率：反映库存管理的准确率。

$$库存准确率=\frac{盘点物料数\times 平均单价}{账面实存数\times 平均单价}\times 100\%$$

（3）仓储利用率：反映第三方物流服务公司的仓储利用程度。

$$仓储利用率=\frac{库存商品实际容积}{仓库应存容积}\times 100\%$$

（4）弹性满足能力：是指第三方物流公司处理装运变更和货损补偿的能力，弹性满足能力越强，越受合作伙伴青睐。

（5）物流信息及时性：反映了第三方物流公司的信息处理能力，即能否快速将物流信息呈现给相关利益主体，以提升沟通效率。

（6）物流信息准确性：是指第三方物流服务公司反馈的物流信息的准确性。

4. 企业实力

物流服务公司企业实力的关键绩效指标主要包括行业经验、品牌与信誉、企业规模、市场份额、市场增长率、营业利润率和文化融合力等。

（1）行业经验

第三方物流服务公司会接收各行各业的物流业务，除了了解第三方物流服务公司的服务经验外，还应着重探究第三方物流服务公司在行业的物流服务经验，对评价影响最大的是第三方物流服务公司的信息共享程度，包含评价过程中的信息反馈，以及明确合作关系后所能提供的相关信息。

（2）品牌与信誉

品牌与信誉指企业的信用度、企业知名度及企业形象等。企业在与第三方物流服务公司建立合作关系时，第三方物流服务公司的企业信用度会直接影响着企业的品牌形象。

（3）企业规模

企业规模是指企业生产经营范围的类型，包含大型、中型、小型等类别。企业规模越大，反映出企业的发展实力越强，更容易寻求合作伙伴。

（4）市场份额

市场份额是指企业的销售额或者销售量占市场中同类型产品和服务的比率，能够较好地反映第三方物流服务公司的业务拓展能力和市场开发能力。

$$市场份额=\frac{第三方物流服务公司的年度销售额}{该年度我国物流行业总收入}\times 100\%$$

（5）市场增长率

市场增长率是指比较期内企业产品和服务的销售额或销售量的增长比率。

$$市场增长率=\frac{比较期市场销售额-前期市场销售量额}{前期市场销售量额}\times 100\%$$

（6）营业利润率

营业利润率是指营业利润与营业收入的比率，能够反映企业的经营效率以及获利能力。

$$营业利润率=\frac{营业利润}{营业收入}\times 100\%$$

（7）文化融合力

文化融合力指药品制造企业与第三方物流服务公司在建立合作关系时，两个企业的企业文化应具有兼容性，使双方的合作更协调。

5. 外包条件

物流服务公司外包条件的关键绩效指标主要包括服务价格、信息共享程度和合作程度等。

（1）服务价格

服务价格是公司物流服务外包评价的主要影响因素之一。受第三方物流服务公司的运输成本、仓储成本、人力资源成本、其他成本的影响。

（2）信息共享程度

信息共享程度是公司与第三方物流服务公司在信息不对称的环境下，双方能够提供的信息透明程度。

（3）合作程度

合作程度反映的是公司与第三方物流服务公司之间的合作方式，是全部外包还是部分外包。公司的外包需求与第三方物流服务公司的业务优势之间存在显著正向关系，公司会根据实际需求来选择第三方物流服务公司。

三、指标权重与员工职责

设计良好的关键绩效指标是绩效管理成功的保障，提供的基础数据是绩效改进的依据和绩效评价的标准。通常关键绩效指标对个人行为具有引导和规范作用。不同类型的指标以及同一被赋予不同权重的指标，都会对员工产生不同的影响。

一个岗位的关键绩效指标的数量一般应该控制为 5～10 个。指标过少可能导致重要工作被忽略，指标过多则可能出现指标重复现象，并且会分散员工的注意力。通常情况下，指标权重一般不高于 30%，指标权重过高可能导致员工“抓大放小”，忽视其他与工作质量密切相关的指标，并且还可能造成绩效评价的风险过于集中，如果员工未完成该指标，则其整个绩效周期的奖金薪酬都会受到很大的影响，但是指标权重一般也不能低于5%，指标权重太低则对评价结果影响较小，容易造成重点工作无法突出的问题。绩效考核得分一般采用线性变化进行计算，以外包公司服务质量为例进行权重设计，见表4-45。

表4-45　服务质量权重设计

服务质量	订单完成率	物资完整率	准时交付率	准时发货率	准时到达率	服务满意度	服务人员素质	归一化权重W
订单完成率	1	1/3	2	1/2	2	1	2	0.128
物资完整率		1	3	3	5	4	3	0.354
准时交付率			1	1	1	1	3	0.123
准时到达率				1	2	1	3	0.150
准时到达率					1	3	1	0.094
服务满意度						1	4	0.09
服务人员素质							1	0.061

融会贯通

1. 现有牛羊肉类商品订购数量、订购频次数据见表4-46，请运用EIQ-ABC方法进行牛羊肉类商品的类别划分。

表4-46　牛羊肉类订购数量和订购频次

牛羊肉类	名称	数量/箱	订购频次/次
1	肥牛卷	482	60
2	战斧牛排	350	100
3	羊羔卷	300	70
4	进口肥牛	240	90
5	特级雪花肥牛	220	50
6	羊排	180	40

2. 位于欧洲一家设备制造企业现从两个供应商（A和B）处购买5 000箱零部件，每箱价格200元。从两个供应商处采购的数量是一样的，两个供应商都采用水路运输，

平均送达时间也相同。若其中一个供应商改变运输方式，缩短平均运送时间，每缩短一天该企业会将订单的 5%转给该供应商。不考虑运输成本，供应商每卖出一箱零部件可获得 20%的利润。

其中的一个供应商 A 正在考虑如果将水路运输方式改为铁路运输或卡车运输，是否可以获得更多的收益。各种运输方式下每箱零部件的运输费率和平均运送时间见表 4-47。

表 4-47 运输费率和平均运送时间

运输方式	运输费率（元/箱）	运送时间/天
水路运输	0.60	10
铁路运输	0.80	7
卡车运输	1.20	4

3. 由配送中心 R 向 O、P、Q、S、T、W 六个用户配送零部件，图 4-37 中两点之间连线上的数字表示两点之间的距离，节点处的数字表示该用户的需求量（吨），该配送中心备有 4 吨和 6 吨的厢式货车，汽车每次行驶的距离不能超过 40 km，假定配送时间均满足，试运用节约里程法设计出使该配送中心较为满意的配送方案。

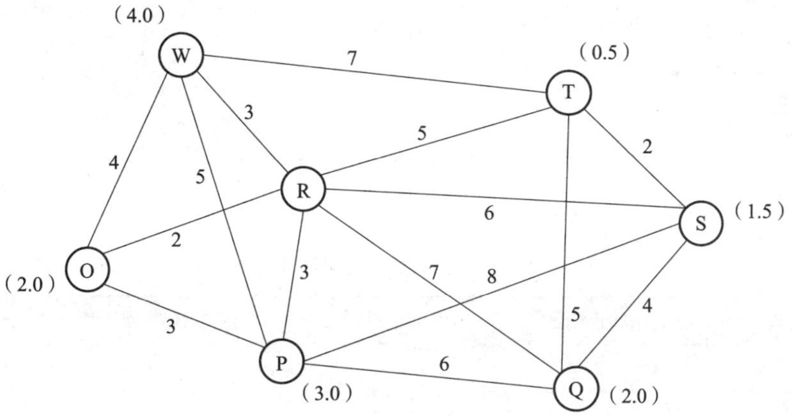

图 4-37 配送线路网络图

4. RQ 公司是一家外包公司，根据外包物流公司指标体系及各评价指标对能力的影响程度，可以将物流公司服务能力划分为五个等级，见表 4-48。LP 企业准备评价 RQ 公司的服务能力。一级指标判断矩阵、二级指标判断矩阵见表 4-49 至表 4-54。

问题 1：请计算每个指标的权重值。

问题 2：请依据给出的专家意见（见表 4-55 至表 4-59），使用模糊综合评价法进行外包公司等级认定。

表 4-48　物流公司服务能力划分

风险等级	优秀	良好	中等	一般	较差
评价分	≥90	90>x≥80	80>x≥70	70>x≥60	<60

表 4-49　一级指标判断矩阵

评价指标	服务质量 A	技术能力 B	物流能力 C	外包企业实力 D	外包条件 E
服务质量 A	1	2	3	3	5
技术能力 B		1	2	3	3
物流能力 C			1	2	3
外包企业实力 D				1	2
外包条件 E					1

表 4-50　服务质量二级评价指标

服务质量	订单完成率 A1	物资完整率 A2	准时交付率 A3	准时发货率 A4	准时到达率 A5	服务满意度 A6	服务人员素质 A7	归一化权重 W
订单完成率 A1	1	1/3	2	1/2	2	1	2	
物资完整率 A2		1	3	3	5	4	3	
准时交付率 A3			1	1	1	1	3	
准时发货率 A4				1	2	1	3	
准时到达率 A5					1	3	1	
服务满意度 A6						1	4	
服务人员素质 A7							1	

表 4-51　技术能力二级评价指标

技术能力	运输技术 B1	仓储技术 B2	信息技术 B3	归一化权重 W
运输技术 B1	1	2	3	
仓储技术 B2		1	2	
信息技术 B3			1	

表 4-52　物流能力二级评价指标

物流能力	物流网点覆盖率 C1	库存准确率 C2	仓储利用率 C3	弹性满足能力 C4	物流信息及时性 C5	物流信息准确性 C6	归一化权重 W
物流网点覆盖率 C1	1	4	2	3	5	6	
库存准确率 C2		1	2	3	3	7	
仓储利用率 C3			1	2	3	5	

续表

物流能力	物流网点覆盖率 C1	库存准确率 C2	仓储利用率 C3	弹性满足能力 C4	物流信息及时性 C5	物流信息准确性 C6	归一化权重 W
弹性满足能力 C4				1	2	4	
物流信息及时性 C5					1	3	
物流信息准确性 C6						1	

表 4-53　企业实力二级评价指标

企业实力	行业经验 D1	品牌与信誉 D2	企业规模 D3	市场份额 D4	市场增长率 D5	营业利润率 D6	文化融合力 D7	归一化权重 W
行业经验 D1	1	2	5	3	3	3	5	
品牌与信誉 D2		1	2	1	2	2	3	
企业规模 D3			1	2	3	5	1	
市场份额 D4				1	2	1	3	
市场增长率 D5					1	3	1	
营业利润率 D6						1	2	
文化融合力 D7							1	

表 4-54　外包条件二级评价指标

外包条件	服务价格 E1	信息共享程度 E2	合作程度 E3	归一化权重 W
服务价格 E1	1	2	5	
信息共享程度 E2		1	3	
合作程度 E3			1	

表 4-55　服务质量指标等级权重表

一级指标	权重	二级指标	权重	优秀		良好		中等		一般		较差	
				人数	比重	人数	比重	人数	比重	人数	比重	人数	比重
服务质量		A1		6	60%	2	20%	2	20%	0	0	0	0
		A2		5	50%	2	20%	3	30%	0	0	0	0
		A3		6	60%	3	30%	1	10%	0	0	0	0
		A4		7	70%	1	10%	2	20%	0	0	0	0
		A5		8	80%	2	20%	0	0	0	0	0	0
		A6		7	70%	2	20%	1	10%	0	0	0	0
		A7		6	60%	3	30%	1	10%	0	0	0	0

表 4-56 技术能力指标等级权重表

一级指标	权重	二级指标	权重	优秀		良好		中等		一般		较差	
				人数	比重	人数	比重	人数	比重	人数	比重	人数	比重
技术能力		B1		7	70%	3	30%	0	0	0	0	0	0
		B2		7	70%	2	20%	1	10%	0	0	0	0
		B3		6	60%	3	30%	1	10%	0	0	0	0

表 4-57 物流能力指标等级权重表

一级指标	权重	二级指标	权重	优秀		良好		中等		一般		较差	
				人数	比重	人数	比重	人数	比重	人数	比重	人数	比重
物流能力		C1		7	70%	2	20%	1	10%	0	0	0	0
		C2		7	70%	3	30%	0	0	0	0	0	0
		C3		6	60%	4	40%	0	0	0	0	0	0
		C4		8	80%	2	20%	0	0	0	0	0	0
		C5		8	80%	2	20%	0	0	0	0	0	0
		C6		7	70%	2	20%	1	10%	0	0	0	0

表 4-58 外包企业实力指标等级权重表

一级指标	权重	二级指标	权重	优秀		良好		中等		一般		较差	
				人数	比重	人数	比重	人数	比重	人数	比重	人数	比重
外包企业实力		D1		6	60%	3	30%	1	10%	0	0	0	0
		D2		5	50%	2	20%	3	30%	0	0	0	0
		D3		6	60%	3	30%	1	10%	0	0	0	0
		D4		7	70%	1	10%	2	20%	0	0	0	0
		D5		8	80%	2	20%	0	0	0	0	0	0
		D6		7	70%	2	20%	1	10%	0	0	0	0
		D7		6	60%	3	30%	1	10%	0	0	0	0

表 4-59　外包条件指标等级权重表

一级指标	权重	二级指标	权重	优秀		良好		中等		一般		较差	
				人数	比重	人数	比重	人数	比重	人数	比重	人数	比重
外包条件		E1		9	90%	1	10%	0	0	0	0	0	0
		E2		7	70%	3	30%	0	0	0	0	0	0
		E3		8	80%	2	20%	0	0	0	0	0	0

参考文献

［1］陈鹏. 煤炭市场调研报告研究［J］. 现代营销（下旬刊），2020（07）：168-169.

［2］李百翔，李军，刘德强，等. 铁岭市2019年粮食生产及市场形势调研报告［N］. 粮油市场报，2019-10-19（B03）.

［3］士明军，王勇，吉进迪，等. 政府补贴下绿色供应链需求预测信息共享研究［J］. 管理工程学报，2020，34（04）：119-125.

［4］徐宣国，梁中梅. 大批量定制下的客户订单聚类分析［J］. 中国机械工程，2012，23（14）：1678-1681.

［5］迟彤彤. 2020艺人市场调研报告：中生代、新生代分道，各有主战场［J］. 电视指南，2020（09）：20-23.

［6］王小娟. S医疗美容医院客户分级管理研究［D］. 苏州大学，2020.

［7］金鹤. 艾利广州公司服装标签半成品库存计划优化研究［D］. 兰州大学，2020.

［8］郑少平. D核电公司基于物料分类的差异化采购管理研究［D］. 华南理工大学，2014.

［9］林勇，马士华. 供应链管理环境下供应商的综合评价选择研究［J］. 物流技术，2000（05）：30-32.

［10］邵晓峰，季建华，黄培清. 供应链中供应商选择方法的研究［J］. 数量经济技术经济研究，2001（08）：80-83.

［11］刘晓，李海越，王成恩，等. 供应商选择模型与方法综述［J］. 中国管理科学，2004（01）：140-149.

［12］王鲁军. 供应链环境下的EPC项目采购供应商管理研究［D］. 重庆交通大学，2016.

［13］刘丽文. 生产与运作管理［M］. 北京：清华大学出版社，1998.

［14］袁帅兵. A公司供应商选择与绩效评估体系的研究［D］. 华东理工大学，2018.

［15］陶祥丽. L公司供应商绩效评估体系研究［D］. 电子科技大学，2017.

［16］陈启申. 供应链管理与企业资源计划［M］. 北京：企业管理出版社，2001.

［17］沈默，李承霖. 现代企业物流管理［M］. 北京：北京大学出版社，2007.

［18］单菲菲. 基于产能管理的成本、采购及回收策略的研究［D］. 中国科学技术大学，2020.

［19］王晨. 基于精益生产的A公司平地机装配线产能提升研究［D］. 中国矿业大

学，2020.

［20］王震东．D卷烟厂ZB47细支烟包装线产能提升研究［D］．吉林大学，2020.

［21］朱金祥．ERP系统中客户订单变更的研究与实现［D］．烟台大学，2018.

［22］向娟娟．汽车零部件企业L公司综合生产计划研究［D］．华南理工大学，2017.

［23］王槐林．采购管理与库存控制［M］．北京：中国物资出版社，2002.

［24］姚仲达．生产计划与物料控制（上）PMC［J］．中国制笔，2017（03）：16-25.

［25］姚仲达．生产计划与物料控制（下）［J］．中国制笔，2017（04）：16-21.

［26］胡安琴，苏瑞祥．企业生产环节中的物料控制管理［J］．合作经济与科技，2013（04）：43-44.

［27］李鹏，张志斌，王振贵．服装企业的生产与物料控制［J］．毛纺科技，2015，43（03）：63-66.

［28］叶小娇．H公司物料库存控制问题研究［D］．深圳大学，2017.

［29］邹嫦娥．F公司生产及物料控制研究［D］．吉林大学，2019.

［30］刘舟舟．Z企业X物料的库存控制策略研究［D］．中国矿业大学，2019.

［31］姚望．HEX公司生产计划和物料控制优化研究［D］．扬州大学，2020.

［32］赵智锋，叶祥丽，施华．供应链运作与管理［M］．重庆：重庆大学出版社：新编高职高专物流管理专业系列教材，2016.

［33］唐文登，谭颖．物流成本管理［M］．重庆：重庆大学出版社：新编高职高专物流管理专业系列教材，2015.

［34］彭静，宋文娟．物流企业服务绩效评价研究［J］．科技通报，2017，33（05）：20-23.

［35］张婷钰．基于模糊综合评价法的铁路运输类上市公司绩效评价研究［D］．中国铁道科学研究院，2019.

［36］宋文官．仓储与配送管理实务［M］．北京：高等教育出版社，2014.

［37］杨叶勇，姚建凤．仓储与配送管理实训教程［M］．北京：北京大学出版社，2014.

［38］赵宝福，李健，李伯华．民营企业绩效优化路径研究：以九江酒业公司为例［J］．辽宁工程技术大学学报（社会科学版），2021，23（02）：88-94.

［39］龚英．供应链逆向物流［M］．北京：中国物资出版社，2008.

［40］马士华，林勇．供应链管理［M］．6版．北京：机械工业出版社，2020.

［41］达庆利，黄祖庆，张钦．逆向物流系统结构研究的现状及展望［J］．中国管理科学，2004，12（1）：131-138.

［42］王海燕．逆向物流管理与激励机制研究［M］．武汉：武汉理工大学出版社，2016：143.

［43］范丽莉．IT外包研究的理论基础述评［J］．管理现代化，2020，40（04）：110-113.

［44］范文龙，邓家枢，卢军. 建设工程全过程跟踪审计外包绩效考核体系构建［J］. 工程经济，2020，30（05）：50-54.

［45］田鑫. 金融外包服务公司员工绩效管理体系存在的问题及改进建议［J］. 企业改革与管理，2020（24）：99-100.

［46］刘毅. S公司业务部门绩效管理体系优化研究［D］. 电子科技大学，2020.

［47］Rui Guo. Urban Distribution Optimization Based on Order Clustering and Customer Classification［A］. Science and Engineering Research Center. Proceedings of 2019 International Conference on Modeling，Simulation，Optimization and Numerical Techniques（SMONT 2019）［C］. Science and Engineering Research Center：Science and Engineering Research Center，2019：5.

［48］Kumar Pavan. An inventory planning problem for time-varying linear demand and parabolic holding cost with salvage value［J］. Croatian Operational Research Review，2019，10（2）.

［49］Matthew P Manary，Brian Wieland，Sean P Willems，Karl G Kempf. Analytics Makes Inventory Planning a Lights-Out Activity at Intel Corporation［J］. Interfaces，2019，49（1）.